하나님이 원하시는

진정한예배

하나님이 원하시는

진정한 예배

전통적인 예배. 현대적인 예배. 성경적인 예배

데이비드 위트콤 & 마크 워드 지음

한길환 옮김

엘맨

진정한 예배는 하나님께서 받아들이실 수 있다. 이는 진정한 예배는 의로운 마음에서 말미암기 때문이다.

진정한 예배는 하나님을 기쁘시게 한다. 이는 진정한 예배는 희생이 따르기 때문이다.

진정한 예배는 하나님께 복종하는 믿음과 그분의 말씀을 신뢰하는 믿음을 요한다.

진정한 예배는 하나님께서 주권적으로 그분의 백성들에게 약속을 충실히 지키려고 결심하신 것에 존경을 표한다.

진정한 예배는 하나님께서는 그분의 약속을 지키신다는 것을 당연한 일로 생각한다.

진정한 예배는 거짓 예배와 분리를 요한다.

진정한 예배는 하나님의 말씀이 중심이 되며 그 말씀을 믿는 사람들만이 예배에 합당하다.

진정한 예배는 순종에서 우러나와 헌신적인 섬김에 이르게 한다.

진정한 예배는 하나님께 전적인 헌신과 기꺼이 모든 것을 드리는 마음을 요한다.

진정한 예배는 죄를 회개한 상한 마음을 요한다.

진정한 예배는 사람보다는 오히려 하나님을 의지하기 때문에 성실하다.

진정한 예배는 하나님께 대한 진정한 경외심과 공경심에 근원이 있을 때 손에 땀을 쥐게 한다.

진정한 예배는 하나님의 말씀에 대한 적절한 이해를 촉진시킨다.

진정한 예배는 그분의 거룩하심에 경의를 표해서 하나님을 높인다.

진정한 예배는 하나님 앞에 겸손한 특징을 나타낸다.

진정한 예배는 하나님을 신뢰하며 우리 자신의 방법보다 오히려 그분의 방법을 원한다.

진정한 예배는 사람들의 전통보다 상위에 하나님을 놓는다.

진정한 예배는 지성과 감정의 적절한 균형을 유지한다.

진정한 예배는 진정으로 하나님을 아는 사람들만이 드릴 수 있다.

진정한 예배는 인간의 공로가 아니라 그리스도만 자랑으로 삼는다.

진정한 예배는 모든 영광을 하나님께 돌려드린다. 그러므로 하나님께 순종을 요한다.

진정한 예배는 믿음의 대상이신 하나님께 완전한 믿음을 표현한다.

진정한 예배는 만물을 창조하시고 유지하시는 하나님 앞에 엎드린다.

진정한 예배는 정죄에서 우리를 구속하신 어린양 앞에 엎드린다.

진정한 예배는 하나님의 승리와 그분의 다가오는 구속 계획의 완성을 기뻐한다.

진정한 예배는 죄를 향한 그분의 의로우신 심판에 대해서 하나님을 찬양한다.

진정한 예배는 그리스도의 임박한 재림을 기쁨으로 고대한다.

Contents

Contents

1부. 진정한 예배의 기본

2부. 진정한 예배의 요건

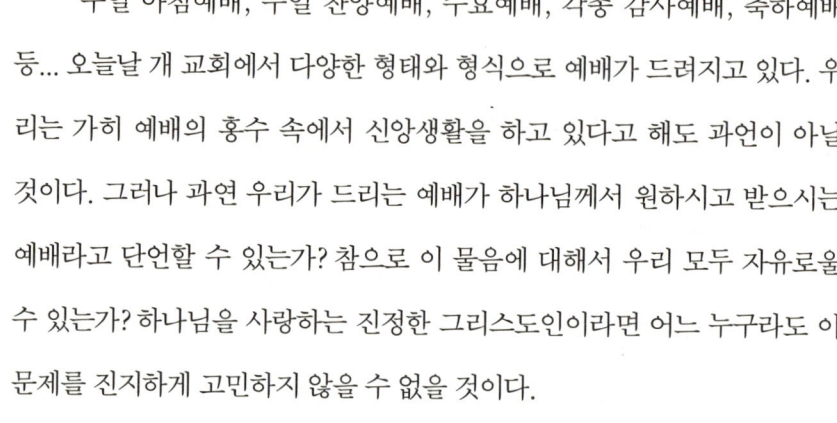

　　주일 아침예배, 주일 찬양예배, 수요예배, 각종 감사예배, 축하예배 등... 오늘날 개 교회에서 다양한 형태와 형식으로 예배가 드려지고 있다. 우리는 가히 예배의 홍수 속에서 신앙생활을 하고 있다고 해도 과언이 아닐 것이다. 그러나 과연 우리가 드리는 예배가 하나님께서 원하시고 받으시는 예배라고 단언할 수 있는가? 참으로 이 물음에 대해서 우리 모두 자유로울 수 있는가? 하나님을 사랑하는 진정한 그리스도인이라면 어느 누구라도 이 문제를 진지하게 고민하지 않을 수 없을 것이다.

　　이 책을 번역하는 동안 내내 이사야 선지자를 통해서 말씀하시는 하나님의 음성이 귓가를 때리는 이유는 무엇일까? "너희의 무수한 제물이 내게 무슨 소용이 있느냐? 나는 숫양의 번제물과 살진 짐승들의 기름에 배불렀고 나는 수송아지나 어린 양이나 숫염소의 피를 기뻐하지 아니하노라 너희가 내 앞에 보이러 올 때 누가 너희 손에 이것을 요구하였느냐 내 뜰만 밟을 뿐이니라 다시는 헛된 봉헌물을 가져오지 말라 분향은 내게 가증한 것이요 월삭과 안식일과 집회의 소집을 내가 참을 수 없느니라. 그것은 엄숙한 모임이라도 죄악이니라 너희의 월삭과 정한 절기들을 나의 혼이 싫어하나니 그것이 내게는 괴로움이라 내가 지기에 지쳤느니라" (사 1:11-14, KJV).

　　예배는 하나님을 공경하는 최고 헌신의 표이다. 그러므로 주님께 헌신하는 삶을 살기를 원한다면, 우리는 무엇보다도 먼저 그분이 진정 원하시는 예배가 무엇인가를 알고 그분이 원하시는 예배를 드려야만 한다.

저자는 예배라는 주제를 통해서 신구약 전체를 관통하면서 성경에 나오는 예배자들의 실제적인 예배의 사례를 통해서 누가 예배를 드릴 수 있는가, 어떤 동기에서 어떤 마음 자세로 예배를 드렸는가, 그리고 그 예배의 결과가 어떻게 나타났는가를 개관하면서 하나님께서 기뻐 받으시는 진정한 예배가 무엇인가를 다양한 각도에서 조명한다.

이 책이 하나님께서 기대하시는 진정한 예배자로 살아가기를 원하는 우리 주님을 사랑하는 모든 성도들에게 진정한 예배의 지침서가 되기를 간절히 소원하며 기원한다.

아울러 이 책의 번역 출판을 요청했을 때 쾌히 승낙해준 앰버서더 인터내셔널의 관계자 여러분께 진심으로 감사드리며 부족한 종의 든든한 기도 후원자인 나의 사랑하는 가족과 신봉동교회 성도님들에게 우리 주님의 은총이 늘 함께 하시길 기원한다.

수지 신봉동교회 목자실에서 한길환 목사

만일 우리가 예배를 교회 안에서 일어나는 무슨 일로 한정한다면, 예배에 관해서 이해하기는 쉽다. 하지만 당연히 문제의 핵심은 그렇게 간단하지 않다. 〈예배란 무엇인가?〉 오늘날 자주 논쟁을 불러일으키는 토론의 한 가운데서 교회가 필요한 것은 의심할 여지없이 진정한 예배를 드리기 위한 성경의 궁극적인 목적을 회복하기 위해서 참신하게 성경 자체로 돌아가는 것이다. 그와 같이 성경의 목적으로 돌아가야 한다는 것은 내가 〈진정한 예배〉를 읽는 중에 깨달은 것이다.

곧 머릿속에 떠올랐던 생각은 이 책이 "성경을 근거로 삼았다"는 것이다. 〈진정한 예배〉는 단지 성경을 가끔 인용한 것이 아니라 일관된 성경 주해(본문의 뜻을 알기 쉽게 풀이하는 것-역주)로 가득 차 있다는 것이다. 이 책의 거의 모든 지면은 하나님의 말씀의 실제적인 본문에 초점이 맞추어져 있다는 것이다.

그러나 이 성경으로 넘치는 배려의 범위를 넘어서까지도 이 책은 성경으로 이끈다. 저자들은 개인적인 결론으로 시작해서 그 결론을 성경으로 정당화하려고 하지 않았다. 그보다는 〈진정한 예배〉는 성경구절 자체로 시작한다. 그 다음에 본문의 정확한 해석을 통해서 거의 한결같이 확실하게 표면화시키는 결론을 내린다.

이것은 〈진정한 예배〉의 또 다른 눈에 띄는 특징이다. 적용은 아주 자연스럽게 도달한다. 적용은 억지로 갖다 붙이는 것이 아니다. 독자들은 자신들이 읽은 주해를 따라갈 때, 연구를 하지 않고도 손쉽게 거의 즉시 성경의 원리를 파악하기에 이른다. 그와 같은 특징은 저자의 성실한 주해와 지혜로운 목회의 흔적이다. 후자의 특징은 또한 설명을 필요로 한다. 〈진정한 예배〉는 숙련되고 세심한 한 목회자의 마음에 품었던 메시지를 분명하게 전달한다.

데이비드 위트콤(David Whitcomb)과 공동 집필자 마크 워드(Mark Ward)의 유능한 손에서 이 책은 학문상의 권위를 유지한다. 그럼에도 불구하고 이 책은 명백하게 강의실보다 오히려 신자석에 앉은 독자들을 지향하고 있다. 이것은 당신과 내가 직업과 사회적인 차이를 따로 제쳐 두고 오직 하나님의 은혜만으로 차별 없이 모두가 구원받은 죄인들 이상 아무 것도 아닌 사람으로 함께 만날 때, 주일날을 위한 일과 주일날 일어날 일에 대한 책이다. 이 책은 우리가 하나님께 다가갈 때 오늘날 교회가 하나님께서 무엇을 기대하시는가에 대한 성경적인 답변을 재발견해야만 하는 상황으로 전개되어 있다. 이와 같은 답변들이 이 책(진정한 예배)에 있다. 그리고 이 답변들은 모든 그리스도인들이 이해하고 적용하도록 하기 위해서 성경에 근거해서 영적으로 그리고 목회적으로 제시되어 있다. 30년 동안 위트콤 박사는 내가 아주 오랫동안 교회 내부 문제에 대해서 유익한 대화를 즐겼던 소중한 친구였다. 그럼에도 불구하고 이 책의 각 장을 읽으면서 나는 새롭고 요긴

한 교훈을 얻었다. 나는 참으로 주목하지 않을 수 없는 주님의 말씀처럼 이 메시지에 나 자신이 불가항력적으로 끌려가는 것을 발견했다. 나는 예배 문제에 있어서 진정으로 하나님의 마음을 찾고 있는 어떤 그리스도인이라도 자비롭게도 내가 경험했던 것과 같은 반응을 하지 않을 수 없는 자신을 볼 수 있을 것이라 믿는다.

마크 민닉 목사
산상 갈보리 침례교회
그린빌, 사우스 캐롤라이나

서론

이 책은 예배에 관한 또 하나의 책인가? 이 쟁점이 되는 주제에 관한 다수의 책이 이미 쓰여 졌다. 그러나 논쟁은 흔히 빛보다 더 많은 열을 발생시킨다. 과거 세대 동안 계속해서 우리는 이 논쟁의 양상이 점점 더 대립되어 각자의 입장으로 굳어진 것을 지켜보았다. 이는 예배에 관한 의미 있는 토론이 아주 어렵게 되었기 때문에, 우리는 "기본으로 돌아가는" 하나의 책이 그리스도의 몸(교회-역주)에 실질적인 기여를 할 수 있다고 믿는다. 〈진정한 예배〉는 〈전통적인〉 예배와 〈현대적인〉 예배의 범주를 넘어서 그 대신에 〈성경적인〉 예배를 체계적으로 찾아내려는 시도이다. 우리는 양쪽의 과장된 말을 피하고 어떤 특별한 예배의 전례 또는 양식에 대한 주석을 자제하고 성경이 무엇이라고 말씀하는 가에 한정시키려고 애를 썼다. 이러한 성경의 원칙의 실제적인 적용, 곧 원칙을 어떤 식으로 실제적인 예배 의식으로 구체화하느냐 하는 문제는 개개의 독자들에게 일임한다.

우리는 이 일을 수행하기 위해서 창세기에서 요한 계시록까지 성경을 개관해서 성경에 기록된 예배에 관한 중요한 실례들을 발췌하기로 했다. 이 책은 예배에 관한 개론서이기 때문에 감히 성경에 있는 모든 예배 행위를 총망라한 참고 문헌을 제공하려고 하지는 않았다. 그러나 27장으로 구성된

책의 실례는 구약에서 신약까지 진정한 예배에 대한 기본적인 요건에서 진정한 예배의 표현의 특징까지 자연스러운 경과를 제시한다. 그에 더하여 각 장 말미에는 독자들의 연구의 질을 높여서 소그룹 환경에서 사용할 수 있는 질문으로 〈생각할 점〉이란 표제를 붙인 깊이 생각할 가치가 있는 몇 개의 질문으로 결말을 짓는다.

모든 책이 필자의 이름을 밝히지만 실제로는 어떤 간행물이라도 협력의 성과이다. 이 책은 위트콤 박사의 설교 시리즈로 시작되었다. 그러므로 그의 이름이 먼저 놓여 있다. 그러나 〈진정한 예배〉는 실제로 이런 책이 현실적으로 필요하다는 것을 인식하고 개작의 가능성을 마음에 품고 그 뒤 출판사를 확보하고 설교 원고 세트를 적절한 출판용 원고로 고쳐 쓴 마크 워드 경의 창작이나 다름없다. 그러므로 두 사람이 이 연구의 공동저자로 실렸다.

이 책의 출판에 협력한 사람들은 또한 이 기획에 관한 우리의 비전을 파악하고 용기를 북돋아 주었던 우리의 출판자, 국제 대사(Ambassador International) 출판사의 브렌트 쿡(Brent Cook)씨와 이 일의 완성을 위해서 기도했던 사우스 캐롤라이나 그리어(South Carolina Greer)에 있는 공동체 침례교회의 많은 친구들과 그 중에서도 이와 같은 연구를 가능하도록 많은 희생을 한 우리 가족들을 포함한다. 기독교 사역은 개인적인 연구와 집필을 위해서 집을 〈떠나는〉 일과 집에 〈있는〉 일, 둘 다 시간을 필요로 한다. 우리의 자녀들, 무엇보다도 우리의 아내들, 패티 위트콤(Patty Witcomb)과 도나 워드(Donna Ward)는 우리가 이 임무를 수행하도록 하기 위해서 셀 수 없는 밤과 주말을 단념해야 했다. 우리의 가족들은 우리의 사역에 대한 헌신과 협력을 "주님께 하는 것처럼" 분담했다. 그들이 이렇게 한 것은 진정한 예배에 대한 그들 자신들의 신앙행위이다.

데이비드 위트콤
마크 워드 경
그린빌, 싸우스 캐롤라이나

"하나님께서는 영이시니 그분께 예배하는 자는

영과 진리로 예배해야만 한다"

-요한복음 4:24(KJV)-

1부
진정한 예배의 기본

1. 하나님께서 받으시는 예배

‖ 가인과 아벨. 창세기 4:1-15

"아벨도 자기 양떼의 첫 새끼와 그 기름으로 드렸더니, 여호와께서 아벨과 그의 제물을 받으셨다"(창 4:4).

많은 사람들은 내가 사는 남부 지방의 도회지가 성경 지대(미국 남.중부의 근본주의가 신봉되고 있는 지대-역주)의 벨트가 될 것이라고 생각한다. 매주 우리 도회지 신문에는 지역교회 목사와 그의 교회의 회중에 대한 소개가 전면에 게재된다. 최근에 지역교회들의 예배 형식에 대한 기사가 도회지 난 전면에 실렸다. 이어서 이 기사를 읽은 독자들이 편집자에게 보낸 글이 쇄도했는데, 보도에 대한 그들의 반응은 어떤 사람은 긍정적이었고 그 밖의 사람들은 매우 부정적이었다. "이 신문"은 편집자 후기에서 이 기사의 요지를 명확하게 밝혔는데, 이 예배 형식은 교회에 나오는 사람들을 제지하는 장애물을 제거하는 방법으로 보다 더 '현대적인 예배'를 제공하기 위해서 몇몇 믿음의 공동체에서 시도하는 것이라고 평했다. 독자들의 반응을 훑어본 후 편집자는 이런 결론을 내렸다. "몇몇 기자들이 그리스도인들은 오늘날 '예배 고객 유치 경쟁'의 한가운데 있다고 말하는 것은 무리가 아니다!"

오늘날 모든 교파, 분파, 그리고 회중이 이런 궁지에 처해있는 것처럼 보인다. 누가 옳은 가? 젊은 사람들 또는 교회에서 특권을 빼앗긴 사람들이

나, 또는 구원받지 못한 사람들을 끌어들이기 위해서 현대적인 예배 형식을 받아들이는 것이 옳은가? 그것 때문에 하나님의 거룩하심을 손상시킨다고 생각하는 나이 많은 교인들과 옛날 사람들의 마음에 들게 하도록 하기 위해서 보수적이고 전통적인 형식의 예배가 옳은가? 양측은 영향을 줄 만한 타당한 면이 있는가? 나는 양측이 타당한 입장이 있다는 결론에 이른 한 목회자 친구가 있었다. 그는 매주 이른 아침에는 시골 서구 예배, 늦은 아침에는 전통적인 예배, 그리고 밤에는 현대적인 예배를 드림으로, 그의 교회에서 자신이 간파했던 필요한 요구를 교인들에게 채워주려는 시도를 해보기로 했다. 일이년 후에, 그의 교회는 산산 조각이 나서 별개의 소그룹으로 나뉘어졌다. 만일 모든 사람의 기호를 만족시키는 것이 불가능하다면, 실행 가능한 것이 있는가? 예배를 드리는 데 있어서 정말로 옳은 방법과 잘못된 방법이 있는가? 이 질문에 대한 또 다른 관점을 말하면 이렇다. 예배는 하나님과 관계가 있어야만 하기 때문에, 그러므로 하나님께서 그분의 백성들에게 그분의 말씀 안에서 그분이 어떤 분이시며, 무엇을 기대하시고, 무엇을 원하시고, 그리고 그분의 피조물이 예배를 통해서 그분을 어떻게 만족시켜 드릴 수 있는가를 알 만큼 충분한 증거를 주셨을 것이라고 생각을 해야 하는가? 나는 그 대답은 예라고 믿는다!

내가 성경이 하나님께서 기대하시는 예배 순서를 상세히 설명한다고 믿고 있는 것인가? 물론 아니다. 그러나 성경은 유일하신 참 하나님께 합당한 예배를 구성하는 일에 대해서 많은 실례, 예증, 그리고 교훈을 준다. 성경은 많은 교훈을 약속하고 있기 때문에, 실제로 나는 어떤 그리스도인이라도 성경에 준해서 하나님께 예배드리는 올바른 방법이 있다는 것을 자신 있게 알 수 있다고 믿는다. 우리의 책무는 "진정한" 예배의 본질에 대해서 알고 그렇게 예배를 드리는 것이다!

두 다른 종류의 마음

예배에 관한 연구를 시작하기에 적절한 곳은 성경에 있는 예배의 첫 실례인 가인과 아벨의 이야기이다. 이 이야기에서 우리는 아담과 하와의 이 두 아들이 나이와 직업이 다를 뿐만 아니라 성품이 다르다는 것을 배운다.

창세기 4장을 읽어보면 아벨은 유순한 목자로 보인다. 그렇지만 이 사실 자체가 아벨에게 그의 형 가인보다 하나님께 조금도 선천적으로 유리한 입장에 서게 한 것은 아니었다. 아벨은 양치는 자였고 가인은 농사를 짓는 자였기 때문에 아벨이 결코 가인보다 하나님을 더 기쁘시게 한 것이 아니었다. 하지만 양을 치는 것은 아벨이 선택한 직업, 곧 아마도 동물을 부리고 싶은 마음과 그의 능력에 근거한 선택이었을 것이다. 아마도 아벨은 양치는 일이 하나님의 뜻으로 그에게 맡겨진 것에 아주 만족했던 것 같다.

창세기 4장에서 분명한 것은 아벨은 희생적 행위와 제물에 대해서 하나님이 무엇을 요구하시는 가를 알고 있었다는 것이다. "여호와께서 아벨과 그의 제물은 받으셨다"(창 4:4). 아벨은 하나님께 제물을 드릴 때가 되었을 때, 의론의 여지가 없었던 것처럼 보인다. 그 만큼 망설임 없이 받아들이는 태도는 하나님의 뜻과 목적에 순종하는 사람들 가운데서 볼 수 있는 특징이다. 아벨은 들로 나가자는 가인의 제의에 논쟁을 하지 않고 들로 나갔을 때, 분명히 그의 형에게까지도 순종한 것처럼 보인다. "가인이 그의 아우 아벨에게 말하고 그들이 들에 있을 때에 가인이 그의 아우 아벨을 쳐 죽이니라"(창 4:8).

아벨과 대조적으로 가인은 완고한 농부였다. 그것은 농부를 얕보는 것이 아니다! 하나님을 기쁘시게 할 때, 가인은 다만 그의 직업 때문에 불리한 입장에 선 것은 아니다. 농사를 짓는 것은 당시에도 지금과 같이 선하고 정직한 일이었다. 농부가 없는 세상이 어디에 있는가? 하나님의 주요 선지자 가운데 한 사람인 아모스도 농부였다. 하나님께서는 의심할 여지없이 가인의 직업에 대해서 옳지 않다고 보지는 않으셨다.

실로 가인은 하나님께서 요구하시는 제물과 희생적 행위에 대해서 그가 알고 있는 지식이 아벨과 같았을 것이라고 간주하는 것은 당연한 것처럼 생각된다. 그러나 가인은 그의 제물에 대해서 하나님께서 규정하신 지침보다는 자기의 방법대로 자기 것을 드리는 쪽을 택했다.

우리가 이것을 어떻게 알 수 있는가? 신약성경은 가인과 아벨의 차이를 분명하게 밝힌다. 예수님께서 바리새인들과 논쟁에 말려드셨을 때, 그분은 일찍이 아벨에 대해서 가르쳐 주셨다. 예수님께서는 그들과 그들의 조상들이 하나님께서 보내신 선지자들의 피를 흘리게 한 죄가 있다고 말씀하셨다.

"그러므로 내가 너희에게 선지자들과 지혜 있는 자들과 서기관들을 보내매 너희가 그 중에서 더러는 죽이거나 십자가에 못 박고… 의인 아벨의 피로부터 성전과 제단 사이에서 너희가 죽인 바라갸의 아들 사가랴의 피까지 땅 위에서 흘린 의로운 피가 다 너희에게 돌아가리라"(마 23:34-35).

이 구절에서 예수님께서는 아벨이 선지자 가운데 한 사람이라는 것을 밝히신다. 그것은 아벨이 하나님의 말씀을 받았고 그 말씀을 선포할 책임이 있다는 것을 의미한다. 더군다나 예수님께서는 아벨을 의로운 선지자라고 말씀하셨다. 그것은 아벨이 하나님과 흠 잡을 데 없는 관계 속에서 살고 있었다는 것을 의미한다. 하나님의 종은 하나님 앞에서 의로운 마음이 있을 때, 부정직하고 그릇된 세대 가운데서 올바르게 살아가므로 그것을 보여 줄 것이다. 그리스도께서는 아벨이 그의 형 가인 앞에서 하나님의 뜻에 순종하는 본보기로서 살았다는 것을 증언하셨다.

히브리서 기자는 이렇게 말한다. "믿음으로 아벨은 가인보다 더 뛰어난 희생제물을 하나님께 드림으로 의로운 자라 하시는 증거를 얻었으니 하나님께서 그 예물에 대하여 증언하심이라 그가 죽었으나 그 믿음으로써 지금도 말하느니라"(히 11:4, KJV). 히브리서 기자가 아벨이 믿음으로 행했다고 말하는 것은 무엇을 의미하는가? 이것은 아벨이 하나님께 대해서 그가 아는 바를 믿음으로 행했다는 것과 일상생활에서 뿐만 아니라 특히 예배를 드릴 때가 되었을 때 그렇게 했다는 것을 증언하는 것이다. 그의 예배에서 아벨이 더 나은 희생제물을 드렸다는 것은 하나님께서 요구하시는 것에 비교하여 판단할 때 그것은 모자람이 없고 완전한 것을 의미한다. 그와 같은 행동은 아벨이 의로운 사람이라는 사실에 대한 증언에 도움이 된다.

신약성경은 또한 가인이 악한 마음이 있었다고 말씀함으로써 가인에 대한 우리의 이해를 확대시킨다.

여기에 하나님의 자녀와 마귀의 자녀가 나타난다. "의를 행하지 아니하는 자나 또는 그 형제를 사랑하지 아니하는 자는 하나님께 속하지 아니 하니라 우리는 서로 사랑할지니 이는 너희가 처음부터 들은 소식이라 가인같이 하지 말라 그는 악한 자에게 속하여 그 아우를 죽였으니 어떤 이유로 죽였느냐 자기의 행위는 악하고 그의 아우의 행위는 의로움이라"(요일 3:10-12).

가인은 하나님께 반항하는 경향이 있었기 때문에, 자기 방법대로 예배를 드렸다. 도대체 왜 제멋대로 구는 마음을 가진 사람이 예배에 참석했는가? 가인의 상황은 의심할 여지없이 아벨의 의로운 마음과 대조를 이룬다. 아벨은 의로움을 예증하지만 가인은 반항을 예표한다. 그러므로 유다는 배반한 교사들을 정죄하면서 이렇게 기록한다. "화 있을진저! 이는 그들이 가인의 길로 갔기 때문이다"(유 11). 가인은 종교적인 무엇인가를 행하기를 주저한 것이 아니라 그의 마음이 하나님께로부터 멀리 벗어났던 것이다.

두 다른 종류의 예배

그들의 예배 형식이 겉보기에는 아주 비슷한 것 같았지만 가인과 아벨은 다른 형식의 예배를 드렸다. 이는 그들의 마음이 달랐기 때문이다. 물론 두 사람이 하나님께서 무엇을 바라시는가를 알고 있었기 때문에, 그들의 예배 형식이 겉보기에는 비슷할 것이라는 것은 예상이 되는 일이었다. 두 사람은 정한 "시간"에 하나님께 그들의 제물을 드렸다. 예를 들면 "시간이 흐른 뒤에 가인은 땅의 열매를 제물로 하나님께 드렸다"(창 4:3).

여기에서 "시간이 흐른 뒤에"로 번역된 히브리어는 문자적으로 "시간의 끝"을 의미한다. 그 끝은 무엇을 의미하는가? 아마도 그것은 하나님께서 그분의 선하심에 사람의 주의를 환기시키시기 위해서 그 해의 끝 또는 추수의 끝에 드리도록 정하신 감사제물을 언급하는 것일 것이다. 어쩌면 그 구절은 그 주의 끝, 곧 엿새 동안 세상을 창조하신 후에 하나님께서 안식하신 날을 기념하는 안식일을 가리킬 것이다. 그러나 우리는 이 본문에서 하나님께서 의미하시는 "끝"이 무엇인지를 정확히 모른다. 그럼에도 불구하고 하나님께서는 그분의 피조물들이 그분께 예배를 드릴 때 어떤 시간을 정할 특권이 있으시다. 가인과 아벨은 둘 다 이 특권에 대해서 알고 있었다. 이는 그들이 같은 시간에 예배를 드렸기 때문이다.

가인과 아벨은 또한 "같은 장소"에서 예배를 드렸다. "주님께 제물을... 가져왔다"는 말은 아마도 특별한 장소를 가리킬 것이다. 아마도 하나님께서는 가인과 아벨에게 하나님께서 불타는 칼과 함께 그룹들을 두신 에덴의 동쪽으로 제물을 가져오라고 명령하셨을 것이다(창 3:24). 어쩌면 하나님께서 가인과 아벨에게 그분의 세키나(Shekinah : 하나님의 영광의 구름으로 그분의 백성 가운데 계시는 하나님의 광채, 영광, 임재, 성령에 가장 가까운 히브리 표현으로 이 용어는 성경보다는 나중에 쓰였지만, 그 기본 개념은 하나님께서 그 분의 백성 가운데 거하신다는 말씀에 근거를 두고 있다(출 40:34 이하)-역주)의 영광이 머무는 곳으로, 그 후 수년 후에 하나님의 임재가 모세의 성막과 솔로몬의 성전에 임했을 때 세키나의 영광이 머물렀던 것처럼, 그들의 제물을 가져오라고 지시하셨을 것이다. 하나님께서는 예배드릴 시간과 장소를 지정하실 특권이 있으시다.

더욱이 가인과 아벨은 죄를 대신하는 필연적인 결과에 대한 희생제물이 아니라 "예배 행위"를 시작한 것이다. 하나님께서 후에 레위인의 제사제도 하에서 규정하신 제물은 예배의 모든 표현인 감사, 회개, 또는 찬양을 표현할 수 있었다. 제물을 바치는 단순한 행위는 전능하신 하나님 앞에 복종과 순종을 표시하기 위해서 머리를 숙이는 것을 의미한다. 아무튼 겉보기에는 가인과 아벨은 똑같은 행위를 하고 있는 것 같았다. 그런데도 외관상 유사점 이상으로 가인과 아벨은 그들의 예배의 표현에 있어서 실제로는 아주 달랐다.

이것을 구별 짓는 것은 중요한 문제이다. 그것은 오늘날 우리가 종교 세계에서 보는 모든 것에 해당된다. 모든 예배의 표현이 참으로 진정한 예배가 아니다. 아벨의 예배는 그가 주님께 순종하는 마음이 있었다는 것을 보여 준다. 그는 하나님의 말씀을 이해했고 신뢰했다. 그리고 그는 예배를 규정하신 하나님의 권위를 인정했다. 그는 또한 하나님께 드려야할 가장 좋은 것을 드림으로 그의 순종을 표시했다. "아벨 또한 그의 양의 첫배 새끼들과 그 기름 중에서 가져왔다"(창 4:4, KJV). 이런 표현은 언제나 최고의 희생 제물을 가리킨다.

반면에 가인의 예배는 보잘것없고 자기중심적이었다. 그는 하나님께서 무엇을 요구하시는가를 알고 있었고 하나님께서 요구하시는 대로 했지만 아니었다. "가인은 하나님께 땅의 열매의 제물을 가져왔다... 그러나 [주님]께서는 가인과 그의 제물은 관심이 없으셨다"(창 4:3, 5, KJV). 열매는 하나님께서 받아들이실 수 있는 제물이었지만, 유별나게 눈에 띄게 소홀했다는 것을 주목하라. 본문은 가인이 아벨과 비하여 그의 첫 열매 또는 가장 좋은 열매를 드렸다고 말씀하지 않는다.

이렇게 주의 깊게 살피는 것이 침묵에서 논쟁을 야기하는가? 나는 그렇게 생각하지 않는다. 히브리어 '민하'(Minchah, Min-khaw : '분배하다', '수여하다'라는 의미의 어근 '마나'에서 유래되었으며, '헌물', '조공', '희생 제물'을 뜻하는데 특별히 '피 없는 곡물 제사'에 사용되어 문자 그대로 '소제', 또는 '피 없는 곡물 제사'를 뜻한다. 그러나 넓은 의미에서 희생제물까지 다 포함하는 용어로 사용되기도 한다-역주)는 창세기 4장에서 가인뿐만 아니라 아벨의 제물에도 쓰였다. 이 말은 구약 성경에서 아주 흔하게 쓰여 거의 이백 번 나타난다. 때로는 이 말은 친구들이 서로 교환하는 선물을 언급하지만, 대부분의 언급에서 이 말은 하나님께서 모세의 율법에서 요구하신 소제(곡식으로 드려지는 제사로 단독으로 드려지는 경우가 있었으나 번제나 화목제와 함께 드리는 제사이다-역주)를 말한다. 단지 히브리 원문에 의거하여 우리는 가인의 소제가 아벨의 피 제사보다 본래부터 그다지 중요하지 않게 받아들여질 수 있었다고 말할 수는 없다. 그 차이는 "제물"이 아니라 오히려 "제물을 드리는 사람"에게 있다(가인과 아벨의 제사는 죄를 처리하거나 속죄를 구하는 것으로 묘사되어 있지 않다. 이는 레위기 2장에 나오는 소제와 밀접하게 관련이 되어 있다. 그들의 제사는 하나님의 은혜에 대한 감사를 표현하기 위한 것인 듯하다-역주).

하나님께서는 진정한 예배만 받으신다

차이가 무엇인가? 가인과 아벨은 같은 시간에 같은 장소에서 그리고 겉보기에 같은 수단으로 예배를 드렸다. 그러나 하나님께서는 아벨의 예배 표현은 "고려"하셨다. 이 구절은 하나님께서 제물을 호의적으로 보시고 기꺼이 받아들이셨다는 것을 의미한다. 바꿔 말하면 하나님께서는 아벨이 드린 예배의 종류에 관심을 "기울이셨다." 하나님께서 아벨의 제물을 받아들이신 것은 아벨의 예배가 참되다는 것을 보여준다.

그러나 하나님께서는 가인의 예배의 표현에 대해서는 "고려"하지 않으셨다. 무슨 까닭인가? 가인의 예배가 무엇이 잘못되었는가?

가인은 그의 마음이 하나님 앞에 옳지 않다는 것은 하나님께서 그의 예배에 동의하지 않으신 것에 대한 그의 반응에서 입증되었다. 하나님께서 그의 예배 형식에 동의하지 않으셨을 때 "가인이 몹시 분하여 그의 안색이 변했다"(창 4:5). 그는 용서를 구하거나 또는 잘못을 고치는 것도 수용하지 않았다. 그보다 그는 그의 분노를 그의 동생에게 분풀이했다. 그의 의(義)는 자기 자신의 불의를 눈에 띠게 했다.

그와 같은 역행이 오늘날 우리의 "예배 전쟁"에서 흔한 것 같지 않은가? 하나님께서 어떤 이유로 우리에게 안 된다고 하신다면, 우리는 겸손하게 그분의 징계를 받아들일 능력이 있다. 그 보다는 우리는 흔히 당치도 않은 근거로 우리의 형제들에게 화를 내는 것이 "정당하다"는 결정을 내린다. 그런 태도는 가인의 마음의 특성을 나타낸다. 그것은 가인의 예배에서 유난히 두드러지게 나타났다.

가인은 화가 났다. 그때 그는 잘하기를 거절하므로 그의 문제를 크게 만들었다. "네가 선을 행하면 어찌 낯을 들지 못하겠느냐?" 하나님께서는 이렇게 물으셨다. "선을 행하지 아니하면 죄가 문에 엎드려 있느니라 죄가 너를 원하나 너는 죄를 다스릴지니라"(창 4:7). 잘한다는 것은 전인적인(지, 정, 의가 조화된 완만한 인격-역주) 문제이다. 예배에 대한 올바른 마음이 없는 것에 대해서 가인에게 하셨던 것처럼, 하나님께서 우리를 책망하실 때, 우리는 아직도 잘할 기회가 있다. 하나님께서는 가인에게 끝까지 관심을 환기시키셨지만, 그러나 가인은 관심이 없었다. 거짓 예배 그 자체에 나타난 죄를 처리하기보다는, 가인은 자신의 잘못을 인정하기를 마다했다. 그와 같은 거절이 그가 육신의 궁극적인 죄, 곧 살인을 저지를 때까지 그를 악화시키는 소용돌이에 빠지게 했다.

이 소용돌이의 악순환 속에서 가인은 그의 잘못을 인정하지 않고(창 4:7), 위선적인 태도를 취하고(창 4:8), 그리고 증거를 들이밀 때 그의 죄를 고백하려고 하지 않는 완고한 죄인들의 형편없는 공통적인 특성을 예증한다. 그는 하나님께서 계속 그분의 자비를 보여주실 때까지도(창 4:15), 하나님의 법에 대해서 불평하고(창 4:13) 게다가 하나님을 비난했다(창 4:14). 우리의 하나님께서는 우리를 그분과 올바른 관계로 이끄시기 위해서 훈계하시고 꾸짖으시고 징계하시면서 얼마나 오래 참으시는가?

가인의 실례가 우리에게 가르쳐 주는 것처럼 진정한 예배는 의로운 마음이 있는 사람에 의해서 표현된다. 그와 같은 의로운 마음은 그러나 예배 자체에 선행하여 따르는 생활환경 속에서 가장 많이 알 수 있다. 바꿔 말하면 월요일에서 토요일까지 세상 것들에 대해서 자신의 사랑을 보여주는 사람은 아마도 주일날 진정한 예배에 마음이 끌리지 않을 것이다. 진정한 예배는 그보다는 성경에 기록된 것을 알뿐만 아니라 하나님과 그분의 말씀을 신뢰하고 복종하는 마음에서 우러나온다.

생각할 점

1. 당신은 하나님을 예배하는 올바른 방법과 그릇된 방법이 있는지를 성경으로부터 아는 것이 가능하다고 생각하는가?

2. 아벨의 삶은 하나님께 복종하는 마음을 어떻게 보여드렸는가? 또한 가인의 삶은 하나님께 복종하지 않음을 어떻게 보여드렸는가?

3. 신약성경은 아벨과 가인에 대해서 우리에게 무엇을 가르치는가?

4. 아벨과 가인은 겉보기에는 같은 시간과 같은 장소 그리고 똑같이 명령을 실행했다. 하나님께서는 왜 한 사람의 예배는 받으시고 다른 사람의 예배는 받아들이지 않으셨는가?

5. 가인은 하나님께서 받아들이지 않으신 것에 대해서 어떻게 반응했는가? 당신은 가인의 실례로부터 무엇을 배울 수 있는가?

2. 하나님을 기쁘시게 하는 예배

‖ 노아. 창세기 | 8:20-22

"노아가 여호와께 제단을 쌓고 모든 정결한 짐승과 모든 정결한 새 중에서 제물을 취하여 번제로 제단에 드렸다"(창 8:20).

거의 모든 즉석 음식점은 오늘날 "가치 추구 메뉴"(미국의 즉석 음식점에서 보통 1달러-1' 49달러의 범위의 가격을 매기는 음식 묶음-역주)가 있다. 이런 메뉴는 온갖 맛에 대한 다양한 선택의 폭과 그리 비싸지 않은 품목으로 이루어져 있다. 비록 즉석 음식은 영양의 함유량이 한정되어서 메뉴가 시장기를 느끼게 하지만, 음식에 많은 시간 또는 돈을 들이기를 원치 않는 사람들을 노린다.

물론 당신은 내가 이 상황을 어디로 향하고 있는지를 알 수 있을 것이다. 오늘날 교회는 선택의 폭이 엄청나게 확산되는 것이 특징이다. 대표적인 큰 도시 주변의 교회는 청년부, 관리부, 그리고 지원부서 뿐만 아니라 에어로빅 활동에서 편히 쉬면서 마음과 몸을 건강하게 하는 농구에 이르기까지 다양한 메뉴를 제공한다. 많은 교회들은 예배에 있어서 또한 현대적이고 전통적인 요소를 겸하여 각각의 양식으로 독특한 예배를 제공하는 비슷한 접근 방식을 취한다.

내가 말하려고 하는 요지는 여기서 각 교회의 프로그램 또는 예배가 잘 못되었다고 말하려는 것이 아니다. 사람들에게 필요한 요소로 그들을 도우려는 소망이 하나님의 말씀을 행하는 모든 교회의 특성이 되어야 한다. 그럼에도 불구하고 오늘날 대부분의 미국인들은 제공된 모든 선택에 따라서 그들이 절실히 필요로 하는 것과 선호하는 것을 충족시켜 주는가에 근거해서 교회를 선택하는 분위기가 나타났다. 따라서 성장하는 많은 교회들은 그들의 프로그램을 더 많은 사람들을 끌어당기려는 뚜렷한 의도를 가지고 재평가하고 있다.

이러한 모습은 엄숙한 기도 시간을 위해서 함께 만나는 신자들의 작은 무리로서의 교회, 곧 이전에 친밀한 교회에 대한 생각과는 아주 딴판이다. 한 생각은 옳고 다른 생각은 그른가? 둘 다 옳은가? 차이가 아주 두드러질 때 어느 누가 "진정한" 예배 모범을 알고 있다고 주장할 수 있는가?

분명하게 보이는 것은 미국인들 가운데 점차 많은 사람들이 일종의 "가치 추구 메뉴 기독교"를 이용하고 있다는 것이다. 그들은 허기를 느낀다. 그러나 서둘러서 어딘가 다른 곳에 가서 그들에게 많은 비용이 들지 않은 소위 재빨리 한 입에 먹는 예배를 선택한다. 그들의 선택의 결과로 그들은 영적으로 약하게 되어 영양부족 상태가 되었다. 어쩌면 그런 영적인 연약함은 당신과 나에게도 일어날 수 있다. 그리스도인으로서 우리는 불신자들이 직면하는 것처럼, 그들과 같은 필요와 분주함뿐 아니라 같은 매혹과 유혹에 직면한다. 무엇인가 받는 것이 없을 때, 우리 하나님께 예배를 드리는 헌신은 고통을 받을 수도 있다.

우리가 무엇을 할 수 있는가? 우리는 그들 모두를 하나님의 말씀과 실례를 통해서 우리의 예배 모범과 예배로 끌어내야 한다. 우리는 성경의 실례와 명백한 교훈을 모아서 하나님께 대한 우리의 사랑, 감사, 그리고 헌신을 표현하는 최고로 공경하는 예배 방법을 결정해야만 한다. 우리의 예배가 하나님의 말씀의 "사실"에 근거할 때, 우리는 "감정"이 불안정할 때도, 우리가 의존하는 토대가 있는 것이다.

예배는 하나님을 경외함으로 시작 된다

예배에 대해서 성경에 최초로 기록된 실례는 가인과 아벨이다. 두 번째는 노아의 실례이다.

창세기 8장 20절에서 우리는 노아가 방주에서 나와서 제단을 쌓고 하나님께 예배를 드렸다는 말씀을 읽어서 알고 있다. 왜 예배를 드렸는가? 성경은 노아의 행동에 대한 특별한 이유를 제시하지는 않는다. 그러나 상식적인 판단이 노아의 당면한 환경이 그에게 하나님을 경외할 마음을 서서히 불어 넣었다는 사실을 좌우한다. 그는 인류 역사상 가장 큰 홍수에도 불구하고 실제로 살아남았다. 그는 놀라운 사건의 결과를 통해서 하나님의 능력에 대한 지울 수 없는 인상이 그의 마음속에 깊이 새겨졌다.

여러 해 전에 하나님께서 노아에게 홍수로 인한 멸망, 방주, 그리고 그의 가족의 구원에 대한 그분의 뜻을 보여 주셨다. 하나님께서는 왜 그분의 뜻을 노아에게 보여주려고 결정하셨는가? 노아는 왜 하나님께서 그를 선택하셨는가에 대해서 의아하게 여겼음에 틀림이 없지만, 그는 하나님의 말씀에 순종했다. 그는 자신 또는 그의 의심 많은 이웃에게 이해할 수 없는 구조물을 지으면서 많은 그의 생애를 보냈다. 히브리서 기자는 그것에 대해서 이렇게 기록한다.

"믿음으로 노아는 아직 보이지 않는 일에 경고하심을 받아 경외함으로 방주를 준비하여 그 집을 구원하였으니 이로 말미암아 세상을 정죄하고 믿음을 따르는 의의 상속자가 되었느니라"(히 11:7).

이 믿음의 사람은 방주에 짐을 실을 때가 다가왔을 때, 경탄했음에 틀림이 없다. 이 동물들이 어디에서 태어났을까? 어떻게 이 동물들이 방주에 들어가야 한다는 것을 알았을까? 어떻게 동물들이 방주가 있는 곳을 알았을까? 분명한 것은 하나님께서 노아에게 동물들을 데리고 오셨다는 것이다. 그 후 이어서 몇 달이 지나서 노아는 온 땅의 모든 종류의 생명이 완전히 멸망당하는 것을 그의 오감으로 목격했다. 그것은 놀랄만한 일이었다! 믿기 어려운 일이었다! 그와 같은 일을 하실 수 있는 하나님께서는 얼마나 전능하신 분이신가!

노아가 하나님께서 이와 같은 능력을 나타내시는 것에 반응하여 그분을 경외한 것은 당연했다. 그러나 노아는 하나님께서 그분의 능력을 완전히 보여주시기 전에도 하나님을 공경했다. 처음부터 노아는 사람들이 그를 비웃고 훼방했음에도 불구하고 하나님께서 그에게 명령하신 대로 행했다(창 7:5). 조롱하는 사람들이 비아냥거렸지만, 노아는 하나님을 신뢰했다. 노아는 사람보다 하나님을 두려워했기 때문에 하나님의 뜻을 수행했다. 그는 하나님을 경외한 결과로 대규모의 멸망이 그를 비난하는 사람들에게 닥친 것을 보았고 하나님의 구원의 손길을 경험했다. 노아가 방주에서 나왔을 때 무엇을 보았을까? 어떻게 느꼈을까? 그가 하나님을 경외했다는 것은 놀라운 일이 아니다.

오늘날 예배에 참석하는 미국인들 가운데 많은 사람들은 멸망에서 하나님의 구원의 능력을 결코 경험하지 못했다. 우리는 우리의 풍요 속에서 우리 자신을 불행에서 격리시키기 위해서 모든 노력을 다해왔기 때문에 하나님의 구원의 능력을 모른다. 결국 누가 불행한 환경에 직면하기를 원하겠는가? 그것을 피할 수 있다면, 왜 시련을 겪겠는가? 현대인이 원하는 방법은 편안한 방법, 곧 즐거운 방법이다.

그러나 누구나 직접 경험을 통해서 멸망에서 구원하시는 하나님의 능력을 아는 것이 가능하다. 우리는 우리가 거듭나서 하나님에 의해서 죄와 지옥에서 구원받을 때, 능력을 안다. 슬프게도 교회는 가지만 거듭나지 못한 "종교적인" 사람들이 있다. 하나님의 구원하시는 능력을 경험하지 않으면, 그들은 경건한 두려움에서 나오는 이른바 존경하는 마음을 알 수 없다. 한 그리스도인 지도자는 이렇게 말했다. "우리의 복음의 문화는 두려워 할 만한 초월적인 하나님의 최고의 실체를 경험하려는 경향이 있어서 그분이 우리의 (수영 캠프 등에서 사고를 막기 위해) '둘씩 짝짓는 방식' 에 꼭 들어맞을 수 있도록 하기 위해서 그분을 축소시킨다."

예배는 희생제물을 포함한다

노아는 하나님을 경외했기 때문에 하나님께 예배를 드렸다. 창세기의 이야기는 노아가 방주에서 나왔을 때 했던 첫 번째 일은 하나님께 제단을 쌓는 일이었다는 것을 보여준다. 그러나 하나님께서 노아에게 제단을 쌓거나 희생제물을 바치라는 지시가 없으셨다는 것을 주목하라.

"노아가 그의 아들들과 그의 아내와 그의 며느리들과 함께 나왔고 땅 위의 동물 곧 모든 짐승과 모든 기는 것과 모든 새도 그 종류대로 방주에서 나왔더라 노아가 여호와께 제단을 쌓고 모든 정결한 짐승과 모든 정결한 새 중에서 제물을 취하여 번제로 제단에 드렸더니"(창 8:18-20).

방주에서 나온 노아의 첫 번째 행동이 왜 제단을 쌓는 일이었을까? 그가 믿었던 종교적인 전통이 그에게 요구하는 대로 따르고 있었던 것일까? 아니다. 가장 합리적인 해석은 피할 수 없는 멸망에서 노아가 구원을 받았기 때문에 진심으로 하나님께 예배를 드리고 싶은 동기를 부여 받았다는 것이다. 이런 해석은 특히 노아가 다음에 했던 일에 비추어 거의 확실하다.

노아는 쌓은 제단에 살아 있는 동물들을 제물로 바쳤다. 본문은 하나님께 대한 그의 감사제물이 모든 종류의 "정결한" 동물과 모든 종류의 "정결한" 새로 이루어져 있었다는 것을 명확하게 밝힌다. 이런 진술은 주의를 끄는 진술이다. 수백 년 후, 모세 시대에 하나님께서는 정결한 동물과 부정한 동물들을 구별하는 이스라엘의 제사제도를 구체화하셨다. 따라서 노아가 수세기 전에 오직 정결한 "동물들"만 제물로 바침으로써 도대체 무슨 일을 하고 있었을까?

노아가 모든 부정한 동물은 암수 둘씩, 그러나 모든 정결한 동물은 암수 "일곱"씩 방주로 데리고 들어갔다는 것을 기억하라. "정결한 동물"이란 말은 어쩌면 길들일 수 있는 동물들을 언급하는 것 같다. 몇 년 후, 제물에 필요한 "정결한" 동물들은 가축의 무리에서 취했다. 그러므로 하나님께서 노아에게 필요 이상으로 많은 동물들을 데리고 가라고 명령하셨을 때, 그것은 하나님께서 홍수 후에 그와 같은 동물들로 노아의 가족을 부양하실 준비를 하고 계셨던 것 같다. 다음 장은 성경이 최초로 동물을 먹는 것을 허용하는 하나님의 명령이 있다. 따라서 정결한 동물들이 그의 가족의 생명 유지에 필요한 역할을 했지만, 노아는 하나님을 예배하는 과정에서 기꺼이 그들을 제물로 바쳤던 것이다.

노아의 실례는 그토록 많은 그리스도인들이 편리한 예배, 곧 자기들에게 아무것도 요구하지 않고 자기들이 필요한 것을 채워주는 예배를 좋아하는 우리 시대의 예배와 대비해서 뚜렷한 차이가 있다. 우리는 심지어 외부 활동에 지장을 주지 않기 위해서 예배 일정표를 만든다. "문이 열려있을 때마다" 예배에 참석하는 옛 사고방식은 우리 사회에서 비현실적인 것으로 여겨진다. 현대 생활의 모든 요구와 분주함으로 우리는 사람들이 실제로 교회의 모든 예배에 참석하는 것을 기대할 수 있겠는가?

"가치 추구 메뉴 기독교"는 이 점에서 노아의 실례는 상식을 벗어난 것일 수도 있다. 꽤 많은 예배의 명백한 목적은 사람들이 선호하는 것을 반영하는 예배를 통해서 그들에게 더 편안함을 느끼게 해서 그들을 끌어들이는 것이다. 내가 교회들이 회중석에 앉아있는 사람들의 당면 문제에 관련된 어떤 시도를 의식적으로 해서는 결코 안 된다는 암시를 하고 있는가? 물론 아니다. 예를 들면 우리는 성경을 더 쉽게 접근하기를 원하는 보통 사람들을 위해서 우리의 영어성경을 소유한다.

그러나 우리의 예배의 음악, 형식, 그리고 심지어 메시지까지도 사람들이 선호하는 것에 사로잡힐 때, 우리는 진정한 예배에 대한 시험에서 낙제하지 않을까? 노아는 하나님의 경외심을 불러일으키게 하는 능력을 두려워하는 마음으로 예배를 드렸고 멸망에서 구원받은 것을 감사했다. 따라서 그는 자신의 무엇인가를 희생시키는 예배를 통해서 그의 마음가짐을 보여주었다. 우리는 우리의 예배에서 노아와 같은 공경하는 마음을 표하고 있는가?

예배는 은혜의 경험에서 시작된다

하나님께서 노아의 제물에 만족하셨다는 사실은 그분의 크신 은혜의 실상을 보여준다. 노아의 제물에 대한 이야기는 "주께서 향기로운 냄새를 맡으시고"(창 8:21, KJV) 기뻐하셨다고 말씀한다. 노아의 제물은 모세의 율법 아래서, 감사제와 그리고 번제가 되는 속죄제에 대한 장차 하나님의 요구조건에 주의를 돌리게 한다. 그러나 그것은 의심할 여지없이 긴 세월을 거쳐서 유일하게 하나님을 영원히 기쁘시게 하는 제물인 장차 그리스도의 희생적 행위까지 가리키는 생생한 묘사이다. 이는 노아는 하나님께서 인간의 맹렬한 사악함 때문에 보내셨던 멸망 사건을 배경으로 그의 제물을 바쳤기 때문이다. 이와 같이 하나님께서 제물에서 향기로운 냄새를 맡으시고 기뻐하셨다고 분명하게 말함으로써 이야기는 단지 무엇인가 하나님의 코로 냄새를 맡으신 것 이상을 분명하게 전한다. 그것은 예배에 참여하는 노아의 흠이 없는 인격에 대해서 이야기 한다. 하나님께서는 방주의 경험을 통해서 전적으로 순종하는 노아의 마음의 증언을 확인하셨다. 하나님께서는 노아의 경외심을 보셨다. 하나님께서는 노아의 기도를 들으셨다. 따라서 하나님께서는 기뻐하셨고 노아의 예배를 받아들이셨다. 하나님께서는 만족에 비추어 이렇게 약속하셨다.

"여호와께서 그 향기를 받으시고 그 중심에 이르시되 내가 다시는 사람으로 말미암아 땅을 저주하지 아니하리니 이는 사람의 마음이 계획하는 바가 어려서부터 악함이라 내가 전에 행

그러나 이 약속은 모든 성경에 비추어 이해되어야만 한다. 하나님께서 결코 다시 땅을 저주하지 않겠다고 말씀하셨을 때, 그분은 "피조물이 다 이제까지 함께 탄식하며 함께 고통을 겪고 있는"(롬 8:22) 죄의 저주를 없애겠다는 약속을 하고 계시는 것이 아니다. 하나님께서는 죄 때문에 땅을 멸망시키지 않겠다는 것을 의미하셨다. 이 약속은 하나님의 크신 은혜의 놀라운 계시이다. 하나님께서는 모든 살아있는 것을 멸망시키신 후에도 인간이 여전히 죄의 성향을 간직하고 있는 사실에도 불구하고 약속을 공포하셨다.

하나님께서는 "사람의 마음이 계획하는 바가 어려서부터 악하다"는 것을 노아에게 인정하셨다. 실로 하나님께서 노아와 "다시는 물이 모든 육체를 멸하는 홍수가 되지 아니하리라"(창 9:15)는 언약을 맺으신 후 이어서 노아에 대해서 기록한 이야기의 줄거리는 노아가 죄를 지었다는 것이다! 그러나 하나님께서는 참으셨고 여전히 은혜를 통해서 용서할 준비를 하신다. 하나님의 은혜는 죄를 제쳐 놓고는 알 수 없다. 회개하는 마음과 가난한 마음은 하나님께서 은혜를 회복시키는 과정에서 친히 자신을 쏟아 붓기를 원하시는 그릇이다.

그와 같은 하나님의 놀라운 은혜가 우리의 예배의 뒷받침이 되어야 한다. 만일 노아가 하나님의 은혜를 경험하지 못했다면, 하나님께 진정한 예배를 드리지 못했을 것이다. 노아의 삶과 예배는 우리에게 아주 중요한 진리를 가르쳐 준다. 우리가 하나님을 위해서 살고, 그분을 섬기고 그분께 예배를 드리려고 할 때, 우리의 삶 속에 그분의 은혜를 적용하지 않는, 우리의 노력은 하나님을 기쁘시게 하지 못하는 예배의 결과가 된다.

우리는 창세기 8장 21절에 있는 하나님께 대한 경외심을 일으키게 하는 은혜에 대해서 읽은 후 그 다음 구절을 묵과하기 쉽다. 여기에서 하나님께서는 이렇게 말씀하신다. "땅이 있을 동안에는 심음과 거둠과 추위와 더위와 여름과 겨울과 낮과 밤이 쉬지 아니하리라"(창 8:22). 하나님께서는 땅이 존재하는 한, 자연은 그분의 신실하심을 나타낼 것이라는 약속을 하셨다. 우리에게 낮과 밤의 순환과 계절의 순환은 겉보기에는 일상적인 것 같다. 그러나 땅에 실질적으로 생명을 유지하는 것은 바로 이 순환이다. 성경에는 그 밖에 여섯 번 순환에 대해서 언급되어 있다(시 33:7, 135:7; 전 1:6-7; 욥 26:8, 36:27-28; 사 55:10). 심지어 자연은 하나님께서 그분의 말씀에 대해서 신실하시다는 것을 확증한다.

모든 생물은 사람들이 우리를 실망시킨다 할지라도, 하나님께서는 그분의 말씀을 지키실 것이라는 것을 일깨워준다. 변덕스러운 인간의 감정은 예배를 위한 올바른 토대는 아니다. 하나님께서는 그보다는 그분의 변하지 않는 신실하심에 부합하는 예배를 기뻐하신다. 노아의 예배는 하나님을 기쁘시게 했다. 이는 노아가 하나님을 경외해서 그분께 감사를 드리기 위해서 일신상의 안락을 희생했기 때문이다. 하나님께서는 그분의 은혜를 확인하시고 신실하신 약속을 주심으로써 응답하셨다. 우리 시대에 예배가 자주 개인의 안락이나 편의 또는 바라는 것을 따라 간다면, 우리는 노아에게 배워야할 많은 것들이 있다.

생각할 점

1. 당신은 교회가 사람들이 바라는 것에 영합하지 않고, 그들이 필요로 하는 것을 채워주면서 예배의 균형을 맞출 수 있다는 견해를 어떻게 생각하는가?

2. 노아의 경험이 어떻게 하나님을 향한 그의 태도를 구체화시켰는가? 오늘날 우리는 노아가 영향을 받았던 것을 이해하는 것이 가능한가?

3. 노아의 마음가짐이 그의 예배를 통해서 어떻게 밖으로 나타났는가?

4. 하나님께서는 노아의 예배를 기쁘게 받으셨다. 하나님께서는 이 예배를 받으셨다는 것을 어떻게 확증하셨는가?

5. 당신은 은혜와 예배의 관계에 대해서 설명할 수 있는가?

2부
진정한 예배의 요건

3. 진정한 예배는 신뢰를 요한다

‖ 아브라함. 창세기 | 12:1-8

"여호와께서 아브람에게 나타나 이르시되 내가 이 땅을 네 자손에게 주리라 하신지라 자기에게 나타나신 여호와께 그가 그 곳에서 제단을 쌓았다"(창 12:7).

아벨은 의로운 마음으로 하나님께 예배를 드렸다. 노아는 기꺼이 제물을 드렸다. 지금까지 성경의 증거는 하나님을 기쁘시게 하는 예배는 외적인 표현의 문제 이전에 예배를 드리는 그 사람의 문제라는 것을 제시한다.

기독교 지도자들은 오늘날 가능한 많은 사람들의 마음을 움직이는데 관심이 있다, 그래서 그들은 예배 형식이 불신자들의 마음을 움직이는데 있어서 중요한 요소라고 믿는다. 그럼에도 불구하고 그것이 종교적이든 또는 세속적이든, 눈에 띄게 보다 멀리 미치려는 어떤 노력이라도 필연적으로 이런 물음이 일어난다. 청중은 어떤 사람인가? 만일 우리의 목적이 예배를 더 사람들의 마음에 들게 하고 인기를 끌게 하는 것이라면, 그렇다면 예배가 "어떤 식으로" 목적한 바를 이룰 수 있는가를 검토하기 전에, 우리는 예배가 "누구" 마음에 들어야 하는가를 결정해야만 한다. 우리가 "말 앞에 수레를 다는(본말을 전도하는-역주)" 죄라고 부르는 죄가 될 수 있는 것은 이 점에 있다. 이는 진정한 예배가 하나님과 올바른 관계에 근거한다면, 성경이 예증하는 것과 같이, 하나님과 올바른 관계에 있지 않은 사람은 그분을 예배할 수 없고 감히 예배를 드리려고 해서도 안 된다. 그러므로 불신자들의 마음에 들게 하기 위해서 우리의 예배를 개조하는 것은 "말 앞에 수레를 다는" 격이다! 우리가 성경을 공부할 때, 우리는 예배는 사람들을 하나님과 올바른 관계가 "되도록 하기 위해서" 훈련하는 것이 아니라는 것을 알았다. 그보다는 예배는 하나님과 올바른 관계에 있는 사람의 마음을 외적으로 표현하는 것이다.

우리가 성경을 공부한 것과 같이 하나님의 약속은 우리의 예배에서 중요한 역할을 한다. 우리는 우리의 예배가 그분의 신실하심에 대한 우리의 사랑과 감사를 표현할 수 있도록 그분의 약속에 대해서 알고 신뢰해야만 한다. 삶을 변화시키는 하나님께 대한 신뢰가 진정한 예배에 있어서 주된 요소라는 것은 아브라함의 실례를 통해서 예증되었다. 아브라함의 예배 표현은 사람이 하나님을 예배하기 위해서 그분을 신뢰해야 하고 그런 신뢰는 오직 그분의 말씀에 대한 지식으로만 생긴다는 것을 예증한다. 여기에 아브라함의 이야기를 시작하는 이유가 있다.

"여호와께서 아브람에게 이르시되 너는 너의 고향과 친척과 아버지의 집을 떠나 내가 네게 보여 줄 땅으로 가라 내가 너로 큰 민족을 이루고 네게 복을 주어 네 이름을 창대하게 하리니 너는 복이 될지라 너를 축복하는 자에게는 내가 복을 내리고 너를 저주하는 자에게는 내가 저주하리니 땅의 모든 족속이 너로 말미암아 복을 얻을 것이라 하신지라 이에 아브람이 여호와의 말씀을 따라갔고 롯도 그와 함께 갔으며 아브람이 하란을 떠날 때에 칠십오 세였더라"(창 12:1-4).

믿음은 하나님께 순종하는 것을 의미한다

하나님께서는 분명한 명령을 내리셨다. 하나님께서는 참 하나님에 대해서 아무래도 잘 몰랐던 사람인 아브라함에게 그의 가족과 집을 떠나라고 요구하셨다. 신약성경은 이 명령에 대한 부가적인 지식을 준다. 스데반은 돌로 맞은 설교에서 이렇게 말했다. "여러분 부형들이여 들으소서 우리 조상 아브라함이 하란에 있기 전 메소보다미아에 있을 때에 영광의 하나님께서 그에게 보여 이르시되 네 고향과 친척을 떠나 내가 네게 보일 땅으로 가라고 말씀하셨습니다"(행 7:2-3).

우리는 창세기 11장 31절에서 아브람이 그와 그의 아내 사라 그리고 조카 롯과 함께 하란으로 떠나기 전에 우르에서 살았다는 것을 배웠다. 하나님께서 아브라함에게 우르를 떠나라고 명령하신 한 가지 이유는 고고학적인 증거를 통해서 확인되었다. 우르 지역에 노출된 공예품은 그 도시가 유명한 다신교 우상 숭배지역이었다는 것을 보여준다. 하나님께서 그분의 언약과 약속을 받아들이도록 선택한 사람, 아브라함은 그와 같은 죄의 환경에서 가능한 한 자신을 떼어놓을 필요가 있었다. 하나님께서 아브람에게 우르에서 "나오라"고 말씀하셨다는 것에 주목하라. 그것은 아브라함이 한 사람도 그와 함께 가기를 원치 않는다 할지라도 떠나야 한다는 것을 의미한다. 이 명령에서 우리는 하나님께 대한 순종의 원칙은 우리에게 죄의 환경에서 나오기를 요구하신다는 것을 본다. 만일 당신과 내가 하나님께 나가서 그분께 예배드리기를 원한다면, 우리는 먼저 기꺼이 죄에서 나와야만 한다. 하나님께 대한 진정한 예배자는 자신의 배후에 있는 일체의 다른 것들에서 떠나야만 한다. 이는 진정한 예배는 과거의 죄의 쾌락을 포기하는 것을 전제로 하기 때문이다. 진정한 예배는 육신을 만족시키는 여지가 없기 때문이다. 아브라함이 우르의 죄를 떠난 것과 같이 우리 역시 필요하다면, 혼자 간다 할지라도 기꺼이 하나님을 따라야만 한다.

아브람은 하나님의 명령에 순종하여 출발하기 위해서 하나님을 신뢰해야만 했다. 그는 끝까지 하나님을 신뢰해야 했다. 이는 하나님께서 아브라함을 부르실 때 그 땅을 그에게 "보여 주시겠다"는 약속만 하셨기 때문이다. 하나님께서는 땅의 위치에 대해서 상세히 설명하지 않으셨다. 아브라함은 그가 어디로 가야 할지 가늠할 수 없었다. 하나님께서는 심지어 그 땅을 "주시겠다"는 "말씀"도 하지 않으셨다. 우리들 대다수는 오늘날 그런 불충분한 증표에 근거해서 새로운 직업을 선택하지는 않을 것이다. 더구나 가족이 새로운 나라로 이주 하지 않을 것이다. 아브람 편에서는 적어도 어느 경우든 믿음이 필요했다. 따라서 신약성경은 이렇게 말씀한다. "믿음으로 아브라함은 부르심을 받았을 때에 순종하여 장래의 유업으로 받을 땅에 나아갈새 갈 바를 알지 못하고 나아갔다"(히 11:8).

그렇지만 보기에 따라서는 아브라함의 경험은 놀랄 만한 것은 아니었다. 하나님의 명령은 대부분 신뢰를 요구한다. 하나님께서는 명령하실 권위가 있으시지만, 그분은 항상 그 명령에 대한 이유와 까닭을 상세하게 설명하지는 않으신다. 만일 하나님께서 그분의 뜻을 있는 그대로 상세하게 설명하시고 나서 우리에게 그 계획을 받아들일지를 결정하게 하신다면, 믿음은 필요가 없다. 하나님께서 모든 것을 상세하게 설명하지 않으셨다 할지라도 우리는 곧 하나님의 지시는 항상 사람의 이성에 호소하지 않으신다는 것을 알 것이다. "믿음이 적은" 사람은 예수님께서 평가하신 것과 같이 하나님의 계획을 확실히 받아들이지 않을 것이다.

그와 같이 하나님께서 아브라함에게 우르를 떠나라는 명령을 내리셨지만, 그 명령과 함께 약속이 왔다(창 12:2-3). 하나님의 명령은 흔히 어렵다. 그리고 하나님께서는 항상 그런 명령에 대한 이유를 말씀하지 않으시지만, 그분은 항상 약속을 덧붙이신다. 아브라함이 순종하는 조건으로 하나님께서는 아브라함에게 개인적인 축복을 약속하셨다. 아브라함은 자녀가 없었지만(창 11:30), 하나님께서는 또한 아브람에게 큰 민족을 이루게 하실 것이라는 약속을 하셨다. 항상 하나님께서는 다른 민족을 축복하시거나 저주하셨고 이것은 그들이 아브람의 후손들을 어떻게 대하느냐에 따라 결정되었다. 유사 이래로 가나안과 히타이트의 문명에서 바벨론 제국 그리고 현대 독일의 히틀러에 이르기까지 유대인을 강하게 반대했던 민족들은 멸망했다.

그러나 하나님께서 아브라함에게 하신 약속의 가장 중요한 면은 "땅의 모든 족속이 복을 얻을"(창 12:3) 구세주에 대한 결정적인 약속이다. 다시 신약성경은 이 구약성경 구절에 대한 더 많은 정보를 준다. "이 약속들은 아브라함과 그 자손에게 말씀하신 것인데 여럿을 가리켜 그 자손들이라 하지 아니하시고 오직 한 사람을 가리켜 네 자손이라 하셨으니 곧 그리스도라"(갈 3:16). 그것은 실로 축복이다!

믿음은 하나님을 신뢰하는 것을 의미한다

아브라함은 우르를 떠나서 그에게 보여줄 땅으로 가라는 하나님의 명령에 순종했다. 아브라함은 하나님께서 그에게 말씀하신 후, 곧 우르를 출발한 것이 분명하다. 그러나 아브라함이 이어서 하란에 도착했을 때, 몇 가지 이유 때문에 그는 거기에 잠깐 머물렀다. 아마도 아브라함은 하나님의 명령이 너무 어렵기 때문에 단계적으로 순종했을 것이다. 그러나 결국 하나님께 전적으로 순종해서 가나안을 향해서 떠났다(창 12:4-6). 아브라함은 하나님께 대한 사람의 순종은 흔히 신앙 성장의 문제라는 사실을 예증한다. 우리는 하나님의 명령을 듣지만, 완전히 이해하지 못한다. 이번에는 우리는 하나님의 명령을 이해했지만, 순종하기를 두려워한다. 결국 우리는 두려움을 물리치고 그분이 명령하신 것을 행하는 만큼 하나님을 신뢰할 수 있게 된다. 하나님을 신뢰하는 것은 하나님께 순종에 이르게 한다. 이 진리는 다시 한 번 우리에게 순종은 진정한 예배의 주된 요소라는 결론에 이르게 한다.

인간의 이성이 기대하는 것과 달리 아브라함은 결과적으로 하나님께서

"그 때에 가나안 사람이 그 땅에 거주하고 있다는"(창 12:6)것을 알도록 하기 위해서 그를 인도하셨던 곳으로 갔다. 이 사람들은 노아가 저주했던(창 9:25) 함의 후손들이었다. 아브라함의 시대에 하나님께서는 그들의 완고한 이기심 때문에 바벨(바벨론에서 하늘에 닿을 탑을 쌓으려고 하였으나 실패한 사건-역주)에 있는 민족들을 흩어지게 하셨다. 이곳은 우상이 만연했다. 우리는 "아브람이 그 땅을 지나... 모레 상수리나무에 이르니"라는 말씀을 읽는다. 아마도 모레(창 12:6)는 우상 숭배의 장소를 언급할 것이다. 바꿔 말하면, 아브라함은 이곳의 사람들은 하나님을 경멸하고 악을 좋아한다는 것을 알았다.

그처럼 가나안은 우르보다 더 낫지 않았다! 그렇다면 왜 하나님께서 아브라함을 떠나게 하셨을까? 그 이유는 우르에 살고 있을 때, 하나님의 사람이 아니었던 아브라함이 가나안에 도착했을 때, 충성스럽게 하나님을 신뢰하는 법을 배웠기 때문이다. 우르에서는 아브라함이 죄 때문에 괴로움에 직면했지만, 가나안에서는 하나님의 사람이라는 것 때문에 어려움에 직면했다.

아브라함의 모든 이주 각본은 그리스도인의 삶을 예증한다. 우르에서 아브라함이 떠나는 것은 하나님의 자녀가 되기 위해서 죄를 버리는 그리스도인의 생생한 묘사이다. 하란에서 아브라함이 떠나는 것은 믿음이 성장해서 하나님을 전적으로 신뢰하는 믿음의 사람의 생생한 묘사이다. 그리고 아브라함이 가나안에 도착한 것은 세상에 "속"하지 않고 세상"에서" 살아야만 하는 그리스도인의 생생한 묘사이다. 하나님을 믿는 것은 우르에서 살아야 하느냐 또는 하나님의 약속의 장소인 가나안에 거주해야 하느냐의 차이를 낳는다.

믿음은 약속을 증가시킨다

우르에서 가나안까지의 아브라함의 여정은 영향력이 있는 믿음의 예증으로 이 이야기는 그리스도인들을 위한 실례로서 신약성경에 기록되었다. "믿음으로 아브라함은 부르심을 받았을 때에 순종하여 장래의 유업으로 받을 땅에 나아갈새 갈 바를 알지 못하고 나아갔으며 믿음으로 그가 이방의 땅에 있는 것 같이 약속의 땅에 거류했다..."(히 11:8-9). 그러나 아브라함이 가나안에 도착한 것에 대해서 설명한 후, 창세기의 이야기는 아주 중요한 이야기로 계속 전개된다.

"여호와께서 아브람에게 나타나 이르시되 내가 이 땅을 네 자손에게 주리라 하신지라 자기에게 나타나신 여호와께 그가 그 곳에서 제단을 쌓고 거기서 벧엘 동쪽 산으로 옮겨 장막을 치니 서쪽은 벧엘이요 동쪽은 아이라 그가 그 곳에서 여호와께 제단을 쌓고 여호와의 이름을 불렀더라"(창 12:7-8).

그 과정을 자세히 살펴보라. 아브라함이 우르에 있었을 때, 하나님께서는 그에게 떠나라고 명령하시고 또한 그에게 약속을 주셨다. 하나님께서는 그에게 그분이 그에게 "보여주겠다고" 약속하셨던 그 땅으로 가라고 말씀하셨다. 그리하여 믿음으로 아브라함은 가서 그 땅을 보았다. 그 뒤 곧 하나님께서는 아브라함을 만나서 그의 후손에게 그들의 소유로 그 땅을 "주시겠다"는 다른 약속을 주셨다. 그 시점에서 아브라함은 중요한 사실을 알았다. 그가 하나님의 명령에 순종했을 때, 약속이 나타나기 시작했다. 각각의 순종 행위는 더 큰 약속의 통로 역할을 했다. 그의 반응은 어떠했을까? 아브라함은 하나님께 예배를 드렸다!

하나님께서는 모든 그리스도인들에게도 또한 영원한 소유의 약속을 주셨다. 우르에 머물기를 선택한 사람들, 곧 그들의 죄 아래 머물면서 참되신 하나님을 인정하지 않는 사람들은 이 약속의 권리를 주장할 수 없다. 그들에게 하나님께서는 오직 영원한 멸망을 약속하신다. 그러나 슬프게도 그리스도께 신뢰를 두는 사람들까지도 아브라함과 같이 하란을 떠나지 않고 그대로 남아 있을 수 있다. 우리는 죄를 단호하게 끊지 못한다. 우리는 믿음이 성장하지 못해서 하나님을 신뢰하지 못한다. 하나님의 명령에 대한 우리의 순종은 마음이 내키지 않는다. 이는 세상에 대한 일시적인 흥미가 하늘의 약속된 소유보다 우리에게 더 중요하기 때문이다. 그러므로 우리는 하나님의 끊임없이 더해지는 약속을 얻지 못한다. 따라서 만일 우리가 만물을 숭배한다면, 우리의 예배는 진정한 예배가 아니다.

아브라함은 하나님께서 그에게 하라고 명령하신 대로 순종했다. 하나님께서는 그를 만나서 더 큰 약속을 주셨다. 그러자 아브라함은 예배로 반응했다. 그는 하나님의 약속을 믿었기 때문에 하나님께 예배를 드렸다. 아브라함은 하나님을 전적으로 신뢰했다, 따라서 그 신뢰가 그를 진정한 예배로 이끌었다. 성경은 아브라함이 우르에서 또는 하란에서도 제단을 쌓았다고 말씀하지 않는다. 아브라함은 하나님께서 그가 머물기를 원하시는 곳으로 오직 믿음으로 떠났을 때 진정한 예배에 관심을 갖게 되었다.

또한 아브라함이 하나님과의 관계가 계속 발전했다는 것을 주목하라. 창세기 12장 7-8절에서 우리는 아브라함이 실제로 "두 번"의 제단을 쌓은 것을 볼 수 있다. 첫 번째 제단은 하나님께서 그를 만나서 그의 후손에게 그 땅의 소유를 약속하셨던 곳인 세겜이었다. 그러나 아브라함은 거기에 멈추지 않았다. 그는 계속해서 하나님의 뜻에 따라 이동했다. 그는 세겜에 머무르지 않고 그가 그의 장막을 치고 다른 제단을 쌓았던 남쪽으로 벧엘까지 이동했다.

아브라함이 장막을 치고 제단을 쌓은 이 두 행동은 중요하다. 아브라함은 많은 종들과 가축의 무리를 소유한 부유한 사람이었지만, 그는 장막에서 살았다. 그는 결코 아무것도 영원히 자기 것으로 인정하지 않았다. 아브라함과 같은 방법으로, 만일 우리가 죄악으로 둘러싸여 있는 세상에서 하나님의 백성으로서 알려지기를 원한다면, 우리는 세상에 속한 일시적인 것들을 살짝 붙잡아야만 한다. 옛 아브라함과 같이 우리는 "하나님께서 건축하시고 만드신 도시, 곧 토대가 있는 성" (히 11:10, KJV)을 바라보아야 한다. 신약성경은 우리에게 약속된 영원한 생명과 대조해서 땅에 속한 우리의 일시적인 몸을 묘사할 때 장막 또는 "임시 거처"라는 말을 사용한다.

"만일 땅에 있는 우리의 장막 집이 무너지면 하나님께서 지으신 집 곧 손으로 지은 것이 아니요 하늘에 있는 영원한 집이 우리에게 있는 줄 아느니라 참으로 우리가 여기 있어 탄식하며 하늘로부터 오는 우리 처소로 덧입기를 간절히 사모하노라 이렇게 입음은 우리가 벗은 자들로 발견되지 않으려 함이라 참으로 이 장막에 있는 우리가 짐진 것 같이 탄식하는 것은 벗고자 함이 아니요 오히려 덧입고자 함이니 죽을 것이 생명에 삼킨바 되게 하려 함이라"
(고후 5:1-4).

그리스도인으로써 당신과 나는 우리가 이 세상에 사는 동안 단지 우리의 장막을 치고 있는 것에 불과하다. 이 일시적인 거처를 소유하는 것과 더불어 우리는 또한 제단이 있어야 한다. 아브라함의 장막이 이 세상에서 우리의 일시적인 체류를 묘사하는 것과 같이 그의 제단은 우리가 신뢰하는 하나님께 대한 우리의 예배의 표현을 생생하게 묘사한다.

아브라함이 벧엘에서 두 번째 제단을 쌓을 때, 그는 하나님께서 그에게 말씀하기 전에는 결코 아무것도 하지 않았다. 그는 "하나님의 이름을 불렀다." 이 시점까지 하나님과 아브라함의 대화는 일방적이었다. 모든 말씀은 하나님께로부터 아브라함에게 전달되었다. 물론 그와 같은 것이 언약의 본질이다. 하나님께서 언약을 시작하시고 언약의 조건을 정하신다. 언약의 조건을 결정하는 것은 우리들의 일이 아니다. 단지 우리는 하나님의 자비의 손에서 그것을 받아서 그대로 순종해야만 한다.

그럼에도 불구하고 하나님의 언약 때문에 아브라함은 그때 그의 예배

중에 하나님의 이름을 불렀다. 하나님께 큰 소리로 말하는 것은 하나님의 약속과 언약을 신뢰는 사람들의 관행이다. 진정한 예배는 모든 사람을 위한 것이 아니다. 진정한 예배는 자기 자신의 안락한 영역에 머물기를 원하는 사람은 "적합"하지 않다. 진정한 예배는 하나님께 순종하고 그분의 말씀을 순종할 정도의 믿음, 곧 하나님께 대한 전적인 믿음의 마음을 요한다.

생각할 점

1. 오늘날 많은 사람들은 잃어버린 불신자들을 얻는 데 관심이 있다. 우리의 예배가 이 목적한 바를 이루기 위해서 한쪽으로 치우치는 것이 옳은가?

2. 아브라함이 우르를 떠나서 그 죄악된 환경에서 미련 없이 떠나는 것이 왜 중요한가?

3. 아브라함이 하나님께 순종할 때마다 더해진 그가 받은 약속의 목록을 만들어 보라.

4. 장막에서 살면서 제단을 쌓고 있는 아브라함의 모습이 어떻게 그리스도인의 삶을 묘사하고 있는지를 설명하라?

5. 아브라함이 그의 예배 중에 본격적으로 하나님의 이름을 부를 수 있기 전에 무엇을 요구 받았는가? 이 요구는 오늘날 무엇을 의미하는가?

4. 진정한 예배는 하나님의 충실하심에 감사를 표한다

‖엘리에셀창세기‖ 24:1-58

"내 주인 아브라함의 하나님 여호와께서 나를 바른 길로 인도하사 나의 주인의 동생의 딸을 그의 아들을 위하여 택하게 하셨으므로 내가 머리를 숙여 그에게 경배하고 찬송하였나이다"(창 24:48).

나는 당신이 새로운 도시로 이사한다고 상상해 본다. 당신은 정기적으로 다른 그리스도인들과 하나님께 예배를 드릴 수 있는 교회를 찾기를 원한다. 당신은 친구 또는 교량역할을 하는 사람이 없기 때문에, 전화번호부를 꺼내서 업종별 전화번호를 샅샅이 찾아본다. "교회" 항목에서 당신은 많은 광고를 발견한다. 어떤 광고는 "우리와 함께 예배를 드립시다!"라고 호소한다. 또 다른 광고는 단지 예배시간만 싣는다. "아침 예배-오전 11시, 저녁 예배-오후 6시" "예배"라는 말이 자주 보인다. 요는 전화번호부에 있는 거의 모든 교회의 광고는 교회의 지체들이 "예배"를 드린다는 사실을 언급한다.

그것은 무엇을 의미하는가?

어떤 광고는 많은 사람들이 위안을 얻는 "전통적인 예배"에서 "흠정역만(King James Version-영국 국왕 제임스 1세의 명령에 따라 영국 성공회가 1604년에 번역을 시작하여 1611년에 끝마친 영어 번역본으로 흠정(欽定)이란 '왕이 몸소 제정함' 이란 뜻이다-역주)"을 사용하는 예배의 전통을 강조한다. 다른 한쪽은 방문자들에게 당신이 "사람들에게 마음을 쓰고 적절한 설교와 음악을 경험하려고 할 때, 올 수 있는 곳", 곧 "비 심판적인" 예배(심판 받지 않으려는 인간의 욕구에 기반을 둔다-역주)로 환영하는 분위기를 제시한다. 아마도 복음적인 계통에서 가장 흔한 것은 어떻게 해서든지 그의 태도와 방긋 웃는 얼굴이 "역동적인 예배 지도자"로 그리고 "모든 사람과 잘 지내는 다정한 사람"으로 아주 적절하게 조화된 인상을 전달하는 목사의 사진을 대서특필 하는 광고일 것이다.

각각의 경우 이런 교회들은 그들과 함께 "예배를 드리러 오라"고 당신을 초청한다. 그러나 그들의 광고 주제는 예배가 전통을 준수하는 문제, 또는 환영을 받는 문제, 또는 역동적인 지도자를 따르는 문제를 제시하는 것 같다. 이런 것들이 진정한 예배를 구성하는가? 또는 우리가 하나님께 대한 예배를 인간의 예배, 곧 인간 전통의 예배, 인간관계의 예배, 인간 자신을 위한 예배로 대체했는가?

이것은 19세기 미국의 탁월한 설교자인 헨리 워드 비쳐(Henry Ward Beecher)에 대해서 전해진 이야기다. 호기심 많은 구도자들이 매 주일 그의 설교를 듣기 위해서 여기저기에서 수십 킬로미터를 여행해서 뉴욕 부르클린에 있는 그의 교회로 찾아왔다. 어느 주일 날 비쳐 목사의 동생 토마스가 그 대신에 설교했다. 그들이 헨리 워드 비쳐가 설교를 하지 않는다는 사실을 알았을 때, 회중 가운데 몇 사람이 일어나 문으로 향하기 시작했다. 그들이 실망하는 낌새를 챘을 때, 토마스 비쳐는 조용히 그의 손을 들었다. "오늘 아침 헨리 워드 비쳐를 예배하기 위해서 여기에 온 모든 사람들은 교회에서 나가도 좋습니다." 그는 큰 소리로 알렸다. "하나님께 예배드리기 위해서 온 모든 사람은 남아도 좋습니다."

우리 가운데 얼마나 많은 사람들이 이와 똑같은 방식의 불성실한 예배를 드리는 죄를 범하고 있는가? 우리는 하나님 이상 어떤 것이나 또는 어느 누구에게도 관심을 갖지 않도록 주의해야만 한다, 이는 하나님만이 진정한 예배의 중심이시기 때문이다. 우리는 찬양하고, 설교하고, 헌금을 드리고, 또는 예배 중 기도할 때, 무슨 생각을 하고 있는가? 성경에서 우리는 진정한 예배 중에 떠오르는 하나의 생각은 다음과 같다는 것을 배운다. 하나님께서는 주권자이시며 그분이 기뻐하는 무엇이든지 하실 수 있으시다. 그런데도 하나님께서는 주권적으로 그분이 말씀하신 약속을 지키시려고 결심하셨다. 아브라함의 삶으로부터 또 다른 실례는 이번에는 그의 종들 가운데 한 종에 대해서 서술하면서 진정한 예배가 하나님의 최고의 충실하심에 어떻게 감사를 표해야만 하는가를 실례를 들어 설명한다.

하나님의 종은 도전에 직면했다

창세기 24장의 사건이 기록될 즈음에 아브라함의 나이는 대략 140살이었다. 하나님께서 그의 후손을 큰 민족으로 만드시겠다는 약속을 하셨지만, 아브라함은 걱정하고 있었다. 그의 아들 이삭은 그 때 40살이었지만, 아내 나 자녀가 없었다. 아브라함은 실로 하나님의 약속에 대한 믿음이 있었다. 그러나 그와 이삭이 가나안 사람들과 섞여서 살았기 때문에, 그의 아들이 이방인들에게서 아내를 맞이하지 않을까 염려했다. 그는 하나님께서 약속하신 씨가 가나안 여인을 통해서 태어난다면, 혈통이 순수하게 될 수 없다는 것을 깨달았다. 따라서 아브라함은 메소포타미아에 있는 그의 자신의 친족에게서 아내를 데려오도록 조처해야만 했다. 지금까지 말한 것이 이렇게 기록되어 있다.

"아브라함이 자기 집 모든 소유를 맡은 늙은 종에게 이르되 청하건대 내 허벅지 밑에 네 손을 넣으라 내가 너에게 하늘의 하나님, 땅의 하나님이신 여호와를 가리켜 맹세하게 하노니 너는 내가 거주하는 이 지방 가나안 족속의 딸 중에서 내 아들을 위하여 아내를 택하지 말고 내 고향 내 족속에게로 가서 내 아들 이삭을 위하여 아내를 택하라"(창 24:2-4).

따라서 늙은 족장은 그의 충성스러운 종(아마도 엘리에셀)에게 동쪽으로 긴 여행을 해서 거기에서 그의 아들의 아내를 찾아서 구해오라고 부탁했다. 그렇지만 엘리에셀은 응했는가? 그는 길이나 수송수단이 없는 인적이 드문 나라를 거쳐서 거의 805킬로미터를 여행했다. 아브라함의 가정의 늙은 종으로 엘리에셀은 만일 이삭이 자식 없이 죽는다면 사회 통념에 따라서 이어서 그의 주인의 상속자가 되는 것이다. 엘리에셀은 외견상으로는 동의했지만, 의도적으로 그의 임무를 태만히 하기는 쉬웠을 것이다. 그러나 그는 의로운 사람으로 항상 그의 주인의 뜻에 순종하는 사람이었다. 그럼에도 불구하고 그 여행을 승낙하는데 있어서 그는 아브라함이 그의 지시를 그에게 명백하게 하는 것이 필요했다. 엘리에셀은 아브라함에게 그의 관심사를 이렇게 나타냈다.

"종이 이르되 여자가 나를 따라 이 땅으로 오려고 하지 아니하거든 내가 주인의 아들을 주인이 나오신 땅으로 인도하여 돌아가리이까 아브라함이 그에게 이르되 내 아들을 그리로 데리고 돌아가지 아니하도록 하라 하늘의 하나님 여호와께서…내게 맹세하여 이르시기를 이 땅을 네 씨에게 주리라 하셨으니 그가 그 사자를 너보다 앞서 보내실지라…"(창 24:5-9).

엘리에셀은 그의 주인의 소원을 수행하려고 노력하는 충성스러운 종이었기 때문에 자신이 이 엄청난 책임을 다할 수 없을지도 모른다는 것을 두려워했다. 그가 문제를 안일하게 수행하여, 문제가 걷잡을 수 없게 되어서 허송세월을 보낸다면 앞으로 일어날 일에 대해서 생각하는 것은 당연했다. 그는 실패의 가능성에 대한 걱정을 그의 주인에게 고했다. 그러나 그의 주인은 어떤 환경에서도 이삭으로 하여금 약속의 땅을 떠나게 해서는 안 된다는 확고한 결의로 응답했다. 아브라함은 이삭이 신부를 얻고 씨를 낳는 모든 문제가 하나님의 약속을 중심으로 전개된다는 사실을 재차 확인했다. 하나님께서는 아브라함의 씨에게 그 땅을 주실 것이다. 이삭은 하나님의 약속을 성취하기 위해서 그 땅을 떠날 수 없다.

똑 같은 진리가 오늘날도 적용된다. 그리스도인으로 우리의 삶의 전반적인 세부 사항이 하나님의 약속을 중심으로 전개되어야만 한다. 우리는 하나님께서 우리가 머물기를 원하시는 곳을 떠나서 그럼에도 불구하고 그러한 약속들이 성취되기를 기대할 수 없다. 이런 약속들이 실현되도록 우리는 매일 우리의 삶을 하나님의 지시와 약속에 근거해서 결정해야만 한다. 예를 들면 2불짜리 복권을 사는 것은 주머니에 있는 잔돈을 쓰는 것 이상 아무 것도 아닌 것 같은 생각이 들 수도 있다. 그러나 이 2불도 하나님의 소유이다. 하나님께서는 지금도 이 돈을 지혜롭게 관리하도록 우리에게 책임을 지우신다. 하나님께서는 그분의 돈을 우리가 일시적인 기분으로 함부로 쓰기를 원하실까? 그러나 하나님께서 우리의 돈을 지혜롭게 관리하도록 우리에게 책임을 지우실 때, 하나님께서는 그분이 행하지 않으실 일을 우리에게 하라고 하지 않으신다. 아브라함은 그의 종에게 하나님께서는 그분의 약속에 충실하시기 때문에, 엘리에셀이 그와 같은 방식의 충성스러운 행위를 보여주어야 한다는 것을 일깨워 주었다. 우리는 아브라함이 섬겼던 같은 하나님을 섬긴다. 하나님께서는 여전히 약속에 충실하시다. 우리도 역시 여전히 충실해야 한다.

이 사실 또한 주목하라. 성경은 우리에게 엘리에셀이 하나님에 대해서 알았다거나 또는 그가 하나님과 어떤 방식의 교제를 유지했는지도 말하지 않는다. 그러나 아브라함의 확신에 찬 믿음의 말씨는 엘리에셀이 어려운 임무 수행에 동의를 하는 데 있어서 그의 자신의 믿음을 발휘하는 동기를 부여하는 데 있어서 도움을 준 것은 분명하다. 우리 자신의 삶의 본보기와 우리가 약속의 하나님을 예배하는 확신이 마찬가지로 다른 사람들에게도 그분을 신뢰하도록 도전을 주는가?

하나님의 종은 준비했다

엘리에셀은 아브라함의 요청을 실행에 옮기는 데 있어서 최선을 다해서 응했다. "이에 종이 그 주인의 낙타 중 열 필을 끌고 떠났는데 곧 그의 주인의 모든 좋은 것을 가지고 떠나 메소보다미아로 가서 나홀의 성에 이르렀다"(창 24:10). 805킬로미터의 여행을 위해서 10마리의 낙타에 짐을 싣는 것은 그 자체로도 쉬운 일은 아니다! 앞서 그의 임무를 위해서 최선을 다하여 준비를 한 후, 엘리에셀은 "일어나 메소포다미아 나홀의 성으로 갔다" 나홀은 아브라함의 형제였다(창 22:23). 따라서 나홀의 성은 엘리에셀이 아브라함의 친척들 가운데서 이삭의 신부를 찾기에 적합한 곳이었다. 아브라함은 나홀이 손녀까지 있다는 소식을 들었다. 성경은 아브라함이 희생제물로 이삭을 바치려고 간 후, "이 일 후에 어떤 사람이 아브라함에게 밀가도 당신의 형제 나홀에게 자녀를 낳았다고 말했다는 것"(창 22:10, KJV)을 보여준다. 성경은 여기에서 또한 이 자녀들 가운데 하나가 "...리브가를 낳았다"(창 22:23)고 말씀한다.

이와 같이 나홀의 성에 들어간 후, 엘리에셀은 그가 어떻게 해서든지 하나님의 뜻을 분별하기 위해서 할 수 있는 한 모든 일을 하고 있었다. 우리는 그 성의 정확한 위치를 모른다 할지라도 그 성이 아브라함이 전에 살았던 우르 가까이에 있었다는 것은 안다. 참으로 엘리에셀과 그의 수행자 일행은 지루하고 어려운 여행을 감수했다. 그러나 그 종은 그의 주인에게 충성했고 기꺼이 하나님의 뜻을 찾기 위해서 험난한 길을 택해서 나아갔다.

그리스도인으로써 우리는 하나님의 뜻을 따를지를 결정하기 전에 얼마나 자주 그 행로에 주의를 기울이기를 원하는가? 하나님께서는 주권자이시며 그분이 하시고 싶은 대로 하실 수 있는 분이지만, 우리에게 충실히 약속을 지키신 하나님께 우리의 몸을 아끼지 않는 충성은 어디에 있는가? 우리가 가나안에서 마음 편히 있고 하나님의 더 큰 소원을 모른 체 할 때, 그분을 예배하려는 우리의 시도는 필연적으로 실패할 것이다. 왜? 이는 힘든 여정 중에 우리가 하나님을 따르지 않는 것이 그분의 뜻을 이해하지 못하고 진정한 예배가 아닌 결과로 끝나게 하기 때문이다. 오늘날 우리의 교회 안에 있는 성의가 없는 많은 예배는 고된 일이 있으면 하나님을 신뢰하고 싶어 하지 않는 결과이다.

하나님의 종은 기도했다

이야기는 계속 된다. 엘리에셀은 "그 낙타를 성 밖 우물곁에 꿇렸다. 그때는 저녁때라 여인들이 물을 길으러 나올 때였다"(창 12:11). 이러한 선택은 하나님의 뜻을 찾고 있는 엘리에셀에게는 필연적인 것이었다. 그 성에서 낯선 사람이었기 때문에 그는 그 성의 여인들이 많이 모이는 곳에 자신을 노출시켰다. 그 뒤 곧 그는 다음 단계를 두루 살펴 주시도록 하나님께 기도로 요청했다.

"그가 이르되 우리 주인 아브라함의 하나님 여호와여 원하건대 오늘 나에게 순조롭게 만나

게 하사 내 주인 아브라함에게 은혜를 베푸시옵소서 성 중 사람의 딸들이 물 길으러 나오겠사
오니 내가 우물 곁에 서 있다가 한 소녀에게 이르기를 청하건대 너는 물동이를 기울여 나로
마시게 하라 하리니 그의 대답이 마시라 내가 당신의 낙타에게도 마시게 하리라 하면 그는 주
께서 주의 종 이삭을 위하여 정하신 자라 이로 말미암아 주께서 내 주인에게 은혜 베푸심을
내가 알겠나이다"(창 24:12-14).

하나님께서는 우리가 지혜를 사용하기를 기대하시고 그분의 뜻을 수행
하는 데 있어서 끊임없이 노력하도록 짐을 지우신다. 하나님께 특별한 간구
를 하기 전에 우리의 양심이 깨끗해야 한다. 우리는 참으로 전도하고, 또는
불쾌감을 주는 형제들과 화해하고, 또는 우리의 빚을 갚고 또는 죄를 이기
고 승리하기 위해서 우리가 할 수 있는 모든 노력을 다 했는가? 엘리에셀은
자신의 임무를 수행하기 위해서 그가 할 수 있는 한 모든 노력을 하고 있었
다. 그의 주인의 아들에게 적당한 배필이 될 젊은 여인을 찾고 있었기 때문
에, 뜻밖에 목동처럼 다가오는 사람에게 그가 다가가는 것은 당연했다. 따
라서 그의 기도는 적당한 균형을 예증한다. 그는 그가 할 수 있는 모든 것을
하고 동시에 하나님께 더 많은 것을 보여 주시도록 기도하고 하나님을 신뢰
했다.

또한 그의 기도에서 엘리에셀은 하나님을 먼저 고려하고 그 후 그가 대
신하는 그의 주인 아브라함을 고려한 다음 마지막에 자신의 소원을 말씀드
렸다. 그 때도 이 종은 자신이 아니라 아브라함을 위해서 성공하기를 원했
다. 우리가 보는 대로 하나님과 아브라함에 대한 그의 겸손한 충성에서 엘

리에셀은 자신을 향하신 하나님의 애정 어린 충실하심을 분명하게 깨달을 수 있었다. 마음에서 우러나오는 사랑으로 다른 사람들을 사랑함으로, 우리 역시 우리를 향하신 하나님의 사랑을 더 많이 이해할 수 있다. 당신과 내가 기꺼이 다른 사람을 위해서 우리의 시간, 능력, 그리고 우리가 바라는 것을 희생할 때, 받을 자격이 없는 사람에 대한 하나님의 호의적인 배려에 대해서 확실하게 이해하게 된다. 우리가 다른 사람을 섬길 때, 우리는 하나님께서 우리를 위해서 행하신 일을 이해하게 된다.

엘리에셀은 다른 사람들에게 대한 깨끗한 양심과 겸손한 사랑이 있었기 때문에, 그는 인간적으로 불가능하게 보이는 것을 하나님께 구하는 자세를 취했다. 첫째, 그는 젊은 여인이 물을 퍼 올리기 위해서 얼굴을 내보이는 것을 보기를 기대했다. 둘째, 그는 물을 요청하고 그녀에게서 긍정적인 반응을 얻기를 기대했다. 셋째, 그는 젊은 여인이 거대한 임무에 대한 후원자가 되어 주기를 기대했다. 열 필의 목마른 낙타가 많은 물을 마신다! 엘리에셀은 이와 같은 조건하에서 어떻게 성공하기를 기대할 수 있었을까? 그 우물은 실제로 물탱크처럼 만들어진 것이 거의 확실하다. 젊은 여인은 경사진 계단을 걸어 내려가서 그녀의 무거운 물동이를 채우고 다시 올라왔다. 그녀는 아마도 이런 계단을 수백 번 오르락내리락 했을 것이다. 아무도 낯선 사람을 위해서 그렇게 하지는 않을 것이다. 그럼 왜 엘리에셀이 하나님께 이 간구를 했는가? 하나님께 대한 그의 신뢰가 그에게 하나님을 더 신뢰하게 만들었다. 우리 자신의 기도는 우리가 하나님을 신뢰한다는 것을 보이고 있는가?

하나님의 종은 그분의 사랑을 보았다.

기적적으로 하나님께서는 엘리에셀이 여전히 기도하고 있는 중에도 그의 기도에 응답하셨다! "말을 마치기도 전에 리브가가 물동이를 어깨에 메고 나왔다..."(창 24:15). 그녀는 젊은 여인이었고 처녀였다. 덤으로 아주 예뻤다(창 24:16). 그녀는 엘리에셀이 그녀에게 물을 요청했을 때 그에게 물을 주기로 동의했다(창 24:18). 그녀는 자진해서 열 필의 말에게 물을 먹였다(창 24:19-20). 그녀는 바라던 대로 그 친족이었다(창 24:24).

처음에 엘리에셀은 얼떨떨했다. "그 사람이 그를 묵묵히 주목하며 여호와께서 과연 평탄한 길을 주신 여부를 알고자 하더니"(창 24:21). 그가 꿈을 꾸고 있었는가? 젊고, 순수하고, 예쁘고, 부지런하고, 친절한 여인이 열 필의 말에게 물을 먹이고 있었다! 너무 좋아서 사실이 아닌 것처럼 보였음에 틀림이 없다. 결국 엘리에셀은 리브가가 하나님께서 약속하신 씨를 붙고 늘려서 많이 퍼뜨릴 틀림없는 바로 그 집안사람이라는 사실을 알았을 때, 머리를 숙여 하나님께 경배하고 이렇게 말했다.

"나의 주인 아브라함의 하나님 여호와를 찬송하나이다 나의 주인에게 주의 사랑과 성실을 그치지 아니하셨사오며 여호와께서 길에서 나를 인도하사 내 주인의 동생 집에 이르게 하셨나이다"(창 24:26-27).

후에 리브가의 부모가 그녀의 결혼을 승낙했다. "아브라함의 종이 그들의 말을 듣고 땅에 엎드려 여호와께 절했다"(창 24:52). 엘리에셀의 예배는 하나님께서 최고의 충실하심으로 일하시는 것에 대해서 그의 절대적인 경외심을 표현하는 것이었다. 하나님께서 사랑하셔서 그에게 복을 주기를 원하신다는 것을 알았을 때, 엘리에셀은 하나님께서 하실 일을 기대하면서 기다리고 있었다. 이와 같은 태도는 진정한 예배의 기본이다.

엘리에셀은 하나님께 그의 기도에서 보여주었던 똑같은 겸손이 그의 예배에서 나타났다. 그는 그가 인간의 일에 개입하실 만큼 사랑이 있으시고 충실하신 전능하신 하나님 앞에 서 있다는 것을 깨달았다. 그의 예배에서 엘리에셀은 뛰고, 소리 지르고, 춤추고, 드럼을 두드릴 필요가 없었다. 어쩌면 외면적인 행동이 그가 이미 느꼈던 감정을 높였을리가 없다. 그는 단지 하나님께서 경이적으로 행하신 일을 깨닫고 그의 반응은 단지 그의 머리를 숙이고 기도로 하나님께 영광을 돌려드렸다. 따라서 그는 먼저 자신의 일에 기뻐하지 않았다. 그보다는 오히려 그는 하나님께서 아브라함을 돌보신 것을 먼저 기뻐했다.

우리는 우리가 하나님께 예배를 드리기 시작할 때, 다른 사람을 배려하는 것을 보이고 있는가? 만일 우리의 예배의 주요한 목적이 "예배를 통해서 무엇인가를 얻는 것"이라면, 우리는 진정한 예배에 대한 시험에서 떨어진 것이다. 그와 같은 태도에 비해서 엘리에셀은 자신에 대한 배려를 맨 끝에 남겨두었다. 아브라함 편에서 하나님께서 하신 일에 대해서 주님을 찬양하고 감사하고 난 후 종은 그 자신 편에서 일하신 하나님께 감사를 표했다. 엘리에셀은 자신을 옳은 행동의 방향에 놓았기 때문에 옳은 입장에서 끝나는 것은 당연하다. 그러나 비록 그가 "장애"가 있었지만, 하나님께서 그 길을 인도하셨다. 그것을 깨닫는 것 역시 진정한 예배를 위한 확실한 토대이다.

마지막으로 리브가와 그녀의 부모의 믿음에 대해서 잊지 말자. 엘리에셀이 하나님의 배려하심에 대해서 상세하게 증언했을 때, 라반과 브두엘은 이렇게 말했다. "이 일이 여호와께로 말미암았으니 우리는 가부를 말할 수 없노라 리브가가 당신 앞에 있으니 데리고 가서 여호와의 명령대로 그를 당신의 주인의 아들의 아내가 되게 하라"(창 24:50-51). 리브가 역시 이렇게 말했다. "가겠나이다"(창 24:58). 그들은 하나님의 애정어린 충실하심을 직접 경험하지는 않았지만, 엘리에셀의 증언을 듣고 하나님의 사랑과 돌보심에 대해서 기뻐했다. 우리 자신의 증언이 다른 사람들로 하여금 그분을 기뻐해서 그분의 뜻을 선택하도록 돕는 방법으로 하나님의 최고의 충실하심을 드러내고 있는가? 화성에서 온 유명한 방문객이 오늘날 우리의 예배를 방청한다면, 우리는 소음, 또는 의식, 또는 전통, 또는 편안한 분위기를 축복과 동일시한다는 결론을 내릴지도 모르겠다. 그러나 아브라함의 종은 역사하시는 하나님의 전능하신 손길을 보았을 때, 그는 단지 그의 머리를 숙였고, 하나님께서 그분의 애정어린 충실하심을 보여주기로 결정하셨다는 것에 자신을 낮추었다. 아마 우리는 우리가 그분의 말씀에 대한 그분의 충실하심의 증거를 볼 수 있게 하나님께서 우리를 낮추시도록 갈망해야 할 것이다. 그 다음에 우리는 하나님께 진정으로 예배를 드릴 수 있다.

생각할 점

1. 당신이 당신의 간구를 가지고 하나님께 나아가기 전에 하나님의 뜻을 성취하기 위해서 당신이 할 수 있는 모든 것을 하는 것이 왜 중요한가?

2. 당신은 당신이 할 수 있는 모든 일을 하는 것과 그분의 뜻을 더 많이 보여 주시도록 하기 위해서 하나님을 신뢰하는 것을 어떻게 조화시킬 수 있는가?

3. 겸손은 다른 사람을 사랑 할뿐만 아니라 기도와 하나님의 뜻을 깨닫는 것과 관계가 있다. 그 관계에 대해서 설명하라.

4. 오늘날 많은 사람들은 "예배를 통해서 무엇인가를 얻으려는 기대"를 가지고 예배에 참석한다. 그 기대가 엘리에셀의 실례에서 지지를 받는가?

5. 아브라함은 엘리에셀의 믿음을 어떻게 격려했는가? 엘리에셀은 리브가의 가족의 믿음을 어떻게 격려했는가?

5. 진정한 예배는 하나님의 충실하심을 본다

‖ 모세와 아론. 출애굽기 4:29-31

"모세와 아론이 가서 이스라엘 자손의 모든 장로를 모으고 아론이 여호와께서 모세에게 이르신 모든 말씀을 전하고 그 백성 앞에서 이적을 행하니 백성이 믿으며 여호와께서 이스라엘 자손을 찾으시고 그들의 고난을 살피셨다 함을 듣고 머리 숙여 경배하였더라"(출 4:29-31).

영성은 오늘날 인기 있는 주제이다. 매일 수많은 사람들이 우주와 접속하기 위해서 묵상을 한다. 어떤 사람들은 자연을 숭배함으로 초월을 추구한다. 투명한 에너지에서 유도되는 심상으로 우주에 도달하는 방법은 우주의 생명의 힘을 두드려서 불러낸다. 신비로운 마법과 본능적 직관을 실행하는 사람들이 늘어나고 있다. 한편 대중 심리학은 더 세속 것에 마음이 있는 사람들을 위해서 종교를 제공한다.

그리스도인으로서 우리는 그들의 삶 속에서 "하나님의 구체화된 형상이 비어 있다"고 느끼는 사람들에 대해서 동정한다. 만일 그들이 성경의 참 하나님을 알기 위해서 우리에게 올 수만 있다면! 하지만 당신과 나는 성경의 하나님을 얼마나 잘 알고 있는가? 우리가 만일 하나님에 대해서 알고 있는 것을 말해달라는 요청을 받는다면, 우리 가운데 많은 사람들은 "하나님께서는 두려움을 일으키게 하는 분"(감정을 묘사), 또는 "내가 필요한 모든 것을 채워주실 만큼 크신 분"(이기심에 초점을 맞춤)과 같은 말로 대답할 것이다.

만일 이것이 우리의 대답이라면, 우리가 참으로 하나님을 "알고 있는 것인가"? 우리가 따뜻한 감정과 욕망성취를 영성과 동일시하는 많은 사람들과 어떻게 다른가? 우리가 더욱 중요한 것은 만일 하나님께 대한 우리의 지식이 없다면, 하나님께 대한 우리의 예배가 참되다고 할 수 있는가? 이런 결과는 훨씬 더 기본적인 문제를 제기한다. 첫째로 하나님을 아는 것이 실제로 가능한가? 사도 바울은 이렇게 외쳤다. "깊도다 하나님의 지혜와 지식의 풍성함이여, 그의 판단은 헤아리지 못할 것이며 그의 길은 찾지 못할 것이로다" (롬 11:33). 게다가 바울은 또한 가장 높은 우선순위는 그가 "그분을 알고자" (빌 3:10) 하는 것이었다고 말했다. 실로 예수님께서는 "내게 배우라" (마 11:29)고 모든 사람을 초대하시고 이렇게 선언하셨다. "나는 내 양을 알고 양도 나를 안다" (요 1:14). 우리는 더 나아가서 "우리가 그의 계명을 지키면 이로써 우리가 그를 아는 줄로 알 것이요" (요일 2:3)라는 말씀을 읽는다. 마지막으로 우리는 성경에 이런 약속을 갖고 있다.

"영생은 곧 유일하신 참 하나님과 그가 보내신 자 예수 그리스도를 아는 것이니이다" (요 17:3).

그렇다. 우리는 성경의 하나님을 "알 수" 있다. 그러나 우리가 그렇게 "하고 있는가?" 우리 가운데 몇몇 사람은 우리의 지식을 보여주기 위해서 몇 가지 그분의 이름과 속성에 대한 일람표를 만들고 몇 구절의 성경을 인용할 수도 있다. 그러나 그것이 진정한 예배를 드리기에 족한가?

19세기 후반에 성경은 우리의 문화 구석구석까지 알려졌다. 모든 교육을 받은 사람들은 성경을 알았다. 호손(Hawthorne), 멜빌(Melville), 휘트먼(Whitman), 그리고 에머슨(Emerson)과 같은 세속적인 작가는 그들의 작품에 시종 성경적인 인유(다른 예를 끌어들여 비유함-역주)를 사용했다. 이 일반적인 성경 지식이 반드시 "하나님"에 대한 지식을 보여주지 못한다. 그러나 우리시대와 비교할 때, 그 당시에 성경 교육 수준은 훨씬 더 높았다.

훨씬 더 거슬러 올라가면, 우리는 청교도(Puritans : 1559년의 영국 엘리자베스 1세가 내린 통일령에 순종하지 않고 영국 국교회 내에 존재하고 있는 로마 가톨릭적인 제도·의식(儀式)의 일체를 배척하며, 칼뱅주의에 투철한 개혁을 주장한 신앙인들로, 엄격한 도덕, 주일(主日)의 신성화 엄수, 향락의 제한을 주창하였다. 제임스 1세, 찰스 1세 때에 비국교도로서 심한 박해를 받고 네덜란드와 기타 지역으로 피해 갔다. 그 중에서도 신대륙의 플리머스에 식민지를 개척한 메이플라워호(號)의 '필그림 파더스'는 유명하다-역주)들을 볼 수 있다. 만일 어느 청교도가 성경의 하나님에 대해서 무엇을 알고 있느냐고 질문을 받는다면, 그는 하나님의 특별한 속성에 대해서 지루하게 긴 이야기를 할 수 있을 것이다. 그는 그의 대화에서 하나님께 영광과 찬양을 돌려드리기 위해서 신경을 쓸 것이다. 그의 예배는 또한 하나님께서는 항상 그분의 말씀에 신실하신 분이라는 사실에 초점을 맞춘다. 그만큼 말씀을 알았기 때문에, 그는 친밀하게 개인적으로, 매일의 관계 속에서 그의 하나님을 알았다.

대략 3세기 후에 우리에게는 그와 같은 친밀한 관계를 실현하려는 방법에 대해서 이리저리 생각하는 것은 낯설다. 우리는 우리의 일상생활에서 성경의 탁월한 대목을 일치시키지 않는다. 그러나 우리는 마음을 다잡아먹을 수 있다. 하나님의 말씀은 그분의 백성들이 그분과 어떤 종류의 관계에서 멀어져 어떻게 방황했는가를 자세히 말씀한다. 그러나 마침내 하나님께서는 그들을 구원하신다. 징계의 경험이 참으로 그들의 교만을 꺾었다. 하지만 하나님께서는 그분의 말씀에 신실하셨다. 이런 신실하심이 그분의 백성들이 그분께 참되고 겸손한 예배를 드리게 한다.

보는 것은 신앙을 요한다

문학작품에서 가장 유명한 탐정 셜록 홈스는 단지 범죄가 저질러졌다는 것을 아는 것만으로 그의 사건을 시작한다. 그는 마지막 결과, 범죄로부터 그 범죄의 원인으로 거슬러 올라가는 연역적인 추론(일반적인 원리에서 논리의 절차를 밟아 낱낱의 사실이나 명제를 이끌어냄-역주)의 과정을 활용한다. 같은 방법으로, 우리는 성경에서 예배의 실례를 검토해 보고 나서 예배가 실제로 어떻게 시작되었는가를 뚜껑을 열어보기 위해서 거슬러 올라갈 수 있다.

"모세와 아론이 가서 이스라엘 자손의 모든 장로를 모으고 아론이 여호와께서 모세에게 이르신 모든 말씀을 전하고 그 백성 앞에서 이적을 행하니 백성이 믿으며 여호와께서 이스라엘 자손을 찾으시고 그들의 고난을 살피셨다 함을 듣고 머리 숙여 경배하였더라" (출 4:29-31).

성경에서 예배에 대한 이야기를 검토하는 데 있어서 첫 번째 일은 배경을 자세히 검토하는 것이다. 모세와 아론은 애굽의 포로였던 히브리인들에게 나타나서 하나님의 메시지를 전했다. 모든 사람들을 모으는 것은 불가능했다. 그 때 그들은 적어도 2백만 명에 이르렀다. 따라서 각 부족의 장로들의 모임에서 두 명씩을 불러들였고, 그 때에 아론이 하나님께서 그의 동생 모세에게 전달한 모든 것을 보여주기 위해서 나갔다. 그때 사람들이 보는 데서, 아론은 하나님의 능력을 나타내는 표적을 행했다. 최종 결과는 사람들이 믿고 하나님을 예배하는 것이었다!

그러나 여기에 겉으로 보기에는 명확하지 않은 불일치가 있다. 메시지가 오직 장로들에게만 전해졌는데 사람들이 어떻게 그 메시지를 믿었을까? 연역적으로 추론할 때, 우리는 장로들이 그 메시지를 사람들에게 전해 주었다고 추측할 수 있다. 따라서 하나님께서 그분의 메시지와 전달자가 옳다는 것을 증명하기 위해서 큰 표적을 모세와 아론을 통해서 주셨을 때, 그와 같은 표적이 사람들의 믿음을 확정시켰음에 틀림이 없다. 맞는가?

다시 생각해보니 그러나 문제가 그렇게 쉽게 풀리지 않는다. 히브리인들은 4세기 동안 애굽에 있었다. 그들은 정복을 통해서가 아니라 그들 자신의 땅에서 기근을 피하기 위해서 요셉의 초청에 의해서 애굽에 들어왔다. 사람들은 애굽에서 번창해서 새로운 왕 바로가 이스라엘이 그 자신의 백성

들보다 "생육하고 불어나 번성하고 매우 강하게 된 것"(출 1:7-14)을 두려워
했을 때 노예가 되었다. 애굽에서 이 시기 동안에 평범한 사람은 의심할 여
지없이 애굽의 지배적인 문화에 순응했다. 어떤 사람은 참 하나님에 대해서
결코 생각하지도 또는 알지도 못했을 것이다.

모세와 아론이 그 상황에서 나타날 때까지 사람들은 그들이 "하나님께
서 이스라엘 자손들을 방문하셨다는 것"을 완전히 믿을 수 있기 전에는 어
떤 확신도 없었다. 분명히 그들은 그들의 일상생활에서 실제적으로 임재하
시는 하나님께 대한 일반적인 지식을 잃어버렸다. 그들의 장로들이 하나님
께로부터 온 직접 계시를 이야기했을 때도, 그 메시지를 오직 기적적인 표
적에 의해서 확인된 후에 믿었다. 사람들의 처지 때문에 하나님의 능력의
표적이 불가피했다. 기적은 사람들의 주의를 끌기 위해서 필요했다.

그럼에도 불구하고 결국에는 사람들은 믿었다. 그들이 어떻게 하나님
과 점점 멀어진 400년 동안을 극복할 수 있었을까? 어떻게 그들이 진정한 예
배로 귀착하는 믿음에 이를 수 있었을까? 그것은 오늘날 미국에 대한 아주
중대한 질문이다!

보는 것은 이해를 요한다

우리는 이 문제의 대답에 필요한 실마리를 성경에서 볼 수 있다. 우리
는 배경을 검토함으로 우리의 공부를 시작할 수 있다. 질문에 대한 사건에
연관된 역사에 대해서 우리가 무엇을 이해해야 하는가? 출애굽기가 펼쳐질

때, 야곱과 그의 아들들이 그들의 아들들과 함께 애굽에 정착했다. "야곱과 함께 각각 자기 가족을 데리고 애굽에 도착한 이스라엘 아들들의 이름은 이러했다"(출 1:1). 야곱은 이스라엘이라는 이름을 가지고 있었다(창 32:28). 한 세대 내에 이스라엘의 가족은 크게 증가했다.

"요셉과 그의 모든 형제와 그 시대의 사람은 다 죽었고 이스라엘 자손은 생육하고 불어나 번성하고 매우 강하여 온 땅에 가득하게 되었더라"(출 1:6-7).

그때 새로운 통치자가 정권을 장악했고 불행이 시작되었다. "요셉을 알지 못하는 새 왕이 일어나 애굽을 다스리더니 그가 그 백성에게 이르되 이 백성 이스라엘 자손이 우리보다 많고 강하도다"(출 1:8-9). 이스라엘 자손들이 애굽의 적들과 연합하는 것을 두려워해서 왕은 "감독들을 그들[이스라엘 자손들] 위에 세우고 그들에게 무거운 짐을 지워 괴롭게 하였다"(출 1:10-11).

성경은 또한 이스라엘 자손들이 "바로를 위하여 국고성 비돔과 라암셋을 건축하였다"고 기록한다(출 1:11). 이 도시들은 건축하는데 매우 오랜 기간이 걸렸다. 그러나 예상하지 않은 일이 일어났다. "[애굽 사람들이] 그들을 학대를 하면 할수록 더욱 번성하여 퍼져나가니 애굽 사람이 이스라엘 자손으로 말미암아 근심하였다"(출 1:12). 하나님께서는 그분의 백성을 놀라운 방법으로 보존하고 계셨다. 그 결과 욕구불만으로 그들의 주인들은 훨씬 더

엄하게 압박해서 "이스라엘 자손들에게 일을 엄하게 시켜다"(출 1:13).

한층 더 나아가서 바로는 히브리 산파들에게 모든 남자 아이들을 죽이라고 명령했다. 그러나 그들은 왕보다 하나님을 더 두려워했기 때문에 복종하기를 거부했다(출 1:16-17). 하나님께서 산파들의 행동에 은혜를 베푸셔서 "이스라엘 백성은 번성하고 매우 강해졌다"(출 1:20). 이스라엘 자손의 번성에 대응하여 "바로가 그의 모든 백성에게 명령하여 이르되 아들이 태어나거든 너희는 그를 나일 강에 던지고 딸이거든 살려두라고 하였다"(출 1:22). 왕이 살아있는 동안에는 애굽과 이스라엘의 갈등은 계속되었다. 그러나 그 뒤 곧 "애굽 왕은 죽었다"(출 2:23).

"여러 해 후에 애굽 왕은 죽었고 이스라엘 자손은 고된 노동으로 말미암아 탄식하며 부르짖으니 그 고된 노동으로 말미암아 부르짖는 소리가 하나님께 상달된지라 하나님께서 그들의 고통 소리를 들으시고 하나님께서 아브라함과 이삭과 야곱에게 세운 그의 언약을 기억하사 하나님이 이스라엘 자손을 돌보셨고 하나님께서 그들을 기억하셨더라"(출 2:23-25).

애굽의 바로는 잔혹해서 히브리인들을 강제로 속박했다. 히브리인들은 너무나도 고통스러웠고 그것이 그들에게 탄식을 안겨 주었다. 그들은 노예가 되었다. 그들의 처지는 죄의 속박 속에서 살고 있는 사람들의 정확한 실상을 보여준다. 당신과 나는 우리의 죄의 속박 때문에 부르짖고 있는가? 우리는 우리가 부르짖기 전에 얼마나 많은 고통을 견디어낼 수 있는가? 히브리인들은 그들의 속박에 괴로워서 부르짖었다. 그들이 부르짖었을 때 하나님께서는 그들의 고통소리를 들으셨다.

그러나 이 본문의 말씀은 사람들이 예를 들면 "아브라함이 하나님의 이름을 부르는 것"과 같은 방법으로, 명확히 "하나님께" 부르짖었다고 말씀하지 않는다. 성경은 단지 "속박으로 인해서 그들이 부르짖었고 그들의 부르짖음이 하나님께 상달되었다"고 기록한다. 이 구절은 아마도 모세와 아론이 도착했을 때, 사람들이 참 하나님에 대해서 아주 조금밖에 알지 못했다는 또 다른 암시일 것이다. 그러나 놀라운 교훈은 그들의 울부짖음이 하나님께 향하지 않았다 할지라도, 하나님께서 고통을 받는 사람들의 탄식을 들으셨다는 것이다.

이것은 "하나님께서 이 이스라엘 자손들을 찾아 오셨고 그들의 고난을 살펴보셨다는 것을 들은 사람들"(출 4:31, KJV)에 대한 정황이다. 하나님께서 그들을 "찾아 오셨다"는 것은 무엇을 의미하는가? 하나님께서 찾아오신 것은 그 때도 지금처럼 그분이 영적으로 절박한 가운데 있는 사람들 곁에 오신 것이다. 히브리인들은 그들이 크게 곤경에 빠진 것을 인정했다. 초보의 수준에서 그들은 하나님의 존재하심을 이해했고 그것을 인식했다. 그러나 하나님께서 친히 행동하셨다. 하나님께서는 이스라엘 자손들이 모든 것을 올바르게 행하고 그들의 집이 정상에 이를 때까지, 찾아오시는 것을 그만 두지 않으셨다.

관심을 불러일으키는 것은, 본문은 하나님께서 "이미" 그 백성들을 찾아오셨다는 것이다. 그들은 하나님께서 그분의 말씀, 곧 이 경우에 모세에게 말씀하신 말씀이 아론에 의해서 중계되어 장로들에게 전달된 말씀으로 찾아오셨다는 것을 알게 되었다. 사람들은 메시지를 들었고 그것을 확증하는 표적을 보았고 들은 메시지를 믿었다. 아론이 "하나님께서 모세에게 말씀하셨던 모든 말씀을 전했다"는 것이 중요하다. 두 사람, 모세와 아론은 메시지에 그들 자신의 "특정견해"를 덧붙여 말하지 않고, 그들이 받은 대로 충실하게 하나님의 말씀을 주의 깊게 전달했다. 오늘날 교회에서도, 충실한 전달자들은 주님의 메시지를 바꿔 말하지 않기 위해서 세심한 주의를 기울여야만 한다.

모세와 아론은 하나님께서 말씀하신대로 전했고 사람들은 그들의 메시지를 믿었다. 그들은 하나님께서 그들을 해방시키기 위해서 모세와 아론을 보내셨다고 믿었다. 그들은 메시지가 극단적이었지만, 하나님께서 이 전달자들을 통해서 말씀하신 모든 것을 믿었다. 세상에서 가장 강한 제국(애굽)으로부터 해방이 어떻게 가능한가? 이스라엘 자손들의 실례는 하나님께서는 인간의 기준으로 불합리하게 생각되는 그분의 말씀의 요소까지도, 그분의 백성들이 믿음으로 그분의 말씀을 믿기를 요구하신다는 것을 가르쳐 준다.

정말 "그렇다." "히브리인들은 또한 그분의 메시지를 확증하는 하나님의 능력의 표적을 보았다. 우리는 오늘날 이와 같은 표적이 없다!' 그렇지 않은가? 오늘날 우리는 모든 기적 중에 가장 큰 기적인 중생의 기적을 보았다. 우리가 변화된 생활, 또는 응답받는 기도를 경험할 때, 우리는 우리의 개인사를 두루 살피시는 하나님께서 계시다는 사실이 우리의 주의를 끌어야 한다.

출애굽기의 이야기는 하나님께서 아브라함, 이삭, 그리고 야곱과 맺은 그분의 언약을 "기억"하셨기 때문에 찾아오셨다고 말씀한다. "기억하셨다"는 말씀은 하나님께서 약속을 잊어버리시고 그 약속에 대한 그분의 의무에 신경을 쓰지 않으시다가 갑자기 그 약속이 떠오르셨다는 것을 암시하는가? 물론 아니다. "기억 한다"는 말은 인간적인 용어다. 하나님께서는 잊어버릴 수 없으시다. 그러므로 하나님께서는 기억하실 "필요"가 없으시다. 때로는 성경은 기억 한다는 말을 하나님께서 우리의 용서받은 죄를 "기억"하지 않기로 결정하시고 이와 같은 과거의 죄를 심판하지 않으신다는 뜻으로 말씀한다. 출애굽기 경우에 하나님께서는 그분의 뜻을 행하실 역할을 수행하실 시기로 보셨다는 의미로 그분의 언약을 "기억하셨다." 사람들은 이 사실을 이해했다. 그들은 하나님께서 그분 자신의 적당한 시기에 그들의 처지를 헤아리시고 실행하기를 결심하셨다는 것을 알았다.

보는 것은 진정한 예배의 결과를 낳는다

사람들은 하나님께서 그분의 언약을 충실히 지키시는 것을 보았을 때, "머리 숙여 경배했다"(출 4:31). 다른 번역 성경은 사람들이 "허리를 굽혔다"는 표현을 한다. 히브리어 원어는 문자적으로 "그들이 머리를 숙였다"는 것을 생생하게 나타낸다. 이 말은 하나님께서 찾아오신 사실에 겸손해진 사람들을 눈에 보이듯이 말한다. 따라서 그들은 머리를 숙여서 경배했다. 이 것은 하나님의 충실하심에 대해서 그들이 얻은 새로 얻은 지식에 근거한 겸 손을 보여준다. 분명히 이 사람들은 하나님의 행하심에 경외심을 느꼈다. 분명히 그와 같은 경외심은 예배의 최상의 특성이다. 뒤이은 몇 년 안에, 바 로 이 사람들이 때로는 하나님께 머리를 숙이기를 거절하곤 했다. 그들이 자신의 뜻대로 행하기를 결심했을 때, 하나님께서는 그들을 "목이 뻣뻣한 백성"이라고 단정하셨다(출애굽기 32장 9과 다른 일곱 권의 구약성경 참 조). 그들은 "순종하지 아니하며 귀를 기울이지 아니하며 그 목을 곧게 하여 듣지 아니하며 교훈을 받지 아니하였다"(렘 17:23). 그들은 겸손과는 정반대 로 뻣뻣해지고 있었다. 어떤 때는 사람들은 거짓 신들을 숭배했다. 이와 같 이 거짓 신들을 숭배하는 것은 겸손의 특성을 나타내는 것이 아니었다. 사 람들이 금송아지 형상을 만들었을 때, 그들은 제물을 드리고 "앉아서 먹고 마시며 일어나서 뛰놀았다"(출 32:6). 그들은 그들의 육신적인 욕망으로 방 종했다. 이런 방종은 겸손히 하나님께 머리를 숙이는 것과 정반대이다.

하나님의 말씀에 대한 이스라엘의 첫 반응에 대한 이야기에서 "백성이 믿었고...그들의 머리를 숙여 경배하였다"(출 4:31)는 것은 용기를 북돋아 준 다. 그러나 그들의 실례가 오늘날 교회에서 우리의 예배에 적용이 되고 있 는가?

우리가 이 실례에서 배우는 것은 진정한 예배에 참여하기 위해서, 하나 님의 사람들은 그분의 말씀을 알고 믿어야만 한다. 우리는 하나님께서 성경에서 그분 자신과 우리에 대해서 말씀하신 것을 믿어야만 한다. 이것이 진정한 예배의 출발점이다. 하나님의 완전한 거룩하심과 우리의 절망적인 처지를 아는 것, 당신과 내가 고백하는 죄는 용서하신다는 그분의 약속을 신뢰하고 나서 하나님께서 그분의 약속을 충실히 지키심으로 얼마나 전능하신 일을 행하셨는가를 깨달아야만 한다. 한층 더 나아가 하나님께서는 그분을 사랑하는 사람에게 축복을 주시겠다는 약속을 하신다.

"내가 네 갈 길을 가르쳐 보이고 너를 주목하여 훈계하리로다"(시 32:8).
"내가 너를 건지리니 네가 나를 영화롭게 하리로다"(시 50:15, 132:15).
"내가 너를 굳세게 하리라 참으로 너를 도와 주리라 참으로 나의 의로운 오른손으로 너를 붙들리라"(사 41:10).
"내가 네 손을 잡아 너를 보호하며 너를 세워 백성의 언약과 이방의 빛이 되게 하리니"(사 42:6, 66:13).
"내가 다시 와서 너희를 내게로 영접하여 .나 있는 곳에 너희도 있게 하리라"(요 14:3, 21).

그러나 하나님께서는 약속하신 축복이 되풀이해서 새로운 활력을 주지만, 우리는 축복을 약속하신 동일한 하나님께서 죄를 범하는 사람을 벌하신다는 것도 기억해야만 한다. 우리가 그분의 약속들은 영원한 생과 사의 문제라는 것을 깨달을 때, 불쑥 하나님의 말씀을 대언하는 사람이 그분의 메시지를 정확하게 전달하는 것이 얼마나 중요한가를 이해하게 된다. 설교자들이 하나님께서 요구하시는 것과 약속을 정확하게 전달하지 못할 때, 그 결과는 거짓 예배가 되는 것이다. 모세와 아론이 하나님께서 그들에게 주신 말씀을 더하거나 줄였다면, 어떻게 되었을까? 사람들은 진정한 예배에 참여하지 못했을 것이다. 이는 그들은 하나님께서 그분의 언약에 대해서 충실하시다는 것을 거짓으로 이해했을 것이기 때문이다.

우리가 하나님께서 약속하신 것에 충실하시다는 것을 확신할 때, 우리의 예배는 그분의 말씀에 전적인 신뢰를 반영할 것이다. 우리는 하나님과 그분의 말씀에 대해서 알고 있는 것을 표명하고, 그분이 하시는 일을 신뢰할 것이다. 진정한 예배는 하나님께 최고의 경의를 표하는 것이다. 이는 우리는 하나님의 애정 어린 친절하심에 놀라고, 그분의 겸손하심에 겸손해지고, 그분의 뜻을 행하기 위해서 전적으로 그분을 의존하기 때문이다. 왜 그런가? 이는 우리의 하나님께서는 성경의 하나님이시기 때문이다!

우리는 성경의 지식에 비추어볼 때, 우리의 예배에서 우리 자신의 힘과 이성을 의지하는 것은 어리석은 일이 될 것이다. 모세와 아론은 하나님께 대해서 적은 수준의 지식이 있는 사람들의 필요에 "맞추는" 예배를 드리려고 하지 않았다. 그들은 "예배를 통해서 무엇인가를 얻으려는" 사람들을 위해서 지파의 원로들과 협의하지도 않았다. 그들은 단지 사람들이 믿도록 하기 위해서 "하나님께서 말씀하신 모든 말씀을 전했다." 그 후에 말씀에 대한 신뢰는 겸손한 예배 가운데서 그것의 자연스런 표현에 이르렀다. 진정한 예배는 따라서 신뢰하는 마음, 곧 하나님께서는 그분의 약속에 대해서 충실하시다는 것을 이해하는 마음에서 우러나온다.

생각할 점

1. 히브리인들의 속박이 우리 자신과 어떻게 비유될 수 있는가?

2. 출애굽기 4장 31절은 하나님께서 히브리인들을 "찾아 오셨다"는 것을 기록 한다. 하나님께서 오늘날도 여전히 사람들을 찾아오시는가? 만일 그렇다면, 하나님께서 찾아오신다는 것은 무슨 의미인가?

3. 모세와 아론은 충실하게 하나님의 말씀을 중계했다. 진정한 예배를 드리고 싶은 마음이 들도록 하기 위해서 왜 이 충실성이 없어서는 안되는가? 이것은 오늘날도 필요한가?

4. 예배는 마음가짐의 표현이다. 히브리인들이 하나님의 말씀을 믿었을 때, 그들의 예배에 어떤 마음가짐이 나타났는가?

5. 사람들의 마음가짐은 자각에 의해서 일어났다. 그들의 믿음이 하나님께 대해서 무엇을 깨닫도록 했는가?

6. 진정한 예배는 분리를 요한다

‖ 모세. 출애굽기 33:1-10

"모세가 항상 장막을 취하여 진 밖에 쳐서 진과 멀리 떠나게 하고 회막이라 이름하니 여호와를 앙모하는 자는 다 진 바깥 회막으로 나아갔다"(출 33:7).

춤추고, 영화 보러가고, 록 음악을 듣는 것. 이런 것에 비해서 설교는 오늘날 인기가 없다. 그러나 나의 아버지 시대에, 세상의 관습으로부터 분리하라는 주제는 온 나라의 설교단에서 선포되었다. 청소년기에도, 나는 옷, 머리 길이, 로큰롤(1950년대에 미국에서 발생한 대중 음악. 흑인 특유의 리듬 앤드 블루스와 백인의 컨트리 음악의 요소를 곁들인 강한 비트의 열광적인 음악이다-역주)에 대한 설교를 자주 들었다. 설교자들은 우리에게 "빛과 어둠이 어찌 친교를 하겠느냐?"(고후 6:14, KJV)는 말씀을 상기시키곤 했다. 우리는 그들에게 "너희는 그들 중에서 나와서 따로 있으라"(고후 6:17)는 권면과 "이제부터 너희는 이방인이 그 마음의 허망한 것으로 행함 같이 행하지 말라"(엡 4:17)는 권면을 받았다.

때때로 어떤 설교자들은 분리에 대한 그들의 견해를 아주 사소하고 극히 하찮은 문제까지 그들과 의견을 달리하는 사람에게 확대시키는 것 같은 생각이 들었다. 대부분의 설교자들은 그와 크게 다르지 않았다. 그러나 분리하라는 설교를 들으면서 성장한 사람으로서 나는 오늘날 그 주제에 대한 설교가 거의 "없다는 것"을 이상하게 생각한다. 분리하는 것이 더 이상 중요한 문제가 아닌가? 분리하라는 교리가 성경에서 없어졌는가, 또는 우리는 그 교리를 오늘날에 적합하도록 재해석하라는 가르침을 받았는가? 어쩌면 우리는 분리는 실제로 결코 교리가 아니라는 것을 발견했을 것이다. 아마도 우리는 "부정적인 것"을 불러일으키는 것에 차츰 지쳤을 것이다. 즉 현대 사회는 관용을 미덕으로 생각하고 분리를 옹졸한 행위로 생각한다. 우리가 심판이 분명히 있다는 것을 전해서 어떻게 사람들을 그리스도께 인도할 수 있겠는가? 예수님께서는 손수 죄인들을 찾아내지 않으셨는가?

3,000년 이 전에 살았던 하나님의 사람들은 오늘날의 사람들과 색다른 것이 없었다. 하나님께서는 오늘날 하나님의 사람들을 죄의 속박에서 해방시키셨던 것과 같이 그분은 그들을 애굽의 속박에서 해방시키셨다. 오늘날 하나님께서는 교회를 그분께로 모으신 것과 같이 그분은 그들을 그분께로 모으시고 특별한 백성으로 삼으셨다. 그러나 시간이 경과함에 따라 그 이전의 하나님의 백성들은 변하기 시작했고, 그들의 예배는 다른 특징을 취했다. 그와 같은 특징은 무엇인가? 무엇이 사람들에게 그들의 예배 방식을 바꾸게 했는가? 하나님께서는 이 변화에 대해서 어떻게 생각하시고 그분의 교회 지도자들을 어떻게 생각하셨을까? 만일 그들이 실수를 했다면, 우리는 어떻게 이와 같은 실수를 피할 수 있을까? 이런 문제들은 오늘날 교회에서 가장 긴급한 일로 질문을 받고 있다. 아마도 우리는 성경이 이스라엘 자손

의 출애굽에 대해서 기록한 것에서 어떤 답변을 얻을 수 있을 것이다.

하나님께서는 믿음을 기대하신다

그들이 애굽을 떠난 후 3달, 이스라엘 자손들은 여전히 그들의 해방에 도취되어 있었음에 틀림이 없다. 그들은 해방된 것에 대해서 하나님께 감사하고 지금 약속의 땅으로 가는 도중에 있게 된 것에 대해서 들떠있었음에 틀림이 없다. 그러나 그때 하나님께서는 그들이 예상하지 못했던 일을 하셨다. 하나님께서는 모세를 40일 동안 산으로 데리고 가셨던 것이다. 하나님께서 그렇게 하시는 것을 사람들은 이해할 수가 없었다.

설상가상으로, 하나님께서는 분명하지만 겉으로는 설명이 되지 않는 명령을 내리셨다. 하나님께서는 시내산에서 모세와 만나는 동안 백성들에게 확실히 이해할 수 없는 말씀을 하셨다. "너는 백성을 위하여 주위에 경계를 정하고 이르기를 너희는 삼가 산에 오르거나 그 경계를 침범하지 말지니 산을 침범하는 자는 반드시 죽임을 당할 것이라"(출 19:12). 경계는 사람들이 실제로 건너가는 것을 허용하지 않기 위해서 세우는 것이었다! 게다가 하나님께서는 그들의 지도자들과 만나는 것에 대해서 백성들에게 상세하게 설명하지 않으셨다. 곧 하나님께서는 모세를 정확히 어디로 데리고 갈 계획이셨는가? 하나님께서는 거기에서 그를 얼마동안 머물게 하실 것인가? 모세가 없을 때 백성들에게 어떤 영향이 미칠 것인가? 하나님께서는 말씀은 하지 않으셨지만, 백성들이 그분을 신뢰하기를 기대하셨다. 우리는 히브리인들이 애굽에서 노예로 있었을 때, 이유를 묻지 않고 복종하는 데 익숙해졌을 것이라고 생각할 것이다. 그래도 인간적인 면에서 보면, 이 점에서 하나님의 조치는 기대에 반대되는 결과를 낳는 것처럼 보인다. 최고조로 들뜬 사람들이 있었다. 그들은 단지 그들의 삶의 가장 위대한 순간을 경험했다. 이제 그들은 40일 동안 "그들의 제트기가 냉각시켜지기"를 기대했다. 타락하게 된 것은 바로 이것이다! 그렇다. 사람들은 이미 그들을 위해서 그 만큼 행하신 하나님을 신뢰할 수 있어야 했다. 그러나 그들이 앞에 여전히 오래 계속된 여행을 한 이후, 왜 그들은 그것이 희미해지기 전에 처음의 행복감에 기반을 두지 않고 장기적으로 계속 동기를 부여받지 못했을까?

하나님께서 침묵하시는 것은 우리가 그분에 대한 신뢰를 배울 기회이다. 그러나 그 만큼 하나님의 능력의 증거를 경험한 이 사람들은 그들 자신을 신뢰하는 쪽을 선택했다.

"그 때 사람들은 모세가 산에서 내려오기를 지체하는 것을 보았을 때, 사람들은 함께 모여서 아론에게 이렇게 말했다, "일어나라 우리를 위하여 우리를 인도할 신을 만들라 이 모세 곧 우리를 애굽 땅에서 인도하여 낸 사람은 어찌 되었는지 알지 못함이니라"(출 32:1).

본질적으로 그들은 이런 결론을 내렸다. "우리는 하나님의 사람을 신뢰할 수가 없다. 그러므로 우리가 다른 신을 만들자." 그와 같은 결론은 우리에게 어리석은 것처럼 보인다. 그것은 당연히 어리석은 것이다. 그럼에도 불구하고 우리 역시, 때로는 예배 문제에 있어서 인간의 지혜를 따르는 죄를 범하고 있지 않는가? 히브리인들은 하나님에 대해서 이해하지 못했기 때문에 하나님의 방법을 못마땅해 했다. 그들은 하나님께서 잘못하고 계신 것이 틀림없다고 생각했다. 오늘날 교회에서도 흔히 이와 같은 생각이 복음 전도하는 데 있어서 우리의 노력으로 남의 비위를 살살 맞춘다. 우리는 더 많은 사람이 구원받는 것을 보기를 열망한다. 따라서 가만히 있지 못하고 너무 조바심이 나서 무턱대고 하나님의 말씀을 선포하고 나서 그분이 그 일을 하시도록 한다. 그러나 우리가 이 분야에서 또는 어떤 진리의 영역에서 하나님께 무례한 언동을 보일 때, 우리는 결국 우리 자신의 "신들"을 만드는 것이다. 따라서 복음 전도에서 우리는 하나님께서 불러일으키지 않으신 결단을 하도록 사람들을 조종할 수도 있다. 또는 우리는 사람들이 실제로 믿지 않는데 도, 그들이 믿는 사람이라고 속일 수도 있다. 인간의 생각을 하나님의 말씀의 권위보다 위에 놓음으로써 우리는 다른 신을 선택해 왔다.

하나님의 권위에 대한 이와 같은 경시 태도는 모세 시대에 했던 것과 같이 거짓 예배로 이끈다. 이는 이스라엘 백성들이 참 하나님을 초조히 기다리다가 차츰 실망하게 될 때, 그들의 예배는 지역 이교도들의 특성을 취했기 때문이다.

"이튿날에 그들이 일찍이 일어나 번제를 드리며 화목제를 드리고 백성이 앉아서 먹고 마시며 일어나서 뛰놀더라"(출 32:6).

흥미롭게도 그들은 하나님께서 후에 모세에게 율법을 주셨을 때, 요구하셨던 것과 아주 똑같은 희생적 행위와 제물을 바쳤다. 이와 같은 제물이 진정한 마음으로 드려졌을 때, 하나님께 영광을 돌려드린다는 것을 깨닫는 것은 얼마나 드문 일인가! 그러나 이와 같은 환경에서 이스라엘 백성들의 예배는 하나님께 영광을 돌려드리지 못했다. 그들은 단지 그들의 인간적인 본능에 빠졌다. "뛰놀더라"라고 번역된 말은 탐욕스러운 방종에 빠져서 참 하나님께 당연히 돌려져야할 공경을 포기하는 것을 말한다. 그 순간에 하나님의 사람들 가운데서 쾌락을 즐기는 황홀경은 이방인들의 제례의 특성을 나타내는 것이었다. 그러나 이방인들까지도 계속되고 있는 것을 보고 이상하게 여겼다! "모세가 본즉 백성이 벌거벗었더니 이는 아론이 그들을 벌거벗게하여 그들의 원수 가운데 망신거리가 되게 하였음이라"(출 32:25, KJV).

현대적인 예배에 대한 오늘날의 논쟁의 양면에 대해서 많은 기독교 지도자들은 극단에 이르는 것에 대해서 염려한다. 또한 이방인들의 홍청망청 떠들고 노는 것과 똑같은 특성을 드러냄과 동시에 진정한 예배에서 볼 수 있는 예배의 어떤 본질을 보존하는 것은 의심할 여지없이 가능하다. 회중들은 사실 공경하는 예배로 주의를 돌리는 일정한 전통을 유지할 수 있었다. 예를 들면 그들은 계속 주님의 만찬을 거행하고, 공적인 기도와 설교를 하고, 사람들에게 헌금을 바치게 했을지도 모른다. 그러나 하나님께 차츰 조바심이 나서 가만히 있지 못하게 되었을 때, 그분에 대한 참된 공경은 인간의 이성 또는 소원을 반영하는 예배로 어두운 그림자를 던졌다. 이런 예배에서 실제적인 매력 포인트는 예배자들에게 호소하는 것이 되었다. 적당한 조정으로, 음악, 기도, 또는 설교와 같은 하나님을 공경할 수 있는 예배의식은 타락했다. 이 제멋대로의 행동을 지켜보던 불신자들은 하나님의 사람들이 그 지역의 사람들과 차이가 없다는 결론을 내린다.

하나님께서는 분리를 행하신다

하나님께서는 그들의 예배에서 그분께 대한 공경하는 모습이 보이지 않았기 때문에 그분의 백성들을 심판하셨다. 그들은 그들의 고의적인 죄 때문에 3,000명이 죽었을 때, 문자 그대로의 심판을 경험했다(출 32:28). 더욱이 이스라엘 자손들은 영적인 심판을 경험했다.

"여호와께서 모세에게 이르시되 "누구든지 내게 범죄하면 내가 그를 내 책에서 지워 버리리라... 너는 네가 애굽 땅에서 인도하여 낸 백성과 함께 내가 아브라함과 이삭과 야곱에게 맹세하여 말하기를 내가 네 씨에게 주리라 한 그 땅으로 여기를 떠나 올라가라. 내가 네 앞에 천사를 보내고 [이방인들을] 쫓아내리라...너희는 젖과 꿀이 흐르는 땅에 이르게 하려니와 나는 너희들 가운데에 함께 올라가지 아니하리니 이는 너희는 목이 곧은 백성이므로 내가 길에서 너희를 진멸하지나 않을까 염려함이니라"(출 32:33-33:3, KJV).

하나님께서는 반역자들에게서 떨어지셨다. 하나님께서는 그리고서 이스라엘 자손을 "너는 네가(모세가) 애굽 땅에서 인도하여 낸 백성"이라고 부르셨다. 하나님께서는 반역자들에게 관련되기를 원치 않으셨다. 하나님께서는 약속의 땅으로 그들과 함께 들어가시기보다는 오히려, 그들을 수행할 천사로 주님의 천사(구약에서 흔히 그리스도의 성육신으로 인용됨-역주)가 아닌 보통 천사를 보내시겠다고 말씀하셨다. 사람들은 하나님의 임재와 능력을 박탈당했다. 하나님께서는 비록 그분의 약속을 지키시지만, "[그분께서는] [그들을] 진멸시키지나 않으실까" 하여 그와 같은 사악한 태도 가운데에 거하실 수 가 없으셨다.

이 이야기의 교훈은 하나님께서 자신을 거짓 예배로부터 분리하셨다는 것이다. 하나님께서는 그 때 자신을 분리하셨다. 오늘날도 하나님께는 자신을 분리하실 것이다. 우리가 우리의 예배에서 인간의 욕망을 따르고 이와 같이 하나님의 영광을 떨어뜨릴 때, 우리는 하나님의 임재와 능력을 박탈당한다. 그런 일이 일어날 때, 우리는 음악 또는 세련된 능변 또는 의식 또는 전통이든 사람들의 매력을 끌기 위해서 일련의 인간적인 수단을 사용하지 않을 수 없게 된다. 우리가 충실치 못한 예배를 행할 때, 결국 우리는 감정에 호소하거나 지적인 자극이 하나님의 능력과 다를 바 없다는 것을 확신해야만 한다. 그럼에도 불구하고, 불확실한 예배 중에서도 하나님께서는 약속을 지키시기 때문에 하나님의 나라를 상속받을 사람들이 있다. 다른 사람들은 결국 하나님께서는 그들의 예배를 관여하지 않으신 다는 것을 깨닫는다. 그래서 그들은 그들의 거짓된 길을 포기한다. 예를 들면 성경은 "백성이 이 준엄한 말씀을 듣고 슬퍼하여...이스라엘 자손이 호렙 산에서부터 그들의 장신구를 떼어냈다"(출 33:4-6)는 것을 기록한다. 죄에 대한 그와 같은 슬픔은 마음에서 우러나왔든지 또는 위선이었음에 틀림이 없다. 때로는 사람들은 그들이 발견되지 않았다는 이유만으로 슬퍼한다. 그러나 그들의 우상 숭배의 장신구를 떼어내는 사람들은 아마도 그들의 회개가 마음속에서 우러나오고 꾸밈이 없다는 것을 보여주고 있었을 것이다.

하나님께서는 분리를 소중이 여기신다

예배가 거짓되고 인간의 방법과 욕망에 따라서 좌우될 때, 하나님께서는 어떤 반응을 하시는가? 그와 같은 예배에 참석한 사람들은, 이스라엘 백성들이 그렇게 했던 것처럼, 회개하고 그 후 그들의 이전의 연합에서 분리해야만 한다. 그러나 그것은 또한 하나님께서 백성들의 지도자인 모세에게 어떤 반응을 기대하셨는가를 이해하는데 도움이 된다. 모세는 결코 그릇된 예배에 참석하지 않았다. 모세가 사람들 사이에서 인기가 있는 새로운 예배가 행해지는 것을 보았을 때, 하나님께서는 그가 어떻게 반응하기를 원하셨는가? 모세가 사람들의 영적인 노력에 격려를 받기를 원하셨는가? 그가 사람들과 관계를 지속함으로, 내부에서 그들을 교육하기 위해서 그의 영향력을 사용하기를 원하셨는가?

다른 사람에게 관대한 우리 시대에 선을 긋는 것은 눈살을 찌푸리게 하는 것이지만, 모세는 그렇게 했다. 그가 "성막을 취하여 진영 밖에 쳐서 진영과 멀리 떨어지게 하고 회중의 성막이라 부르니 주님을 찾는 자는 다 진영 밖에 있는 성막으로 나아갔다..."(출 33:7-9, KJV). 모세와 마음이 같은 사람들은 사람들로부터 "떨어져서" 하나님을 만났다! 모세는 그의 장막을 진영 "밖에" 쳤다! 그렇게 함으로써 그는 그들의 예배에서 하나님께 영광을 돌리려드리지 않는 사람들에게서 스스로 자신을 "분리" 시키는 책임 있는 결단을 내렸다. 그는 인기를 얻은 일을 행하는 것에 관심이 없었다. 그는 그의 행동에 대한 그의 권위를 추구하기 위해서 지파 장로들에게 조언을 구하지도 않았다. 그의 소원은 오직 하나님의 거룩하신 이름을 보호하는 것이었다. 모세의 실례는 우리들에게 하나님의 사람들 가운데서 다른 사람들이 그분께 당연히 돌려져야 할 공경과 존경을 빼앗아갈 때, 우리는 그들에게 떨어져서 진영에서 먼 곳에 우리의 장막을 쳐야한다는 것을 가르쳐 준다.

이 장막은 하나님께서 계획하시고 명령하신 성막이 아니었다. 그 성막은 아직 세워지지도 않았다. 이 장막은 모세의 개인적인 거처도 아니었다. 그것은 특별한 목적, 곧 모세가 그것을 "회중의 성막" (하나님과 만나는 곳-역주)이라고 부르게 된 목적, 곧 특별한 목적을 위해서 챙겨 놓았던 장막이었다. 다른 번역본은 그 구절을 대부분 "회중의 장막" 으로 번역한다. 모세는 하나님과 만나기 위해서 거짓 예배를 행하는 사람들에게서 자신을 분리해야만 했다.

모세는 그가 성막으로 들어갈 때까지 "모든 백성들이 일어나...자신을 지켜보게 하는 태도를 취했다" (출 33:8). 모세의 행동의 적절한 결과는 그의 충실한 증언이 다른 사람들을 하나님과 제대로 된 자리에 있게 했다는 것이다. 첫째, 사람들은 하나님께서 모세의 장막에 계시는 것을 보았다. 모세가 성막에 들어갈 때마다, 구름 기둥이 시내산 꼭대기에서 그 장막위에 맴돌기 위해서 이동했다(출 33:9). 이는 모세가 사람들과 분리해서 하나님과 만났기 때문이다. 이스라엘 자손들은 하나님께서 여전히 능력이 있으시고 그분께서 선택하신 사람들과 만나실 수 있다는 것을 깨달았다. 우리의 예배가 하나님께서 우리와 함께 계신다는 것을 진영 뒤에 있는 사람들에게 모세와 같은 증거를 주고 있는가?

둘째, 모세의 분리가 사람들에게 하나님께 진정한 예배를 드리도록 용기를 북돋워 주었다는 것이다. 참으로 하나님을 찾는 사람들은 그분이 그들과 만나는 곳으로 가야만 한다는 것을 알고 그래서 그들은 또한 진영 밖으로 나갔다. 모세는 하나님께 예배를 드리기 위해서 사람들로부터 자신을 분리했을 때, 그는 회중들과 함께 가지 않았다. 그러나 하나님께서 그와 함께 하시는 것을 보았을 때, 회중들은 그의 태도를 존경했다. 이 사람은 사람들이 그들과 논쟁하고 경멸했던 바로 그 모세였다! 이 사람은 그들이 그가 하나님과 시내산에서 40일 동안 보낼 때, 하찮은 사람이라고 생각했던 바로 그 사람이었다! 이제 그들은 그들이 거부했던 하나님께 예배를 드리려고 하는 이 사람에게 존경심을 나타냈다. 모세가 성막으로 나아가기 위해서 진영을 지나갈 때, 모든 백성들이 각기 그의 장막 문으로 나왔다(출 33:8). 마지막으로 우리는 "모든 백성이 성막 문에 구름 기둥이 서 있는 것을 보고 다 일어나 각기 장막 문에 서서 예배하였다"(출 33:10)는 말씀을 읽는다.

우리가 하나님을 공경하는 예배 태도를 취할 때, 하나님과 관련을 맺고 있는 사람들은 우리의 태도를 존경할 것이다. 다른 사람들은 우리를 비웃고, 어떤 사람들은 우리를 박해할 수 있을지도 모른다. 그러나 하나님의 심판의 능력을 알고 죄를 후회하는 사람들은 우리를 존경할 것이다. 더욱 더주목해야 할 것은, 그들은 어쩌면 진리 안에서 하나님께 예배를 드리는 것이 필요하다는 것을 확신할 것이다. 어떤 사람이 회중으로부터 튀어 나와서이렇게 말하는 것이 필요했다. "이 예배는 하나님을 공경하는 것이 아니다!"이는 모세가 이른바 그와 같은 기준을 정했기 때문에, 그때 장막 뒤에 있었던 사람들이 올바른 방향으로 이동했다.

우리 시대에, 예배는 흔히 사람들의 욕망에 호소하려는 목적에 사로잡혀 있다. 당신과 나는 다른 사람들이 진정한 예배에 도움이 되도록 용기를북돋워 주기 위해서 기꺼이 진영밖에 우리의 장막을 치고 있는가?

생각할 점

1. 하나님께서 모세를 40일 동안 시내 산으로 부르셨을 때, 그가 없는 기간이 어떻게 인간의 지혜를 반박했는가? 그것이 어떻게 우상숭배로 이끌었는가?

2. 거짓 예배는 어떤 점에서 진정한 예배와 비슷하게 보이는가?

3. 하나님께서는 사람들이 그분께 대한 공경심을 잃어버린 것에 대해서 어떻게 반응하셨는가? 이와 같은 원칙이 오늘날 어떻게 적용되는가?

4. 사람들이 거짓예배에 참석할 때, 하나님께서 그분과 올바른 관계를 회복 하기 위해서 그들에게 무엇을 기대하셨는가?

5. 모세가 사람들의 사악한 예배에 직면했을 때, 그는 어떻게 반응했는가? 이와 같은 교훈이 오늘날 당신에게 어떻게 적용되는가?

7. 진정한 예배는 하나님의 말씀이 중심에 있다

‖ 여호수아. 여호수아 8:30-35

"그 후에 여호수아가 율법책에 기록된 모든 것 대로 축복과 저주하는 율법의 모든 말씀을 낭독하였다"(수 8:34).

인류학은 인간의 문화에 관한 연구이다. 잠시 동안 한 인류학자가 미국의 복음주의 하위문화(Subculture: 부차적인 문화라도 한다. 곧 어떤 사회에서 일반적으로 볼 수 있는 행동양식과 가치관을 전체로서의 문화라고 할 때, 그 전체적 문화의 내부에 존재하면서 어떤 점에서는 독자적 특질을 나타내는 부분적 문화가 서브컬처이다. 미국의 복음주의 역사를 살펴보면 19세기까지 문화와 사회를 주도하던 복음주의가 문화와 지성의 중심에서 순식간에 부차 문화 혹은 하위 문화로 그 위상을 옮겨 갔다-역주)를 연구하기로 했다고 상상해 보라. 이 연구를 시작하기 위해서 그는 교회의 예배의 다양성을 관찰한다. 그는 신학보다는 과학 훈련받았기 때문에, 그와 같은 경험은 그에게는 새로운 것이다. 그는 자신이 관찰한 복음적인 예배에 대해서 평하는데 있어서 객관적인 사실에 기초하려고 한다. 그의 관찰이 이와 같은 것들을 이해했을까?

1. 교회 운영위원회는 사람들이 무엇을 원하는가를 알아본다.

2. 예배는 사람들이 원하는 것들을 만족시킬 준비를 한다.

3. 음악 팀은 사람들을 감수성이 풍부한 기분 상태로 만든다.

4. 설교자는 사람들에게 그들이 듣기 원하는 것을 전한다.

5. 예배 집회는 많은 지지층을 끌어들인다.

6. 부단한 자극만이 이런 지지층을 유지한다.

7. 자극의 효과는 시간이 지남에 따라 줄어든다.

8. 일련의 과정이 첫 단계로 되돌아가서 반복된다.

당신과 나는 예배는 믿음으로 드려지도록 제정되었다는 것을 알고 있다. 그러나 만일 우리가 우리들 자신에게 정직하다면, 비종교적인 관찰자가 어떻게 우리의 예배에 대해서 그와 같은 결론을 이끌어낼 수 있었을까 상상하지 않을 수 있는가? 당신과 나는 여러 말을 할지도 모르겠다. 우리는 우리의 목회자와 참모들이 사람들의 필요를 충족시켜 주고 있다고 말할지도 모르겠다. 우리는 교회가 더 나은 그리스도인이 되게 하거나 또는 그리스도께 다가갈 수 있도록 하기 위해서 예배로부터 더 많은 것을 얻도록 참석자들을 돕고 있는 것이라고 말할지도 모르겠다. 그러나 인류학자의 관찰이, 비종교적인 조항을 짜 맞추었다 할지라도, 최소한 진실이 티끌만큼은 있을 수도 있다는 것을 인정하는 것을 피할 수 없지 않은가?

지금까지 성경의 증거는 하나님께 대한 예배는 인간의 지혜와 욕망에 사로잡혀서는 안 된다는 것을 보여준다. 그 원칙이 우리의 예배가 결코 바뀌어서는 안 된다는 것을 의미하는가? 성경에서 우리는 하나님께서 그분의 백성들의 예배 표현을 규정하는 확실한 기준을 어떻게 정하셨는가를 볼 수 있다. 그리고 우리는 하나님의 백성들이 이러한 요건을 어떻게 실행에 옮겼는가를 볼 수 있다. 예배의 근본적인 "기준"은 바뀌지 않았을지도 모르지만, 이스라엘 민족이 한 가족에서 증가하여 민족으로 성장했을 때, 예배의 "방법"은 바뀌지 않았겠는가? 만일 그것이 다만 현실적인 이유라면, 전체 민족을 위한 예배의 양식과 한 가족 내에서 예배의 양식이 다를 것이라고 당연한 일로 치는 것은 적절한 것 같다.

이런 예배 양식에 관한 문제는 이스라엘 민족과 같이 우리 시대에도 그리스도인들에게 중대한 문제이다. 교회는 오늘날 사람들이 예배에 대한 하나님의 기준을 사람들이 예배를 표현할 수 있는 적절한 방법과 균형을 맞추려고 고심하고 있다. 우리의 문화가 시대에 따라 변할 때도, 하나님께서 우리에게 바꾸지 말기를 원하시는 그와 같은 근본적인 요구가 무엇인가를 우리가 어떻게 결정할 수 있는가?

하나님의 율법에 따른 예배

여호수아가 약속의 땅에서 하나님의 백성을 정착시키기 시작했을 때, 그가 했던 첫 번째 일 가운데 하나는 함께 예배를 드리기 위해서 사람들을 불러들이는 것이었다. 이 예배가 제사와 제물이 중심에 놓여 있었기 때문에, 주위의 이방인들이 이스라엘 자손들의 예배를 지켜보고 이스라엘 자손들이 모두 자신들과 같은 예배 방식을 행하고 있다는 결론을 내렸을지도 모른다. 그러나 이스라엘 자손들의 예배와 이웃 이방인들의 예배사이에는 적어도 한 가지 주요한 차이가 있었다. 여호수아가 제단을 쌓고 사람들을 모으고 제물을 준비한 후, 그들의 예배는 하나님의 율법 낭독이 포함되었다.

"그 후에 여호수아가 율법 책에 기록된 모든 것 대로 축복과 저주하는 율법의 모든 말씀을 낭독하였으니 모세가 명령한 것은 여호수아가 이스라엘 온 회중과 여자들과 아이와 그들 중에 동행하는 거류민들 앞에서 낭독하지 아니한 말이 하나도 없었더라"(수 8:34-35).

하나님의 말씀 선포는 이스라엘 자손들의 예배의 중심이었다. 진정한 예배는 하나님께서 그분 자신과, 그분의 백성들, 일반적으로 인류에 대해서 말씀하시는 말씀을 사람들이 듣고, 읽고, 그리고 공부할 수 있는 하나님의 임재하심 가운데로 사람들을 불러들여야만 한다. 하나님의 말씀을 통해서 하나님과 자신들에 대한 지식을 얻은 사람들은 겸손하게 예배에 사로잡힐 것이다. 그와 같은 겸손한 예배는 예배의 기본이며, 그것은 하나님의 말씀 선포를 중요시 하지 않고는 성취가 불가능하다. 진정한 예배는 하나님의 말씀을 중심에 놓는다.

여호수아는 하나님께서 모세를 통해서 율법으로 명하셨던 대로 백성들을 특별한 장소, 곧 에발산으로 인도했다(수 8:30). 거기에서 그는 또한 율법에서 명확히 말씀하신 명에 따라서 "쇠 연장으로 다듬지 아니한 새 돌로 만든 제단"(수 8:31)을 쌓았다. 에발산을 선택한 것은 우연이 아니었다. 에발산은 그리심 산에 인접해 있을 뿐만 아니라, 그 지역은 세겜 성을 중심으로 자연적인 원형 분지로 형성되었다. 더욱이 지도에 나타난 것을 눈여겨볼 때, 이 두 산은 약속의 땅의 중심에 있다.

이 마지막 사실은 흥미가 있다. 이는 이스라엘 자손들이 바로 근래에 그 땅에 들어갔었기 때문이다. 어떻게 그들이 저항을 받지 않고 그 땅의 지리상 중심지로 당당히 걸어 갈 수 있었을까? 그렇다. 그들은 여리고와 아이 성을 전복시켰다. 그러나 원주민들이 그들을 통과하게 할 정도로 이스라엘 자손들과 그들의 하나님을 여전히 두려워했는가? 이스라엘 자손들은 여호수아가 그들의 점령지에서 왜 그토록 빨리 그 땅 중심지로 그들을 이끌고 갔는지를 이상하게 여겼음에 틀림이 없다. 실로, 왜 모세는 무엇보다도 먼저 그와 같은 일을 명했을까?

당시 제단의 문제가 있었다. 왜 손질을 하지 않고 있는 그대로의 돌로 제단의 구조물을 만들었는가? 역사상 이 시기에, 이방인들은 그들의 신들에게 예배를 드리기 위해서 아름답고, 화려하게 장식한 제단을 쌓았다. 그때는 철 도구와 금속제품의 사용이 확대되고 있던 시기였다. 고고학자들은 이 시기에 당대의 화려한 조각물을 망라한 동, 금, 그리고 은 제단의 증거를 발견했다. 이스라엘 자손들은 어떻게 그들의 적들을 순수한 돌 제단만으로 특징을 부여할 수 있었을까?

그 땅의 중심지에 이스라엘 자손들을 모으신 후, 아마도 하나님께서는 그분의 백성들에게 그들을 보호하기 위해서 그분을 신뢰하는 법을 배우도록 가르치고 계셨을 것이다. 제단이 자연 그대로의 돌로 만들어져야 한다고 명하심으로, 하나님께서는 중요한 구분을 짓고 계셨다. 하나님께서는 그분의 백성들이 이방인들이 만든 것보다 더 화려하고 호사스러운 제단을 만드는 것을 원치 않으셨다. 하나님께서는 그분의 영광을 위해서 제단을 세우는 데 있어서 자연 그대로의 돌을 사용하라고 명하셨다. 하나님께서 제단에 손으로 사용하는 연장 작업을 금하신 이유는 아마도 순수함을 표시하는 것이었을 것이다. 그 후에, 솔로몬 성전의 제단은 아름답게 세워질 것이다. 그러나 그분의 국가가 형성되는 시기 동안에는, 하나님께서는 이스라엘 자손들이 이웃 이방인들과의 구별을 중시하기를 원하셨을 것이다.

예배의 간소함의 원칙은 지금도 여전히 유효하다. "그러나 하나님께서 세상의 미련한 것들을 택하사 지혜 있는 자들을 부끄럽게 하려 하시고 세상의 약한 것들을 택하사 강한 것들을 부끄럽게 하려 하신다"(고전 1:27). 하나님께서는 영혼을 얻기 위해서 인간의 화려하고 세련되게 꾸민 것이나 이목을 끌기 위한 장치를 필요로 하지 않으신다. 하나님께서는 우리가 있는 그대로 꾸밈없이 솔직하게 진심에서 우러나오는 선한 일로 그분을 공경할 때, 하나님께서는 손수 영광을 받으신다. 섬광 빛(순간적으로 번쩍 빛나는 빛-역주)은 적어도 잠시 동안 군중의 주의를 끌지 모른다. 그러나 하나님께서는 그분의 백성들에게 "너희 빛을 사람들 앞에 비추어 그들로 하여금 너희의 선한 행위를 보고 하늘에 계신 너희 아버지께 영광을 돌리게 하라"(마 5:16, KJV)고 말씀하신다.

여호수아는 사람들을 적절한 장소로 데리고 가서 적합한 제단을 쌓은 후, 백성들은 번제물과 화목제물로 예배를 드렸다(수 8:31). 그들의 번제물은 하나님께 대한 감사와 헌신을 예증하는 것이었다. 한편 화목제물은 하나님과 올바른 관계를 표시하는 것이었다. 그들은 하나님을 알고, 그분의 백성이 되어서, 그분의 예배에 헌신하게 된 특권에 대해서 감사했다. 그들은 하나님께 자발적으로 제물을 드렸다. 그것은 오늘날 예배에 있어서 제물의 중요성을 아주 생생하게 나타낸다. 우리의 예배에서 우리의 제물은 하나님의 말씀에 대한 순종과 하나님을 향한 마음에서 우러나오는 사랑을 표해야만 한다. 우리가 마지못해서 제물을 드리거나 또는 세금 공제를 받을 때, 진정한 예배에 참여할 수 없다. 우리는 하나님을 사랑하기 때문에 주님께 제물을 드려야만 한다.

백성들이 하나님의 율법을 본받았다

백성들이 지켜보고 있는 가운데, 여호수아는 "모세가 기록한 율법을 이스라엘 자손의 목전에서 그 [제단의]돌에 기록했다"(수 8:32). 그는 말씀을 직접 돌에다 새기지 않았다. 그 방법은 너무 오래 걸려서 그가 쓸 수 있는 것을 제한했기 때문이다. 히브리어는 여기에서 돌 대신에 회반죽으로 온통 칠해졌다는 것을 보여준다. 따라서 여호수아는 하나님께서 전해 주셨던 것, 곧 모세가 백성들에게 전해주었던 똑같은 율법을 정확하게 베꼈다. 여호수아는 그때 다른 환경에서 살고 있었던 사람들과 다른 필요를 절실히 느꼈던 사람들에게 율법을 더 잘 받아들이도록 하기 위해서 율법을 고치지 않았다. 모든 사람들 앞에서 율법을 정확하게 베낌으로써 그는 그가 율법을 크게 중시한다는 것을 그들에게 보여 주었다. 여호수아가 왜 이 율법을 중시했는가? 그는 율법이 하나님께로부터 왔다는 것을 알았기 때문이었다. 그리스도인들은 오늘날 이와 같이 단지 말씀이 하나님께로부터 나왔기 때문에 하나님의 말씀을 중시해야만 한다.

하나님의 말씀을 돌에 기록함으로써 여호수아는 또한 하나님의 원칙을 보존하는 것에 대한 중요성을 생생하게 나타냈다. 바로 그 땅의 중심지에 제단이 위치한 것은 누구든지 하나님의 명령과 약속된 축복에 똑같이 참여했다는 것을 상기시키는 것이었다. 마찬가지로 우리가 오늘날 예배를 드리기 위해서 모일 때, 하나님의 말씀이 중요하다는 것이 사람들의 생각에 의문의 여지가 없어야 한다. 하나님의 말씀을 중시하는 것은 우리가 진정한 예배를 위해서 필요한 것이다. 모임의 흥분이 끝나고, "산꼭대기의 경험"이 끝났을 때, 우리에게 무엇이 남았는가? 감정은 변하여 시간과 함께 사라지지만, 그러나 하나님의 말씀의 법칙은 영원히 지속된다.

백성들이 하나님의 율법을 들었다

백성들이 여호수아가 하나님의 말씀을 베끼는 것을 본 후에, 무언가 아주 중요한 일이 일어났다. 성경은 "온 이스라엘과 그 장로들과 관리들과 재판장들과 본토인뿐만 아니라 이방인들까지 여호와의 언약궤를 멘 레위 사람 제사장들 앞에서 궤의 좌우에 섰다"(수 8:33)라고 기록한다.

여기에서 우리는 함께 모인 백성들과 회중의 바로 중앙에 하나님의 임재를 상징하는 언약궤가 있는 모습을 본다. 그 언약궤 안에는 하나님의 능력을 생각나게 하는 것들이 있었다. 이것들은 아론의 능력의 지팡이와 하나님께서 그분의 율법을 기록하셨던 원래(두 번째)의 돌판 한 쌍과 함께 광야에서 사람들을 먹였던 만나의 표본이 있었다. 언약궤 위에 또한 하나님께서 죄에 대한 피의 속죄를 받아들이셨던 속죄소(문자적으로는 '덮어주는 처소'란 뜻으로 하나님께서 임재하셔서 이스라엘 백성과 만나주시고, 그들에게 말씀하시며, 또 그들의 허물과 죄악을 용서해 주시는 곳-역주)가 있었다. 특별한 때에, 하나님의 쉐키나의 영광이 그 언약궤 위에 나타나곤 했다. 이런 모든 실체들은 하나님의 임재를 그 언약궤에서 볼 수 있다는 것을 백성들에게 상기시켰다.

본문은 또한 이 바다처럼 많은 사람들 안에 확실한 질서가 있었다는 것을 암시한다. 그 바다처럼 많은 사람들의 중심에 하나님의 언약궤가 있었다. 언약궤 가장 가까이에는 궤를 돌보는 레위인들이 있었고 그들 뒤에는 장로들, 관리들, 그리고 재판관들이 있었다. 모든 백성들이 지도자들의 본을 따라서 하나님의 임재의 언약궤 주위에 동심원으로 모였던 것 같다. 요점은 그들이 "하나님" 주위에 모였다는 것이다. 하나님께서는 그들의 예배의 중심이셨다. 우리 역시, 우리의 예배에 있어서, 우리가 하나님께로 모이고 있다는 것을 예증해야만 한다. 예배는 결코 어떤 사람, 어떤 조직, 사람이 만든 전통을 따르거나 또는 기분전환을 하는 모임이 되어서는 안 된다.

한편 백성들은 언약궤 주위에 모였는데, 두 산(그리심산과 에발산-역주) 사이에 수백 미터 흩어져 있었다. 그것은 지도자들이 "이스라엘 백성들에게 축복"(수 8:33)을 하기 위해서 그들을 분산시켰던 것처럼 보인다. 그 다음 구절은 "그 뒤 여호수아가 율법 책에 기록된 모든 것 대로 율법의 모든 말씀, 곧 축복과 저주의 말씀을 낭독하였으니 모세가 명령한 것 중에서 여호수아가 이스라엘 온 회중과 여자들과 아이들과 그들 중에 거하는 타국인들 앞에서 낭독하지 아니한 말이 하나도 없었더라"(수 8:34-35, KJV)라고 기록한다. 아마도 지도자들은 또한 율법을 낭독하는 데 관여했을 것이다. 이는 수백만 명이 한 사람이 말하는 것을 듣는다는 것은 불가능했을 것이기 때문이다. 예를 들면 이런 절차가 느헤미야 시대에도 사용되었다(느 8:1-8; 또한 13장, 참조).

그러나 요점은 "모든" 율법, 곧 율법의 축복과 저주가 백성들에게 낭독되었다는 것이다. 축복은 하나님의 약속과 용기를 상기시키는 조언을 포함하고 있는 율법의 긍정적인 부분이다. 하나님께서는 백성들을 사랑하시고 돌보신다는 약속을 하셨다. 우리는 오늘날도 여전이 그러한 약속을 올바로 이해하는 것이 필요하다. 한편 저주는 또한 하나님께서 죄를 심판하시겠다고 약속하신 것을 상기시키는 중대한 조언 외에 정신을 차리게 한다. 우리는 경고에 감사할 수는 없지만, 우리에게 약속이 필요한 만큼 경고도 필요하다. 모든 사람들이 한 마디도 빼놓지 않고 하나님의 율법을 들었다! 지도자들은 모든 율법을 주의 깊게 선포했다. 우리 시대도 역시 하나님의 모든 조언을 선포하는 것이 우리의 예배의 중심이 되어야만 한다.

하나님께서는 그분의 말씀이 그분의 백성들을 다음 말씀과 같이 되도록 만들기에 충분하다는 약속을 하신다. "모든 성경은 하나님의 영감으로 된 것으로 교리와 책망과 바르게 함과 의로 교육하기에 유익하니 이는 하나님의 사람으로 완전하게 하며 모든 선한 일을 행할 능력을 철저하게 갖추게 하려 함이라"(딤후 3:16-17, KJV). 더욱이 하나님께서는 설교자들에게 말씀을 일관되게 선포하라고 명령하신다.

"너는 말씀을 전파하라 때를 얻든지 못 얻든지 항상 힘쓰라 범사에 오래 참음과 가르침으로 경책하며 경계하며 권하라 때가 이르리니 사람이 바른 교훈을 받지 아니하며 귀가 가려워서 자기의 사욕을 따를 스승을 많이 두고 또 그 귀를 진리에서 돌이켜 허탄한 이야기를 따르리라"(딤후 4:2-4).

오늘날 뉴스에서 우리는 "초대형 교회들(Mega-Church(메가-처치) : TV 등을 통해 예배 실황을 중계하는 교회-역주)에 대해서 많이 듣는다. 큰 교회가 있는 것은 반드시 나쁜 것만은 아니다. 잘못은 교회들이 하나님의 말씀만 신뢰하고 선포하는 것보다 오히려 많은 회중을 모으려고 할 때, 일어난다.

뿐만 아니라 예배 중에 하나님의 말씀의 중요성을 증거를 들어가며 보여줌으로서, 에발산에서의 이스라엘 백성들의 예배는 또 하나의 대목에 주의를 끌게 한다. 성경은 참석한 사람들은 "그들 가운데서 태어난 자들 뿐 아니라 이방인들"(수 8:33, KJV)도 있었다고 기록한다. 대체로 성경은 하나님의 백성들의 예배 모임에 이방인들이 참석했다는 언급은 하지 않는다. 때로는 하나님의 백성들이 이방인들과 함께하는 것은 범죄행위였다. 일반적으로 이방인들은 하나님께서 예배를 받으시는 모임을 피했다. 그러나 이 경우에 여호수아와 지도자들은 하나님의 율법에 밀접한 관계가 없는 몇몇의 참석자들과 예배를 드리고 있었다. 그러나 여호수아와 다른 사람들은 그들의 예배를 "개조(改造)"하지 않았고, 변함없이 하나님의 말씀 선포가 중심이 되었다.

같은 원칙이 신약에도 적용된다. 불신자들이 하나님의 백성들의 모임에 나타난 것은 신약성경에 유일하게 단 한 곳의 암시가 있다. 방언의 남용에 대한 경고에서 사도 바울은 이렇게 기록한다.

"그러므로 온 교회가 함께 모여 다 방언으로 말하면 알지 못하는 자들이나 믿지 아니하는 자들이 들어와서 너희를 미쳤다 하지 아니하겠느냐 그러나 다 예언을 하면 믿지 아니하는 자들이나 알지 못하는 자들이 들어와서 모든 사람에게 책망을 들으며 모든 사람에게 판단을 받고 그 마음의 숨은 일들이 드러나게 되므로 엎드리어 하나님께 경배하며 하나님이 참으로 너희 가운데 계신다 전파하리라"(고전 14:23-25).

　　이 구절에서, 바울은 만일 믿지 않는 사람이 하나님의 백성들의 모임에 들어와서 회중들이 방언으로 말하는 것을 듣는다면, 그 사람은 그리스도인들은 바보라는 결론을 내릴 것이라고 기록하고 있다. 그러므로 하나님의 백성들은 오히려 그들의 모임에서 "예언"을 해야만 했다. 예언은 장차 일어날 일을 말하는 것을 의미하지 않는다. "예언"이란 말은 여기에서 하나님의 말씀을 선포하는 것을 의미한다. 선포의 결과는 불신자가 깨닫고 죄를 뉘우치는 것이다. "깨닫다"라고 번역된 말은 마음의 변화, 곧 오늘날 회개라고 부르는 변화를 뜻한다. 어떤 불신자가 하나님의 백성들과 함께하는 이 유일한 신약성경의 언급에서, 그 불신자는 새 신자가 된다. 그 때만이 그는 그들과 함께 예배에 참석한다.

　　특별한 예배 방법을 통해서 불신자들을 끌어들인 성경적인 실례가 없기 때문에 우리는 불신자들을 끌어들이기 위해서 각색하는 예배 행위는 현명하지 못하다는 결론을 내려야만 한다. 실은 19세기 중반까지, 이방인들을 하나님의 백성들의 모임으로 유인하는 예배의 행위는 미국에서는 대중화되지 않았다. 성경은 하나님께서 항상 그분의 백성들을 대상으로 예배를 드리게 하실 작정이셨다는 것을 보여준다. 초대교회의 그리스도인들은 계속 고정적으로 "사도의 가르침을 받아 서로 교제하고 떡을 떼며 기도할"(행 2:42)

목적으로 만났다. 그들의 모임은 새 신자들을 끌어 들이기 위해서 모인 것이 아니다. 그들은 진정한 예배를 행했고, 하나님의 말씀이 그들의 예배 중심이 되었다. 그들은 하나님께서 그분 자신과 인간에 대해서 말씀하시는 것을 배웠다. 하나님의 백성들이 새로운 열의로 세상으로 나가서 불신자들에게 그리스도 안에서 구원의 기쁜 소식을 전하도록 구비되고 격려를 받은 것은 말씀 덕택이었다.

1. 이스라엘 백성들과 이방인들은 모두 번제와 화목제물을 드렸다. 이스라엘의 백성들의 예배의 주요한 차이는 무엇인가?

2. 왜 에발산이 예배의 장소로 중요했는가? 왜 꾸밈이 없는 제단이어야 했는가? 사람들은 이 모든 것에서 어떤 교훈을 배울 수 있었는가?

3. 왜 여호수아가 에발산에서 제단의 돌 위에 율법의 말씀을 기록했는가? 그의 이런 행동은 어떤 교훈을 예증하는가?

4. 언약궤는 에발산에서 백성들의 예배에 어떤 의미의 역할을 했는가? 당신을 위한 교훈은 무엇인가?

5. 성경은 하나님의 백성들의 모임에 불신자들을 좀처럼 언급하지 않는다. 당신은 이 사실에서 어떤 결론을 내릴 수 있는가?

8. 진정한 예배는 섬김을 북돋운다

‖기드온. 사사기 7:15

"기드온이 그 꿈과 해몽하는 말을 듣고 경배하며 이스라엘 진영으로 돌아와 이르되 일어나라 여호와께서 미디안과 그 모든 진영을 너희 손에 넘겨 주셨느니라 하였다"(삿 7:15).

내가 내 아들의 축구팀을 지도했을 때, 나는 그 소년들에게 공을 드리블하고 패스하고 슈팅하는 법을 가르쳤다. 나는 그들에게 게임의 규칙과 운동장에서 서로 다른 위치와 각각의 위치에서의 책임에 대해서도 설명했다. 우리는 공격과 방어를 하는 법을 복습했다. 한마디로 말하면, 코치로서 나는 선수들에게 시합 날 휘슬이 울릴 때, 그들이 나가서 성과를 올리도록 하기 위해서 최대한의 수단을 주려고 힘썼다.

나의 모든 선수들이 실제로 그런 식의 훈련이 필요했는가? 물론 아니었다. 물론 인간적인 요인이 팀의 성과에 활력을 주는 역할을 한다. 얼마든지 재능이 적은 팀이 이긴다. 이는 선수들이 팀플레이에 더 헌신하거나 또는 이기려는 욕구가 더 크기 때문이다. 코치로서, 나는 우리 팀의 소년들에게 그들이 최선을 다하도록 동기를 부여하고 자신을 갖게 하려고 힘썼다. 그러나 나는 항상 그들에게 이렇게 말했다. "나는 너희들에게 시합을 하는 방법을 보여줄 수는 있지만, 너희들을 위해서 시합을 할 수는 없다." 만일 그들이 열심히 시합하는 단 하나의 이유가 내가 그들에게 그렇게 하라고 말했기 때문이라면, "도대체 왜 그들이 팀에 속하기를 원했겠는가?" 어떤 면에서, 열의는 마음 중심에서 나와야만 한다.

같은 원칙이 삶의 여러 분야에 적용된다. 예를 들면 내 아들들이 음악 레슨을 받기 시작했을 때, 아내와 나는 아이들에게 연습을 시켜야만 했다. 그러나 아이디어가 번뜩 마음속에 떠올랐을 때 우리 아들들이 그들 자신에게 "내가 이것을 하기를 원한다!" 라고 말했을 때, 결과적으로 엄청난 비약적인 발전에 도달했다. 그 후 그들이 내면적으로 음악을 연주하려는 동기를 부여받았을 때, 대단한 향상이 일어났다.

예배 문제에 있어서 이런 실례가 적용되는 것은 명백하다. 교회 성도들은 어쩌면 하나님의 위대하심과 그들이 무엇이 필요한가에 대해서 들을 것이다. 매 주일 그들은 성경에서 올바른 지도를 받고 목회자에게 특별한 관심을 갖는 이야기를 들을지도 모른다. 그러나 어떤 면에서, 각 팀의 구성원은 나가서 하나님을 섬길 결심을 해야만 한다.

우리 교회에서 나는 목사와 교사로서의 나의 소명이 우리의 성도들을 나가서 "봉사의 일"(엡 4:12)을 하도록 하기 위해서 "바로잡고" "준비시키는 일" 이라고 믿는다. 교회로서 우리의 목표는 누구든지 일종의 봉사에 열중하는 것이다. 그 목표가 실현되었는가? 사람들의 어떤 단체에서-교회든 또는 로터리 클럽(1905년 시카고에서 설립된 사회봉사와 국제친선을 목적으로 하는 단체-역주)이든-인간 본성과 그들이 처한 개인적인 환경이, 몇몇 부원들은 다른 사람들보다 부득이 더 열중한다. 그러나 오늘날 우리의 교회들 사이에서 서로 "무엇인가"가 "일어나지" 않는다면, 교회가 죽었거나 또는 죽어가고 있는 것이 틀림이 없다는 대체적인 느낌이 있는 것 같다. 따라서 어쩌면 목사, 예배의 리더, 그리고 예배 봉사 계획에 깊이 관련된 사람들은 무엇인가를 일어나게 "해야 한다"는 중압감을 느낄지도 모른다. 그들은 사람들에게 동기를 부여하려는 기대로 자신들의 창조적인 재능을 사용하여 반응을 이끌어 내려고 애를 쓴다.

그러나 우리가 너무 예배의 행위를 의식하여 하나님께서 그분의 백성들을 진정한 예배로 인도하실 때 그분이 규정하신 필수적인 단계보다 앞서서 나갈 수 있다. 어떤 의미에서, 진정한 예배는 "행위"가 아니라, 좀 더 정확히 말하면 앞에서 말한 지식 또는 경험에 대한 자연스러운 "반응"이다. 바꾸어 말하면, 하나님의 백성들은 하나님께 예배를 드리는 진정한 방법을 알아내기 위해서 애를 쓰면서 여기저기로 뛰어 다닐 수 있는 데 반해서, 하나님께서는 그들의 주일 예배가 그분과 그들의 관계를 자연스럽게 표현할 수 있도록 하기 위해서 그들이 그 주 동안 내내 그분을 공손히 따르기를 바라신다.

이 장은 "진정한 예배는 섬김을 북 돋운다"라는 주제를 달았다. 그러나 더 정확한 주제는 "충실한 순종은 진정한 예배에 우선하며, 그것은 다음에는 충실한 섬김에 이르게 한다"가 될 것이다. 물론 이 주제는 대체로 너무 길어서 이 페이지에 어울리지 않는다! 그러나 성경에 생생한 원리가 있는

데, 구약 성경의 기드온 이야기에서 우리에게 놀랍게 예증된 하나의 진리를 나타낸다.

이야기의 주요한 사건을 쉽게 요약한다. 하나님께서는 기드온이 하나님의 백성들을 인도할 자신의 능력에 대한 확신이 없었지만, 그에게 무거운 짐을 지우셨다. 기드온은 믿음이 약했기 때문에, 그는 양털을 젖게 하시든지 또는 마르게 하심으로 그분의 뜻을 확증해 주시도록 하나님께 간청했다. 하나님께서는 오직 소수의 사람들로 적의 다수의 군대와 싸우도록 의무를 지우시고 명령하셨다. 기드온이 불안해 할 때, 하나님께서는 그에게 한 밤중에 적의 진영으로 가라고 말씀하셨다. 기드온은 이 겉보기에 이상한 명령을 순종해서, 그렇게 함으로써, 하나님의 능력에 대한 중요한 교훈을 배웠다. 그의 자연스러운 반응은 엎드려서 예배하고 일어나서 확신을 가지고 섬겼던 것이다.

순종은 믿음을 확립한다

기드온은 자신이 무엇을 해야 하는지를 알았다. 하나님께서는 그에게 분명한 명령을 주셨다. "일어나 [적의] 진영으로 내려가라 내가 그것을 네 손에 넘겨주었느니라"(삿 7:9). 만일 기드온이 혼자서 적을 정탐하는 것이 두렵다면, 하나님께서는 그에게 그의 종을 데리고 갈 수 있다고 말씀하셨다. 바로 그날 밤 하나님께서는 기드온에게 이렇게 명령하셨다. "그 진영으로 내려가라...그들이 하는 말을 들을 것이다. 그러면 그 후에 뒤이은 싸움을 위해서 네 손이 강해질 것이다"(삿 7:10-11).

이와 같이 하나님의 명령은 명백했다. 그러나 기드온은 아주 어려운 시기를 겪고 있었다. 사사기 6장에 기록된 것처럼, 새롭게 일어난 많은 일들이 그의 삶에 별안간 중대한 변화를 가져왔다. 이는 이스라엘이 죄 가운데 빠져있었기 때문에, 하나님께서는 이스라엘 민족을 7년간 적에게 점령을 당하게 하여 고통을 받게 하셨다. 이스라엘의 모든 살림살이는 파괴되었고, 이스라엘 백성들은 절망 가운데 빠졌다. 그들은 울부짖었고, 하나님께서는 그분의 약속을 확증하기 위해서 한 선지자를 보내셨다. 모든 백성들처럼 기드온 역시, 그가 살고 있는 시대에 대해서 염려하고 있었음에 틀림이 없다. 그러나 그 때 하나님과 기드온의 관계는 아주 사적이었다. 기드온은 자신의 일에 신경을 쓰고 있었고, 그의 아버지를 위해서 농장의 허드렛일을 하고 있었다. 그 때 "주님의 천사가 그에게 나타나, '강한 용사여 주께서 너와 함께 하시도다' ... '너는 가서 너의 이 힘으로 미디안 족속의 손에서 이스라엘을 구원할지니라 내가 너를 보내지 아니하였느냐?'"(삿 6:12-14, KJV)라고 말씀했다.

그러나 기드온은 오로지 믿음만으로 나아가는 것을 망설였다. 그는 하나님을 신뢰하기를 원했지만, 고심했다. 그래서 그는 하나님의 천사에게 이렇게 대답했다. "오 나의 주여 여호와께서 우리와 함께 계시면, 어찌하여 이 모든 일이 우리에게 일어났나이까?...이 모든 이적이 어디 있나이까?"(삿 6:13). 하나님께서 직접 기드온에게 자신감을 되찾게 해 주셨지만, 그는 여전히 이의를 제기했다. "오 주여 내가 무엇으로 이스라엘을 구원하리이까 보소서 나의 집은 므낫세 중에서 극히 약하고 나는 내 아버지 집에서 가장 작은 자니이다"(삿 6:15). 재차 하나님께서 확신을 주셨지만, 기드온은 끈질기게 질문을 되풀이했다, "만일 내가 주께 은혜를 얻었사오면, 나와 말씀하시는 이가 주되시는 표징을 내게 보이소서"(삿 6:17).

하나님께서는 관대하게 기드온에게 ["너는 안심하라; 두려워하지 말라, 죽지 아니 하리라"]는 약속과 ["네 아버지에게 있는 바알의 제단을 헐며, 그 곁의 아세라 상을 찍으라"]는 명령에 뒤 따르는 표징을 주셨다. 하나님께서는 또한 기드온에게 그분께 제단을 쌓고 그가 찍은 아세라 나무를 사용해서 번제를 드리라고 명령하셨다. 마침내 기드온은 하나님의 요청을 받아들여서 자신을 도와서 그 성읍에서 바알 숭배를 없애기 위해서 열 사람을 모았다. 그러나 그가 바알의 제단을 파괴하라는 하나님의 명령을 순종할 때도, 기드온은 그의 아버지의 가문과 그 성읍 사람들이 두려워서 이 일을 감히 낮에 행하지 못하고 밤중에 행했다. 그 뒤 기드온은 그의 행동 때문에, 그 성읍 사람들에게 죽음의 위협을 받았다. 그러나 그의 아버지가 그를 옹호했다. 중요한 것은 "여호와의 영이 기드온에게 임했다." 그의 성읍 사람들과 부족의 사람들이 그를 지원하기 위해서 모였고 기드온은 다른 부족의 사람들을 불러 모으기 위해서 사자들을 보냈다.

기드온은 옳은 방향으로 움직이고 있었다. 그는 하나님의 명령에 순종했고, 그 후 하나님께 예배를 드렸고, 군대를 모으기 시작하는 용기를 얻었다. 그럼에도 불구하고 여전히 완전한 믿음이 없었기 때문에, 그는 하나님께서 그분의 명령임을 뒷받침하는 또 다른 표징을 주시도록 하기 위해서 "양털을 타작마당에 두었다."(삿 6:37). 하나님께서는 표징을 주셨고, 사사기 7장에 기록되는 사건의 시작에서, 기드온은 이만 이 천명의 병사들을 모았다. 그러나 그 시점의 이야기에서 하나님께서는 이스라엘의 군대에 대하여 믿기 어려운 일을 행하셨다. 하나님께서 기드온에게 이렇게 말씀하셨다.

"너를 따르는 백성이 너무 많은 즉 내가 그들의 손에 미디안 사람을 넘겨주지 아니하리니 이는 이스라엘이 나를 거슬러 스스로 자랑하기를 내 손이 나를 구원할까 함이니라"(삿 7:2).

하나님께서는 기드온에게 겁쟁이들은 집으로 돌려보내라고 명령하셨다. 군대의 반 이상이 떠났다. 오직 만 명만이 남았다. 그러나 믿기지 않을 정도로, 하나님께서는 "사람이 아직도 너무 많다"고 선언하셨다. 따라서 기드온은 이스라엘의 군대를 단지 삼천 명으로 줄이기 시작했다. 그 후에 기드온은 아무리 보아도 대군(大軍)이 없었고, 적은 병사들의 무리만 있을 뿐이었다. 이제부터 앞으로 상황은 융통성 없이 하나님께서 그분의 백성들이 그분을 전적으로 의지하기를 원하시는 입장이 되었다. 그렇지마는, 모든 과정이 기드온에게 육신적으로 그리고 감정적으로 녹초를 만들었음에 틀림이 없다. 이것은 하나님께서 그에게 혼자 내려가서 적의 진영을 정탐하라고 명령하신 바로 그때 그의 마음의 상태였다.

믿음은 격려를 확립한다

때때로 하나님께서는 그분의 말씀을 더욱 주의해서 듣게 하도록 하시기 위해서 그분의 종들을 밑바닥에 이르도록 내버려 두신다.

하나님께서는 그분의 종들이 의지하는 모든 것 또는 모든 사람을 치우셔서 그들이 도움을 위해서 하나님만 바라볼 수밖에 없게 하실 때가 있으시다. 그것은 하나님께서는 사랑으로 행하시는 것으로 우리가 참으로 얼마나 빈곤한 사람들인가를 깨닫게 하시는 놀라운 경우이다. 하나님께서는 우리에게 그분 그리고 그분만 신뢰하도록 도우시는 신뢰할 만한 분이시다.

하나님의 명령은 기브온에 대한 그분의 동정심을 주셨다. 하나님께서는 비록 기드온에게 적의 진영으로 내려가라고 명령하셨지만, 기드온이 두려워할 수도 있다는 사실을 인정하셨다. "만일 네가 내려가기를 두려워하거든 네 부하 부라와 함께 그 진영으로 내려가라"(삿 7:10). 실제로, 한 종이 다수의 적과 거의 맞 설수가 없었다! 그러나 한 동반자가 있는 것이 기드온에게 위안이 되었다. 기드온에 대한 하나님의 친절하심이 그분이 우리의 연약함을 아신다는 것을 상기시킨다. "이는 그가 우리의 체질을 아시며 우리가 단지 먼지뿐임을 기억하심이로다"(시 103:14).

더욱이 하나님께서는 기드온에게 사명자들을 찾아내는 것이 유익할 것이라는 확신을 시키심으로 그를 격려하셨다. "그들이 하는 말을 들으라. 그 후에 내 손이 강하여져서 그 진영으로 내려가리라"(삿 7:11). 이 말씀은 중요하다. 이는 하나님께서는 기드온에게 그분의 뜻을 미리 보여 달라는 요구를 받지 않으셨기 때문이다. 그러나 하나님께서는 참으로 친절하시기 때문에, 흔히 우리의 통로 앞에 놓여 있는 것에 대한 예감을 주신다. 실로, 계시록을 읽을 때, 우리는 이야기의 마지막 장으로 건너 뛰어 읽으면 반드시 누가 이기는 자인가를 볼 수 있다.

아무튼 기드온은 순종했다. 그의 순종은 "미디안과 아말렉과 동방의 모든 사람들이 골짜기에 누웠는데 메뚜기의 많은 수와 같고 그들의 낙타의 수가 많아 해변의 모래가 많음 같았음"으로(삿 7:12) 하찮은 문제가 아니었다. 남은 사람들로는 싸울 수 없을 것 같았지만, 기드온은 하나님을 신뢰했다. 그는 놀랍게도, 적의 진영에서 그의 적들이 "그"를 두려워한다는 것을 알았다! 한 병사가 그의 편에 하나님께서 함께 계셨던 사람, "기드온의 칼"에 의해서 미디안의 파멸을 상징적으로 묘사하는 꿈까지 꾸었다. 기드온은 두 병사들이 꿈에 대해서 서로 이야기 하는 것을 우연히 들었다.

기드온이 그 꿈과 해몽하는 말을 듣고 경배하며 이스라엘 진영으로 돌아와 이렇게 말했다 "일어나라 여호와께서 미디안과 그 모든 진영을 너희 손에 넘겨 주셨느니라"(삿 7:15)

기드온처럼, 우리는 우리가 하나님께 순종할 만큼 하나님을 신뢰할 때까지 하나님의 격려하심을 경험하지 못할 것이다. 흔히 우리는 하나님의 놀라운 약속에 대해서 잘 알고 있지만, 경험을 통해서 그러한 약속을 신뢰하는 법을 알지 못한다. 그렇지만 우리가 하나님의 약속의 진위를 판단해 볼 때, 하나님의 약속은 확실하다는 것을 알고 우리가 하나님을 신뢰할 수 있다는 것을 알게 될 때, 그 때야 비로소 우리는 진정한 예배의 참된 기쁨을 알게 될 것이다.

기드온은 의심할 여지없이 그 기쁨을 알았다! 그는 하나님의 적들 사이에서 자신을 두려워한다는 소리를 들었을 때, 그는 하나님 앞에 겸손하게 머리를 숙였다. 그가 "예배를 드렸다"는 기록으로, 본문은 종 또는 노예가 주인 앞에서 자신을 낮추는 것을 나타내는 히브리어를 사용한다. 흔히 이 말은 구약에서 볼 수 있는데, 이스라엘 백성들의 예배에 대한 개념을 나타낸다. 구약의 예배자는 자신의 지위가 주인 앞에서 예속과 의존관계라는 사실을 인정했다. 따라서 대부분의 예배에 대한 구약의 서술은 예배자가 겸손하게 하나님을 인정함으로 머리를 숙이고 엎드렸다는 것을 보여준다. 그런 인식은 흔히 기드온이 경험했던 것처럼, 경험을 통해서 얻어진다. 진정한 예배는 하나님께서 그분의 종들에게 그분의 전능하신 능력을 보고 그들 자신의 빈약한 처지를 깨닫게 하실 때 그 결과에서 기인한다.

기드온의 입장에서 생각해보라. 그는 적의 병사들이 불안해 한다는 소식을 듣고 놀랐고, 하나님께서 도중에 그들의 대화를 우연히 듣게 하도록 하기 위해서 정확히 적절한 시간에 적절한 곳으로 향하게 하신 것에 대해서 놀랐음에 틀림이 없다! 그 뒤 곧 그는 하나님께서 그의 노력을 차치하고 빈약한 군대만으로 싸움을 승리하게 하실 것이라는 사실을 겸손하게 깨달았다. 기드온은 하나님께 대단히 중요한 교훈을 배웠기 때문에 참으로 하나님께 예배할 수 있었다. 그러나 그런 교훈을 배우기 위해서, 그는 먼저 하나님께 순종하고 그분을 신뢰해야만 했다.

같은 방법으로, 당신과 내가 순종으로 살고 행동할 때, 하나님을 더욱 더 신뢰하는 법을 알게 된다. 그러한 신뢰가 커질 때, 하나님께서는 우리에게 그분의 크신 능력을 보여 주신다. 그 능력을 어렴풋이 감지함으로, 우리는 하나님 앞에 엎드려 무릎을 꿇고 예배를 드린다. 오늘날 우리가 드리고 있는 예배의 방법이 그와 같은 본을 표하고 있는가?

격려는 섬김을 확립한다

기드온은 하나님께 예배 한 후, 그 후에 "이스라엘 진영으로 돌아와 '일어나라 여호와께서 미디안과 그의 모든 진영을 너희 손에 넘겨 주셨느니라"고 말했다(삿 7:15). 이 사람이 한 때 믿음으로 나가서 하나님을 섬기기를 두려워했던 사람과 동일한 사람이라고 할 수 있을까? 이제 그는 그의 하찮은 사람들의 무리 가운데서 확신을 가지고 발을 벌리고 서서 매우 오만한 적에게 대항하여 일어나기 위해서 그들을 연합시켜서 그들의 성공이 보장되었다는 것을 선포하고 있었다. 기드온은 독특한 사람이다! 그는 전혀 의심할 바 없이 이제 확신을 가지고 다른 사람들을 인도한다. 그의 실례는 우리에게 진정한 예배가 하나님께 대한 겸손한 신뢰에 뿌리를 박고 있을 때, 우리가 나가서 그분을 섬기도록 격려한다는 것을 가르쳐 준다.

그 보다 훨씬 더, 진정한 예배는 우리에게 다른 사람들을 격려해서, 또한 하나님을 섬기게 하도록 격려한다. 기드온의 확신은 그 자신의 순종에 근원이 있다. 기드온은 다른 종들에게 순종으로 하나님을 따르도록 촉구하기 전에, 먼저 하나님께 순종했다. 기드온은 순종의 도전장을 던졌을 때, 경험으로 말했다. 그는 순종을 통해서 축복이 온다는 것을 알았다. 그는 하나님께 순종하고, 하나님께 격려를 받았고, 그리고 진정한 예배로 하나님께 예배를 드렸기 때문에, 그는 이번에는 다른 사람들을 하나님께 순종할 마음이 나게 할 수가 있었다. 우리 자신의 순종과 예배가 그와 같이 참되고 격려가 될 수 있기를 기원한다!

1. 예배는 "행위"가 아니라 "반응"이라고 말하는 것은 무슨 의미인가? 두 개념은 어떤 차이점이 있는가?

2. 사사기 6장에서, 기드온은 인생을 바꾸는 일련의 사건들을 겪었다. 이 사건들을 통해서 그가 배운 것에 대해서 설명하라.

3. 하나님께서는 왜 기드온의 군대를 이만 이천 명에서 단지 삼천 명으로 줄이게 하셨는가?

4. 하나님께서는 기드온이 사명을 거절하기 전에 그에게 용기를 주셨다. 무엇이 기드온에게 이런 격려를 받는 입장으로 바꾸었는가?

5. 역사하시는 하나님을 보자마자, 기드온은 예배를 드렸다. 그의 예배는 어떤 특징을 나타내는가? 그는 그 후에 어떤 반응을 나타냈는가?

9. 진정한 예배는 헌신을 요한다

‖ 한나. 사무엘상 1:19-28

"한나가 이르되 내 주여 당신의 사심으로 맹세하나이다 나는 여기서 내 주 당신 곁에 서서 여호와께 기도하던 여자라 이 아이를 위하여 내가 기도하였더니 내가 구하여 기도한 바를 여호와께서 내게 허락하신지라 그러므로 나도 그를 여호와께 드리되 그의 평생을 여호와께 드리나이다 하고 그가 거기서 여호와께 경배하니라"(삼상 1:26-28).

나는 소년 시절, 북부 펜실베이니아에서 성장했는데, 나의 부모님은 일주일에 한번 몇 가지 용무를 보기 위해서 차를 몰고 도회지로 들어가곤 하셨다. 외출은 그 때는 일상적인 생활의 일부분인 것 같은 생각이 들었다. 대부분의 가족들은 단지 차가 한 대 뿐이어서, 엄마들은 식료품 잡화류 목록을 적어서, 한 주 동안의 식료품을 샀다. 다른 용무는 또한 그 때까지, 적어도 도회지로 외출을 할 만큼 시간과 노력을 들일 가치가 있을 때까지 기다려야만 했다.

그들 가운데 대부분은 그들 자신들의 가족들과 함께 집에서 보내기를 원하는 지역 상인들이 떠났기 때문에, 가게들은 밤과 주일날에는 문을 닫았다. 게다가, 누가 해가 진후에 쇼핑을 하러 가겠는가? 그 당시에 저녁 식사는 큰일이었다. 엄마는 오후 내내 요리를 하시느라 시간을 보내셨다. 가족들은 함께 앉아서 식사를 했다. 그 후에 설거지는 큰일이었다. 모든 것이 끝난 후, 우리는 쇼핑을 하러 가지 않고, 집에서 편안히 쉬면서 저녁을 보냈다.

나의 부모님은 도회지에 가셨을 때, 보통 구입하신 물품에 대해서 현금이나 수표로 지불하셨다. 엄마의 옷 또는 아빠의 몇 가지의 사냥 도구와 같은 주요한 구입품은 돈이 모일 때까지 늦춰졌다. 부모님이 신용이 없는 것은 아니었지만, 부모님은 장황한 신청서를 채워 넣어야 했고 고용 증거 서류를 제출해야만 했다.

물론 오늘날도 우리는 부모님들이 그토록 불편한 일을 어떻게 참아 내셨는가를 뒤돌아보며 놀란다! 가족들은 지금 두 대의 차가 있고, 때로는 아이들을 위해서 한두 대 더 있다. 상점은 모든 냉난방 장치가 되어 있는 쇼핑 상가에서 "대형할인" 연쇄점까지 밤새 열려있다. 전자레인지에 사용할 수 있는 음식과 즉석 음식점은 엄마(또는 아빠)는 이제는 더 이상 부엌일에 집착하지 않아도 된다는 것을 의미한다. 설거지까지도 자동 식기 세척기와 일회용 식기류가 있어서 편하고 쉬워졌다. 우리가 지금 바로 그것을 즐길 수 있는데 왜 집에서 가정용 오락 기구 센터(TV 비디오 오디오 컴퓨터 따위-역주)를 구입하기를 늦추는가? 신용대출을 얻기는 쉽다! 우리는 심지어 "사전 승인"을 받는다! 사실, 우리는 아마도 전혀 현금을 가지고 다니지 않아도 살아갈 수 있을 것이다. 체크 아웃 스캐너(상품에 붙어 있는 바코드를 판독하는 광학 기기-역주)는 일상 구입품까지도 신용 카드 사용을 그만큼 더 쉽게 만든다.

우리는 편리한 것을 좋아할 뿐만 아니라, 그것을 기대해 왔다. 우리는 슈퍼마켓의 느린 줄에 서 있을 때, 기분이 언짢다. 극히 드문 경우에 "아무 상점도 열려 있지 않거나" 또는 주문하는 중국 음식점이 신용카드를 받지 않을 때, 우리는 거의 어떻게 해야 할지 당황스럽다. 정지신호와 교통체증은 우리에게 점점 화가 치밀어 오르게 하여, 때로는 화를 벌컥 내게 한다. 우리는 새 컴퓨터를 산다. 이는 우리가 쓰던 옛 컴퓨터보다 10초 더 빨리 웹문서를 이동 복사할 수 있기 때문이다.

오늘날 우리의 문화에서, 편리함은 현실적으로 하나의 권리로 간주되어 왔다. 만일 누군가가 당신 또는 나에게 불편을 느끼게 한다면, 우리는 인간적으로 감정이 상한다. 그 사람이 어떻게 감히 우리에게 불편을 끼치는가! 오늘날 편안함을 강조하는 것이 교회에 강한 영향을 주었다는 것은 놀랄만한 일이 아니다. 전국에 걸쳐, 목회자들은 결코 이전에 없었던 "교회 쇼핑" 현상에 대처해야만 한다. 사람들은 교회가 편안하면 출석한다. 만일 예배가 그들의 마음에 들지 않으면, 다음 주에는 다른 교회에 출석한다.

그러나 그런 악습이 예배인가?

진정한 예배는 "끝까지 참고 견디는" 전적인 헌신과 자진하는 마음, 곧 오늘날의 문화적인 배경을 거스르는 것을 요한다. 예배는 불편할 수도 있다. 당신은 한 주에 두 번 또는 심지어 세 번까지 참석하라는 재촉을 받을 수도 있다. 당신은 당신의 급료에서 십일조를 드릴 수도 있다. 당신은 교회의 유아실에서 유아들을 돌보아 달라는 부탁을 받을 수도 있고, 또는 찬양대 연습을 해달라는 부탁을 받을 수도 있다. 당신은 야구 경기를 보지 못할 수도 있다. 아마도 어느 주일에는 설교가 마음에 들지 않을 수도 있고 또는 찬양대의 찬양이 마음에 들지 않을 수도 있다. 그러나 진정한 예배는 겸손한 마음, 곧 "주여 당신이 나에게 무엇을 원하시나이까"(행 9:6)라고 묻는 마음에서 우러나온다.

예배자가 서원을 한다

한나는 그녀의 예배에서 전적인 헌신을 증명하는 누군가의 구약의 실례를 제공한다. 사무엘상을 펼치는 순간, 한나는 큰 짐을 지고 있었다. 그녀는 아이를 낳을 수가 없었다. 이런 경험은 어떤 여인에게도 고통스러운 것이었다. 하지만 아브라함의 씨를 계속 이어갈 의무가 있다고 생각하는 유대의 여인들에게는 특히 힘들었다. 더군다나, 고대 시대에 아이가 없는 여인은 흔히 그녀의 노년기에 그녀를 돌볼 사람이 없는 채로 방치되었다. 한나는 문제를 악화시키는 개인적인 환경에 직면했다. 그녀의 남편 엘가나는 자식이 있는 다른 아내 브닌나가 있었다(삼상 1:2).

우리는 자신을 다른 사람과 비교하는 것에 대해서 한나를 비난해야 하는가? 아마도 우리는 한나가 체념하고 하나님께서 그녀를 위해서 계획하신 것을 받아들여야 했었다고 생각한다. (물론 본문은 하나님께서 그분 자신의 판단으로 '그녀에게 임신하지 못하게 하셨다'는 것을 뒷받침한다.) 아마도 한나는 왜 그녀가 브닌나와 다른 여인들과 같이 임신할 수 없었는가에 대해서 이상하게 여겼을 것이다. 또 한편으로는 브닌나는 한나가 이웃에서 또는 성막에서 우연히 만났던 어떤 사람이 아니었다. 그녀는 한나와 "같은 엘가나의 아내"였다. 그런 사이가 이상하게 들리는 것은 당연하다. 일부다처는 결코 하나님께서 계획하신 것이 아니었다. 성경은 다수의 아내들이 항상 다투었다는 것을 보여준다. 한나의 이야기는 우리가 하나님의 창조의 원래 목적에서 벗어날 때, 일어나는 문제를 예증한다.

브닌나는 한나에게 좋은 사람은 아니었다. 성경은 "그녀의 적수가 또한 그녀를 심히 격분하게 하여 괴롭게 하였다. 이는 주님께서 그녀의 태를 닫으셨기 때문이다. [그러므로] 그녀가 울고 먹지 아니했다"(삼상1:6-7, KJV)라고 기록한다. 그러나 엘가나는 "그녀를 사랑해서"(삼상 1:5), 한나에게 제물의 분깃을 갑절을 주며, 그녀가 아이를 갖지 못하는 것을 보충해주려고 애를 쓰면서, 그녀에게 이렇게 말했다. "한나여 어찌하여 울며 어찌하여 먹지 아니하며 어찌하여 그대의 마음이 슬프냐 내가 그대에게 열 아들보다 낫지 아니하냐?"(삼상 1:8). 당연히 그와 같은 자만한 "안심시키는 말"은 여인들이 어떻게 생각하고 있는지를 이해하지 못하는 남자에게서 예상될 수 있다. 엘가나가 하나님께 불순종해서 두 아내를 맞이했을 때 우선 한나의 문제의 원인이 되었던 사람은 엘가나였다. 그럼에 불구하고 우리는 엘가나와 한나를 동정한다. 우리 가운데 누가 우리 자신의 실수로 당연히 치러야할 어려운 환경을 감수 한 적이 있었는가? 한나의 이야기는 하나님께서는 그 분을 한층 더 의존하도록 우리를 끌어들이시기 위해서 그러한 환경을 사용하셔서 우리의 어려운 환경에서 어떻게 바람직한 결과에 이르게 하실 수 있는가를 예증한다. 결과적으로 하나님께 대한 우리의 보다 큰 헌신은 우리를 더 한층 진정한 예배를 드리게 한다.

한나가 그녀의 문제를 처리했던 방법은 그녀가 겸손과 헌신에 대해서 알게 되었다는 사실을 예증한다. 그녀의 "마음이 괴로웠다"(삼상 1:8, KJV) 는 것은, 오늘날 우리가 아는 바와 같이, 그녀의 마음이 상했다는 것이다. 한나는 단지 그녀의 환경에 대해서 성을 냈던 여인이 아니었다. "마음이 괴로웠다" 는 히브리어는 문자적으로 불확실한 일 또는 두려움으로 떨리는 마음을 언급한다. 성경이 한나가 "마음이 괴로움 가운데 있었다"(삼상 1:10)라고 말씀할 때, 그것은 그녀가 그녀의 무거운 짐 때문에 고통을 받았다는 것을 의미한다. 우리가 무거운 짐을 지고 있을 때, 우리의 영혼이 극히 연약해져서 도움을 위해서 거의 하나님을 찾을 준비가 된다는 것을 우리의 삶을 통해서 알 수 있다. 그럼에도 불구하고 그와 같은 때에 또한 하나님께 화를 내고 전혀 그분을 받아들이지 않을 수도 있다. 한나는 어떻게 했는가? 한나는 그녀의 상한 마음의 고통 속에서도 하나님께 서원을 했다.

"서원하여 이르되 만군의 여호와여 만일 주의 여종의 고통을 돌보시고 나를 기억하사 주의 여종을 잊지 아니하시고 주의 여종에게 아들을 주시면 내가 그의 평생에 그를 여호와께 드리고 삭도를 그의 머리에 대지 아니하겠나이다"(삼상 1:11).

한나는 이제껏 하나님을 섬기지 못했던 일에 기꺼이 헌신했다. 그 정도의 헌신을 하는 것이 쉬운 일로 보일 수도 있지만, 전체적인 상황을 곰곰이 생각해 보라. 그녀는 하나님께 간구했지만, 단지 통상적인 간구가 아니었다. 그녀의 간구는 아주 독특했다. 그녀는 아들을 구했다. 왜? 브닌나가 아들이 있었기 때문인가? 아니다. 한나는 일생동안 성막(옛 유대인의 이동식 임시 성전-역주) 봉사에 종사할 수 있는 아들을 하나님께 특별한 제물로 드리기를 원했기 때문에 아들을 구했다.

당신 자신을 한나와 같은 상황에 놓아 보라. 그녀가 하나님께서 아들을 주실 수 있다는 것을 전적으로 믿었기 때문에, 하나님께서 그녀의 간구를 "들어주신 들" 상관없지 않은가? 그녀는 그녀가 간구하고 그처럼 간절히 원했던 바로 그것을 미리 포기하는 것에 동의하고 있었다! 이기적인 사람은 기꺼이 그와 같은 서원을 하지 않는다. 한나와 같이 우리는 사리사욕이 없는 마음을 통해서만이 참으로 하나님을 공경하는 겸손을 드러낼 수 있다. 만일 우리의 예배와 간구가 겸손에 근원을 갖고 있지 않다면, 그들은 이기심에 근원을 갖고 있을 것이다.

우리는 또 다른 면에서 한나의 진심에서 우러나온 헌신을 이리저리 생각해 볼 수 있다. 교회에 별난 기도 부탁을 가지고 그의 목사님을 찾아온 성도가 있다고 가정해 보라. 그 사람은 이제 방금 백만 불의 내기 경마(건 돈을 승자가 독차지 하는 경기-역주)에 참가 신청을 했다. 그리고 나서 곧 그는 목회자에게 기도하는 것이 중요하다고 말씀드린다. 이는 그 사람이 만일 내기 경마에서 이기면 그가 교회에 십일조를 내겠다고 하나님께 약속했기 때문이다. 목회자는 그가 이전에 수입에 십일조를 바쳤는지를 그 사람에게 물었고, 그 사람은 바치지 않았다고 고백한다. "그렇다면, 목회자가 이렇게 대답한다. 당신이 지금 가지고 있는 것도 하나님께 드리지 않았는데, 내가 어떻게 당신이 이겨서 돈을 벌 수 있도록 기도할 수 있나요?"

사리사욕이 없는 간구로, 한나는 하나님께 그녀의 겸손한 순종을 보여드렸다. 이런 실증은 그녀의 그 이후의 행동으로 나타났다. "그녀가 이르되 당신의 여종이 당신께 은혜 입기를 원하나이다 하고 가서 먹고 얼굴에 다시는 근심 빛이 없더라"(삼상 1:18). 한나의 서원은 충동적이거나 한나를 감정에 빠뜨렸던 광적인 폭발도 아니었고, 발끈하여 그녀가 하나님께 약속했던 것을 의심하는 것도 아니었다. 한나는 하나님께 그녀의 헌신과 신뢰를 다했다. 이 점이 중요하다. 비록 그녀의 환경이 변하지 않았을지라도, 그녀는 하나님께서 온당하다고 생각하시는 대로 문제를 처리하시는 것에 만족했다. 다음 날 확신하는 마음으로 한나와 엘가나는 "아침에 일찍이 일어나 주님 앞에 경배했다"(삼상 1:19, KJV).

한나와 같이, 우리도 역시 그분의 발 앞에 모든 것을 내려놓고 그분이 원하시는 대로 처리하시도록 할 때, 하나님께 진정한 예배를 드릴 수 있다.

예배자가 그녀의 서원을 지킨다

한나와 엘가나는 그들이 가족이 반드시 드려야 하는 희생 제사를 드리기 위해서 해마다 갔던 실로에 있는 성막에서 예배를 드렸다. 성막은 유대인들에게 중요했는데, 성막은 하나님께서 그분의 백성들과 만나기 위해서 정하신 곳이었기 때문이다. 그러나 당신과 나는 우리가 원하는 어느 때나 어느 곳에서든지 하나님을 만나는 특권이 있다. 히브리서는 "우리가 긍휼하심을 받고 때를 따라 돕는 은혜를 얻기 위하여 은혜의 보좌 앞에 담대히 나아가라"(히 4:16)고 우리에게 권고한다. 하나님의 임재는 오늘날 더 이상 어떤 천막에 거하신다고 말씀하지 않는다. 이는 하나님께서는 지금 그분의 백성들 가운데 거하시기 때문이다! "만일 너희 속에 하나님의 영이 거하시면 너희가 육신에 있지 아니하고 영에 있나니 누구든지 그리스도의 영이 없으면 그리스도의 사람이 아니라"(롬 8:9). 우리가 언제라도 전능하신 하나님 앞에서 겸손한 예배로 머리를 숙일 수 있다는 것은 얼마나 놀라운 특권인가?

성경은 엘가나와 한나가 매년 자기 성읍에서 나와서 실로에 올라가서 집으로 돌아오기에 앞서 희생제물을 드리며 성막에서 하나님께 예배를 드렸다고 기록한다. 그들은 하나님 앞에 나아가서 그분이 그들에게 명령하신 방법대로, 겸손한 헌신으로 머리를 숙였다. 이 상황에서 하나님께서는 한나의 간구를 들어 주시고 몸소 그녀의 환경에 개입하셨다. 집으로 돌아오자마자, "엘가나가 그의 아내 한나와 동침하매 주께서 그를 기억하셨다"(삼상 1:19, KJV). 한나가 임신을 하고 "아들을 낳아 사무엘이라 이름을 짓고, 이는 내가 주께 그를 구하였기 때문이다"라고 말했다(삼상 1:20, KJV).

때로는 하나님께서는 우리가 구하는 것을 주신다. 또 어떤 때는 우리에게 더 좋은 것을 주신다. 예컨대 사도 바울은 육신의 병에서 해방되기를 열망했다. 그러나 하나님께서는 그가 약함을 통해서 만족한 은혜에 대해서 알기를 원하셨다. 따라서 바울은 만족한 은혜를 얻기에 더 나은 사람이 되었다(고후 12:7-10). 아무튼 하나님께서는 한나의 간구를 들어 주셨고, 그녀와 엘가나는 그들의 아이의 이름을 사무엘이라 지음으로 하나님께서 아들을 주셨다는 것을 인정했다.

뒤이은 그들의 예배를 통해서 한나와 엘가나는 누가 그들의 공급의 근원이었는가를 알고 있었던 것을 여전히 드러냈다. 우리 자신의 예배가 그들과 같은 이해를 표현하고 있는가? 만일 우리가 자만심이 강하다면, 우리는 편리할 때 예배를 드릴 것이며, 우리의 예배는 마음이 내키지 않은 예배가될 것이다. 그러나 우리가 하나님을 전적으로 의지한다면, 기회가 있을 때마다 그분께 예배드리기를 열망할 것이다. 한나와 엘가나는 적어도 네 가지면에서 그들이 하나님을 의지했다는 것을 보여 준다.

첫째, 그들은 "하나님의 말씀에 순종했다." 그들은 희생제사를 드리기위해서 매년 실로로 올라갔다(삼상 1:21). 이는 그들이 하나님의 말씀이 그것을 요구하신다는 것을 알고 있었기 때문이다(신 12:17-18). 오늘날 우리는 더 이상 유대인들의 율법의 계약 조건 아래서 살지 않는다. 그러나 하나님께서는 전과 마찬가지로 그분의 백성들에게서 제물을 원하신다. 우리의 제물이 하나님께 대한 헌신을 예증하고 있는가?

둘째, 그들은 한나가 했던 "서원을 기억했다."(삼상 1:21). 본문은 엘가나가 한나의 서원에 동의하고 응하여 제물을 드렸다는 것을 보여 준다. 당신과 나는 하나님을 섬기겠다고 한 서원을 기억하고 있는가? 우리는 전심으로 하나님을 사랑하고 섬기겠다고 한 헌신을 이행하고 있는가?

셋째, 엘가나와 한나는 "하나님의 말씀을 확언했다." 엘가나와 한나가 하나님을 어떻게 하면 가장 잘 공경할 수 있을까 서로 의논했을 때, 그들은 그들의 가장 높은 우선권은 "오직 주님께서 그분의 말씀대로 이루시기를 원하는 것"(삼상 1:23, KJV)이라는 것에 의견이 일치했다. 그들은 하나님의 말씀에 전적인 헌신을 원했다. 당신과 나는 이들과 같은 갈망을 공유하고 있는가? 그렇지 않으면, 우리는 하나님을 거역하고 우리 나름대로의 생각을 주장하고 있는가? 루이스(C. S. Lewis-20세기 대중적인 전도자이며 사상가이며 변증가-역주)는 이전에 이런 글을 썼다. "두 부류의 사람이 있다. 하나님께 '당신의 뜻이 이루어지게 하소서' 라고 말하는 사람과 하나님께서 '좋아, 그렇다면, 네 마음 대로 해라' 라고 말씀하시는 사람이 있다."

넷째, 그들은 "하나님께서 주신 것을 다시 되돌려 드렸다." 사무엘이 젖을 뗀 후에, 한나와 엘가나는 수소 세 마리와 밀가루 한 에바와 포도주 한 가죽부대를 가지고 실로 있는 주님의 집으로 나아갔다(삼상 1:24, KJV). 첫번째의 수소는 번제로, 두 번째의 밀가루 한 에바는 출산 후에 필요한 정결제(Purification offering : 학자에 따라 속죄제로 본다-역주)로, 세 번째는 포도주 한 가죽부대는 화목제물로 사용되었을 것이다. 밀가루 한 에바는 통상 수소 한 마리에 곁들이는 세 번의 일상적인 제물이었다(에바는 구약 시대의 고체를 측정하는 단위로 한 에바는 약 23리터 가량이다. 한 마리의 수소를 번제로 바칠 경우 밀 가루 한 에바의 십분의 삼이 필요했다(민 15:8-10)-역주). 그들의 제물의 양은 하나님께 대한 헌신의 표시였다!

하나님께 대한 우리 자신의 삶의 제물은 마찬가지로 우리의 헌신이 정당함을 입증한다. 우리는 헌신에 대해서 말할 수 있다. 그러나 우리가 우리 자신을 전적으로 드림으로 그것을 입증하고 있는가? 엘가나와 한나는, 그들의 결실에 대해서, 최고의 산 제물을 바침으로, 하나님께 자신들의 헌신을 예증했다. 이는 그들이 한나의 서원을 끝까지 다하여 그들의 자녀를 하나님을 섬기도록 드렸기 때문이다(삼상 1:26-28). 여기서 "드렸다"고 번역된 히브리어는 간구한 것을 양도한다는 것을 의미한다. 그들이 어떻게 하나님께 그들의 오직 하나 밖에 없는 아들을 드릴 수 있었을까? 우리도 똑 같이 할 수 있을까?

우리가 떠받드는 것에 집착하는 것은 우리의 소유물이 하나님께 대한 우리의 헌신의 부족을 드러내고, 헌신의 부족은 진정한 예배를 질식시킨다. 우리의 소유물은 우리가 소유하고 있는 유형 또는 무형의 소유가 될 수 있다. 우리는 하나님께 우리의 시간 또는 우리의 제물을 드리는 열정이 부족할 수도 있다. 이는 그와 같은 것들을 바치는 것이 귀찮기 때문이다. 그래서 우리는 계속 "교인인양 행동하면서도" 왜 우리의 예배가 기쁨과 효과가 없는가를 이상하게 여긴다. 희생은 때로는 귀찮을 수도 있다. 그러나 희생은 우리의 헌신을 입증한다. 진정한 헌신이 없이, 진정한 예배는 없다.

생각할 점

1. 당신은 한나의 마음이 그녀의 어려운 환경을 통해서 하나님께 화가 난 것이 아니라 부드러워졌다는 것을 어떻게 알 수 있는가?

2. 아들을 얻기 위한 한나의 간구가 하나님 앞에 겸손과 헌신을 어떻게 표시 했는가?

3. 한나는 그녀가 이미 가지고 있는 것을 하나님께 드리기로 약속했다. 그녀의 제안은 거짓이 없고 믿을 만한 것이었는가? 만일 그렇다면, 왜 그런가?

4. 성경은 "주님께서 그녀를 기억하셨다"(KJV)라고 말씀한다. 하나님께서 친히 한나의 삶에 개입하셨다. 이 사실이 당신에게 격려가 되는가? 만일 그렇다면, 그 이유를 설명하라.

5. 한나와 엘가나는 뒤 이은 행동과 예배에서, 하나님께 대한 헌신과 신뢰를 어떻게 나타내고 있는가?

10. 진정한 예배는 회개를 요한다

‖ 다윗. 사무엘하 12:15-23

"...그의 신하들에게 묻되 아이가 죽었느냐 하니 대답하되 죽었나이다 하는지라 다윗이 땅에서 일어나 몸을 씻고 기름을 바르고 의복을 갈아입고 여호와의 전에 들어가서 경배했다..." (삼하 12:19-20).

나는 말 타기를 좋아한다. 서늘한 가을 아침에든 또는 화창한 봄날에든, 말을 타는 것은 놀랍게도 기분이 전환된다. 나에게 말을 타는 즐거움은 말과 기수의 조화에 있다. 그것은 놀랍고 거의 신비적이라 할 정도의 경험이다. 노련한 기수에게 잘 훈련된 동물은 자신의 연장선이 된다. 고삐 또는 발뒤꿈치를 아주 적은 압력으로 가볍게 잡아 당겨도, 말은 주인의 의도를 알고 즉각 반응한다.

그러나 가끔 말에 아직 익숙하지 않은 사람은 누군가의 곁에 타는 것이 즐거울 수도 있다. 말을 곁에 타는 것도 즐거운데, 하물며 말을 자신이 직접 탄다는 것은 굉장한 도전이다! 일단 우리가 함께 오솔길로 향하면, 속도가 느리게 된다. 말은 언제 기수가 조종을 하지 않는지를 알고 있다. 만일 동물이 신출내기에 길들여져 있다면, 어쩌면 말은 거의 지시를 하지 않아도 계속 앞으로 나갈 수도 있다. 그러나 더 활발하고 자율적인 말은 심지어 느긋

하게 자기 뜻대로 멈추거나 또는 앞으로 나아갈 것이다. 그런 일이 일어날 때, 나는 흔히 풋내기 기수들이 실망하는 것을 보았다. 어떤 사람은 말을 앞으로 나가게 하기 위해서 소리를 지르거나 또는 걷어찬다. 기껏해야, 동물은 기수가 그 상황에서 그의 고삐를 놓치고 있는 것으로 생각한다. 기수가 더 소리를 지르고 걷어차면 찰수록, 말은 더 적게 반응한다. 그러나 말이 더 적게 반응하면 할수록, 기수는 더 크게 소리를 지르고 걷어찬다.

노련한 기수는 이런 반응이 어리석은 행동이라는 것을 경험을 통해서 알고 있다. 그러나 나는 죄를 처리하는데 있어서 이와 비슷한 접근이 얼마나 어리석은가를 깨달았다. 우리는 죄의 짐에 대해서 깨닫고 회개하기로 결심하지만, 머지않아 그 노력에 실증을 느낀다. 그리하여 온갖 시련으로 짐이 더 무거워진다. 우리는 더 열심히 힘써서 반응한다. 그러나 그 노력이 우리를 훨씬 더 단단히 붙들어 매어 지치게 한다. 이와 같이 우리는 짐이 너무 무거워서 감당할 수 없을 때까지 우리의 짐을 계속 더한다. 회개하지 않은 사람은 이 시점에서 하나님의 자비를 체념하고, 회개하지 않은 그들의 죄로, 지칠 대로 지쳐 죄에 굴복하여 죽을 수도 있다. 그리스도인으로 우리는 필요이상으로 죄를 처리하려고 애를 쓰다가 완전히 패배할 수도 있다. 우리는 마음을 고쳐먹고 새로 시작하려고 결심할 수도 있지만, 하나님을 무시함으로, 우리는 진정한 회개를 나타내지 못하고, 우리의 짐만 더 무거워진다.

우리는 자신의 말이 천천히 나아갈 때마다 더 심하게 걷어차는 풋내기 기수가 하는 것처럼 어리석은 태도로 우리의 삶 속에 있는 죄에 대해서 반응할 수 있다. 게다가 우리는 우리의 죄의 짐을 계속 더하면서, 왜 진정한 예배가 그토록 정의하기 어려운 것처럼 생각되는지 의아해 한다. 우리는 규정된 예배 활동을 하지만, 매주 언제나 성취감을 느끼지 못한 채로 떠나 버린다. 하지만 하나님에 의해서 상한 마음으로 완전하고 진심에서 우러난 회개 없이, 우리는 결코 하나님께 진정한 예배를 드릴 수 없다.

회개의 필요성

밧세바와 다윗 왕의 이야기는 사무엘하 11-12장에 기록되어 있다. 다윗은 관습과 의무와 달리, 전쟁 중에 일 년간 집에 머무르기로 결정하고, 그의 부하들에게 군대를 지휘하도록 했을 때, 그의 나이는 약 50세였다. 어느 날 저녁 그는 왕궁을 한가롭게 거닐다가 그의 부하들 가운데 한 사람의 아내를 주목하게 되었다. 그는 밧세바에 대한 음욕을 품었고 그녀와 함께 죄를 짓고, 나서 그녀의 남편을 죽게 조처함으로 그의 죄를 악화시켰다. 하나님께서 다윗과 대면해서 그분의 다가오는 응보(밧세바의 아이의 죽음)를 선언하도록 그분의 선지자 나단을 보내시고서야 비로소 왕은 마침내 그의 죄를 고백했다. 당시 다윗은 그의 죄의 결과에 대해서 후회했다.

"다윗이 그 아이를 위하여 하나님께 간구하되 다윗이 금식하고 안에 들어가서 밤새도록 땅에 엎드렸으니 그 집의 늙은 자들이 그 곁에 서서 다윗을 땅에서 일으키려 하되 왕이 듣지 아니하고 그들과 더불어 먹지도 아니하더라"(삼하 12:16-17).

왕은 그의 간음으로 태어난 아이 때문에 금식을 했다. 하나님께서는 "이 일로 말미암아 주님의 원수가 크게 비방할 거리를 얻게 하였으니 당신이 낳은 아이가 반드시 죽으리라"(삼하 12:14, KJV)고 나단을 통해서 선언하셨다. 한 주간의 금식을 했음에도 불구하고, 아이는 하나님께서 말씀하신대로 죽었다. 그러나 왕의 반응은 그의 종들을 놀라게 했다. "다윗이 땅에서 일어나 몸을 씻고 기름을 바르고 의복을 갈아입고 여호와의 전에 들어가서 경배하고 왕궁으로 돌아와 명령하여 음식을 그 앞에 차리게 하고 먹었다"(삼하 12:20).

무슨 일이 일어났는가? 왜 갑자기 변했는가? 다윗은 그의 자녀의 죽음을 보고 어떻게 "예배"에 응할 수 있었을까? 그 대답은 다윗의 쓴 시에서 볼 수 있다.

다윗은 이 죄와 회개에 관련해서 시편 32편과 51편을 지었다. 이 두 시(詩)에는, 다윗이 다시 진정한 예배를 경험하기 위해서 문을 열었던 회개의 분명하고 중요한 여섯 단계의 형식이 있다. 불가능하지는 않더라도, 다윗과 똑같은 회개의 과정을 경험할 때까지는 오늘날 우리가 진정한 예배를 경험하기는 어렵다.

회개의 단계

회개의 첫 단계는 "죄의 자각이다." 다윗은 그의 고백하지 않은 죄에 대해서 이렇게 썼다. "내가 입을 열지 아니할 때에 종일 신음하므로 내 뼈가

쇠하였도다"(시 32:3). 그는 그의 죄를 감추려고 시도했을 때, 괴로웠다! 더욱이, 그는 그를 억눌러 그의 생명의 생기를 바싹 말려서 죄를 깨닫게 하는 하나님의 손길을 느꼈다. "주의 손이 주야로 나를 누르시오니 내 진액이 빠져서 여름 가뭄에 마름 같이 되었나이다"(시 32:4). 그럼에도 불구하고 그의 무서운 상태는 애정 어린 하나님의 은총이었다. 죄와 그 결과에 대한 두려움은 사실상 유익한 두려움이다. 그보다 더 나쁜 것은 죄가 더 이상 우리를 근심하게 하지 않는 상태이다. 다윗은 하나님께서 "중심에 진실함을 원하시고," 죄를 깨닫게 하시는 그분의 손길을 통해서, "은밀한 부분에 있는 지혜를 알게 하실 것이라"(시 51:6, KJV)는 것을 깨달았다. 죄는 진리를 훼방하지만, 하나님께서 깨닫게 하신 죄의 자각은 지혜를 가져온다.

진정한 회개의 둘째 단계는 죄의 "고백"이다. 다윗은 이렇게 기록했다. "내가 이르기를 내 허물을 여호와께 자복하리라 하고 주께 내 죄를 아뢰고 내 죄악을 숨기지 아니하였더니 곧 주께서 내 죄악을 사하셨나이다"(시 32:5). 다윗은 하나님께서 이미 그의 죄에 대해서 알고 계신다는 것을 깨달았음에도 불구하고 죄를 고백했다는 것에 주목하라. 은폐를 끝냄으로 다윗은 그의 죄를 하나님께 시인(是認)했다. 이와 같은 죄에 대한 시인이 시편 51편 3-4절에 나타나 있다. "무릇 나는 내 죄과를 아오니 내 죄가 항상 내 앞에 있나이다 내가 주께만 범죄하여 주의 목전에 악을 행하였사오니 주께서 말씀하실 때에 의로우시다 하고 주께서 심판하실 때에 순전하시다 하리이다." 그의 죄가 다른 사람들에게 상처를 준 것이 확실하지만, 다윗은 그의 죄가 먼저 하나님을 거역했다는 것을 통렬히 깨달았다. 그러므로 하나님께 죄를 고백하는 것은 진정한 회개를 하는 데 있어서 필수적이다.

하나님께 시인하고자 하는 진정한 갈망이 없는 죄의 고백은 위선이다. 그런 갈망이 회개의 셋째 단계이다. 다윗은 "내가 이르기를 내 허물을 여호와께 자복하리라 하고 주께 내 죄를 아뢰고 내 죄악을 숨기지 아니하였더니 곧 주께서 내 죄악을 사하셨나이다"(시 32:5)라고 기록한다. 그는 하나님께 억지를 부리거나 또는 변명을 늘어놓지 않았다. 다윗은 하나님께서는 "[그분의] 얼굴을 [그의] 죄에서 가릴"(시 51:9, KJV) 모든 권리가 있으시다는 것과 "[그에게] 자비를 베풀"(시 51:1 상, KJV) 특권이 있으시다는 것을 인정했다. 자비를 구한 것은 자기 힘으로 어찌할 수 없는 사람을 돕는 분은 하나님 뿐이시라는 것은 인정하는 것이었다. 다윗은 하나님께서 용서해 주시고(시 51:1 하), 말갛게 씻기시고(시 51:2), 그리고 회복시키시기를(시 51:8, KJV) 갈망했다. 그는 하나님과 교제가 회복되어(시 51:7-12), 죄와 눌림에서 해방되기를 열망했다(시 51:14). 그는 하나님께서 그를 꺾으셨다는 것을 인정했다(시 51:8). 이 일은 하나님께서 "[다윗] 속에 정한 마음을 창조하시고 [다윗] 안에 정직한 영을 새롭게 하시기"(시 51:10) 전에 불가피한 일이었다. 의심할 여지없이 다윗은 그의 죄를 하나님께 시인하고자 하는 갈망이 있었다!

그와 같이 죄에 대한 시인은 "확신"을 가져온다. 하나님께 시인하는 것은 필연적으로 하나님께서 할 수 있다고 말씀하시는 것을 그분이 실제로 하실 수 있다는 것을 알고 있다는 것을 의미한다. "...나를 정결하게 하소서...

그러면 내가 눈보다 희리이다"(시 51:7).

다윗은 진심으로 회개하는 사람에게 하나님께서 죄를 용서하시고 죄를 대신해서 의를 주신다는 것을 깨달음으로 기쁨이 온다는 것을 확신했다. "허물의 사함을 받고 자신의 죄가 가려진 자는 복이 있도다 마음에 간사함이 없고 여호와께 정죄를 당하지 아니하는 자는 복이 있도다"(시 32:1-2). 단순히 일반적인 원칙을 진술하는 것 이상으로 다윗은 하나님께서 자신의 경우에 행하신 일, 곧 그는 하나님께서 [그의] "죄악을 사하셨다"(시 32:5)는 그의 확신을 표명했다. 다윗은 하나님께서 자신의 "은신처이며 자신을 환난에서 보호하실 것"(시 32:7)이라는 지식에 확고했다. 용서받은 죄인만이 하나님 "안에" 숨어 있을 수 있다. 이는 회개하지 않은 사람은 그보다는 하나님께로부터 숨으려고 하기 때문이다!

회개한 죄인의 다섯 번째 단계는 "헌신"이다. "이로 말미암아[회개의 원인] 모든 경건한 자는 주를 만날 기회를 얻어서 주께 기도할지라"(시 32:6). 경건한 사람은 하나님의 징계에 적극적으로 반응한다. 다윗의 반응은 기도뿐만 아니라 다른 사람들과 배운 것을 함께 나누는 것을 포함했다. "내가 네 갈 길을 가르쳐 보이고 너를 주목하여 훈계하리로다"(시 32:8). 그는 "범죄자에게 주의 도를 가르치기를"(시 51:13) 결심하고, "죄인들이 주께 돌아오리라"(시 51:3)는 것을 확신했다. 다윗처럼, 회개하는 죄인은 그분의 영광을 위하여 하나님께 쓰임 받도록 하기 위해서 자신을 맡긴다.

"예배"는 다윗 왕이 묘사한 회개의 여섯 번째 마지막 단계이다. 용서받은 죄인은 하나님께서 "구원의 노래로 [자신을] 두르신다"(시 32:7)는 사실을 매우 기뻐한다. 그의 죄가 가리워진 사람은 다윗처럼 "너희 의인들아 여호와를 기뻐하며 즐거워할지어다 마음이 정직한 너희들아 다 즐거이 외칠지어다"(시 32:11)라고 선언한다. 왕은 사실상, 하나님께 합당한 제물(시 51:19)을 드림으로 회개의 과정을 끝낸다. 그러나 진정한 회개는 단순히 예배의 몸짓을 함으로 표명하는 것이 아니다. 상하고 죄를 깊이 뉘우치고 있는 죄인은 마음으로부터 나오는 예배 속에서 자신을 나타낸다.

"주여 내 입술을 열어 주소서 내 입이 주를 찬송하여 전파하리이다 주께서는 제사를 기뻐하지 아니하시나니 그렇지 아니하면 내가 드렸을 것이라 주는 번제를 기뻐하지 아니하시나이다 하나님께서 구하시는 제사는 상한 심령이라 하나님이여 상하고 통회하는 마음을 주께서 멸시하지 아니하시리라"(시 51:15-17).

다윗의 예배는 하나님께서 그의 입술을 여신 결과라는 것을 주목하라. 그의 노래와 예배 찬양은 하나님께 복종과 하나님과 친교, 곧 회개하는 마음의 결과에서 유래한 영적 교감에서 나왔다. 예수님께서도 친히 주의 만찬 의식을 제정하실 때, 예배에 앞서서 "사람이 자기를 살피고 그 후에야 이 떡을 먹고 이 잔을 마셔야 한다"(고전 11:28)고 명령하셨다. 죄에 대한 회개로 하나님께서 우리의 마음을 찢으시는 것을 별 문제로 하고는 우리가 "예배"라고 부르는 종교적인 전통은 진정한 예배의 시험에서 낙제한다. 우리는 선지자 사무엘의 말을 기억해야 할 것이다.

"사무엘이 이르되 여호와께서 번제와 다른 제사를 그의 목소리를 청종하는 것을 좋아하심 같이 좋아하시겠나이까 순종이 제사보다 낫고 듣는 것이 숫양의 기름보다 나으니라"(삼상 15:22).

생각할 점

1. "죄의 자각"은 다윗이 묘사한 회개의 첫 단계이다. 하나님께서 당신의 죄에 대해서 양심의 가책을 느끼게 하신 적이 있는가? 당신은 죄의 자각을 경험하고 있다는 것을 어떻게 알았는가?

2. "고백"은 회개의 둘째 단계이다. 당신은 왜 당신이 상처를 준 사람들이 아니라 오히려, 하나님께 먼저 고백해야만 하는가?

3. 죄를 하나님께 시인하려는 "갈망"은 회개의 셋째 단계이다. 당신은 죄를 지었을 경우에 이 갈망을 어떻게 표명했는가?

4. "확신"은 회개의 넷째 단계이다. 당신이 하나님께 죄를 고백할 때, 하나님께서 당신을 용서하셨다는 것을 어떻게 확신하는가?

5. "헌신"은 회개의 다섯째 단계이다. 당신은 하나님께서 당신을 용서하셨을 때 어떻게 반응했는가? 이런 반응이 하나님께 어떻게 헌신을 표시했는가?

11. 진정한 예배는 성실을 요한다

∥ 여로보암. 왕상 12:25-33

"그 때문에 상의하고 두 금송아지를 만들고 무리에게 말하기를 너희가 예루살렘에 올라갈 것이 너무 벅차다 오 이스라엘아 애굽 땅에서 너희를 인도하여 올린 너희 신들이다"(왕상, 12:28).

여러해 전에 나의 아버지는 작은 소형 밴 구입을 검토하고 계셨다. 그 당시에, 그런 자동차는 대개 경량이어서 바람에 흔들렸다. 아버지는 이 문제에 대해서 판매원에게 물으셨고, 그 사람은 그런 걱정은 근거가 없는 유언비어라고 아버지를 안심시켰다. 아버지는 밴을 구입하셨고, 이어서 몇 년 동안, 각 주간을 횡단할 때 바람과 대형 트랙터들이 지나갈 때 아버지의 밴이 흔들리는 소동을 경험하셨다. 나중에 언젠가, 아버지는 다른 지역 판매점을 찾아 가셨을 때, 같은 판매원을 우연히 만나셨는데, 그때 그는 다른 회사의 자동차를 판매하고 있었다. 그는 나의 아버지를 알아보지 못했다. 아버지가 캠프용 트레일러를 구입하고자 하여 소형 밴은 바람에 흔들리는 경향이 있다고 말씀하시자, 그는 열광적으로 호응했다!

정말이든 아니든, 우리는 노련한 자동차 판매원 중에서 정직이 결여된 이들이 있다는 것을 예상하게 되었다. 슬프게도 같은 결점이 성직자 가운데서 너무나도 흔히 볼 수 있다. 사실, 동기에 있어서 정직의 결여에 관한 주제는 종교사에서 흔히 있는 주제이며, 성경에 빈번히 기술되어 있다. 아마 종교 지도자는 순수한 동기로 시작할 것이다. 그러나 일이 힘들 때, 그는 하나님을 신뢰하는 것을 단념하고 자신의 인간적인 지혜를 의지한다. 사실 자신을 의지하면서, 명목상으로 하나님께 예배를 드리는 것은 정직이 결여된 것이다. 구약의 여로보암 왕은 그의 비참한 실패를 통해서, 예배에 있어서 동기의 정직성이 아주 중요하다는 교훈을 가르쳐 준다.

줄거리 설명

솔로몬이 이스라엘의 통일왕국을 다스리고 있을 때, 그는 여로보암을 용감하고 근면한 사람으로 평가를 해서 통치상 중대한 책임을 맡겼다. 열왕기상 11장 11절에 기록된 것과 같이 하나님께서는 그 때 백성들이 우상 숭배를 하므로 왕국을 나눌 것이라는 것을 계시했던 한 선지자를 여로보암에게 보내셨다. 여로보암은 왕국의 12지파 가운데 10지파를 다스리는 왕이 되었다. 솔로몬은 여로보암을 암살하려고 했지만, 그는 애굽으로 망명하였다.

우리는 열왕기상 12장에서 솔로몬이 죽자 그의 아들 르호보암이 왕이 되었을 때, 여로보암이 망명에서 돌아왔다는 것을 보게 된다. 솔로몬이 가혹한 세금을 부과했기 때문에 백성들은 세금을 탕감받기 위해서 그들의 새로운 통치자를 요구했다. 그러나 르호보암은 훨씬 더 압제하겠다는 약속으로 응수했고, 백성들은 그를 배반하여 그의 세관원을 죽였다. 여로보암이 망명에서 돌아 왔다는 소식을 듣자, 백성들은 이전의 통치자였던 여로보암을 그들의 왕으로 삼았다. 르호보암은 잠시 동안 세겜에서 예루살렘으로 피신을 했고, 그의 가까이에 있는 남쪽의 두 지파를 모아서 내전을 착수할 준비를 했다. 그러나 하나님께서는 르호보암과 그를 따르는 자들에게 싸우지 말라고 통고하도록 그분의 선지자를 보내심으로 이일에 개입하셨다.

하나님께서는 또한 여로보암에게 약속을 하셨고, 그분 자신이 일어났던 사건들의 직접적인 원인이셨다는 사실을 확인시켜 주셨다. 왕국을 나누신 분도 "하나님"이시고, 여로보암에게 열 지파를 "주신 분"도 "하나님"이시며, 그를 왕으로 "임명하신 분"도 "하나님"이셨다. 빈틈없는 정치적인 책략이 아니라, 오히려 하나님의 부르심이 여로보암에게 그의 보좌를 손에 넣게 될 것이었다. 하나님께서는 여로보암에게 더 많은 약속을 하셨다.

"네가 만일 내가 명령한 모든 일에 순종하고 내 길로 행하며 내 눈에 합당한 일을 하며 내 종 다윗이 행함 같이 내 율례와 명령을 지키면 내가 너와 함께 있어 내가 다윗을 위하여 세운 것 같이 너를 위하여 견고한 집을 세우고 이스라엘을 네게 주리라"(왕상 11:38).

이 놀라운 하나님의 부르심과 약속 때문에 여로보암은 서둘러서 주요 성을 건축하고 요새화에 착수했다. 그런데 아마도 한 정치가로서 여로보암은 마음에 그의 지위에 대한 염려가 생겼을 것이다. 만일 북쪽에 사는 그가 다스리는 지파들이 그들의 전통적인 예배를 드리기 위해서 남쪽 예루살렘으로 가면 무슨 일이 일어날 것인가? "만일 이 백성이 예루살렘에 있는 주님의 집에서 희생물을 드리고자 하여 올라가면 이 백성의 마음이 유다 왕 곧 그들의 주 르호보암에게로 돌아가서 나를 죽이고 유다 왕 르호보암에게로 돌아갈 것이다"(왕상 12:27, KJV).

여로보암은 하나님의 약속을 신뢰하기보다 오히려 자신이 궁리한 계획 때문에 불안한 반응을 나타냈다. 그의 백성들이 예루살렘으로 가는 것을 막기 위해서, 여로보암은 그의 보좌가 있는 북쪽에 새로운 종교를 만들었다. 하나님께 대한 진정한 예배는 인간이 만든 제도로 대체되었다. 얄궂게도, 여로보암은 우상숭배가 애당초 하나님께서 왕국을 나누시고 그를 왕으로 삼으신 이유라는 사실을 모른 체했다!

여로보암은 금송아지 둘을 만들었다. 그는 이 악습을 아마도 애굽에 망명하는 동안 익혔을 것이다. 송아지들을 보는 것이 그의 백성들에게 충격을 주지는 못했을 것이다. 이는 그와 같은 예배 보조물은 그들의 이웃에 있는 이방인들 가운데서 흔했기 때문이다. 대부분의 이방인들은 송아지들 자체가 신이라고 생각하지 않았다. 그들은 단지 송아지들을 신들이 있는 곳을 표시하는 것으로 여겼다. 여로보암은 아마도 그의 백성들이 송아지들에게 예배하는 것이 아니라, 짐작컨대 그 때 송아지들 배후에 계시는 여호와 하나님께 예배를 드리기를 원했을 것이다. 본질에 있어서, 여로보암은 예루살렘에 있는 법궤에서 북쪽에 있는 송아지들에게로 하나님의 임재를 옮기려는 시도를 하고 있었다.

이것은 더 편리한 각색(脚色)이었다. 여로보암은 백성들에게 "너희가 다시는 예루살렘에 올라갈 것이 없다"(삼상 12:28)라고 말했다. 그는 심지어 자신의 수단에 입각하여 종교적인 특정 견해를 주입하고, 송아지들은 하나님께서 그의 백성을 애굽에서 어떻게 데려오셨는가를 생각나게 하는 것이라고 주장했다! 여로보암은 그 백성이 아론의 금송아지에게 예배하고 삼천 명이 죽었던 시내산의 교훈을 잊어버렸던 것이다.

그의 인간적인 지혜로 왕은 벧엘과 단에 제단을 두었다. 벧엘이 유다의 남쪽 경계선에 있었기 때문에, 남쪽으로 향하는 그의 백성들은 예루살렘으로 가지 않아도 되는 핑계거리가 생겼다. 단이 그의 왕국의 최북단 성읍이었기 때문에 여로보암은 단을 그의 모든 지리적인 근거지로 삼았다.

이윽고 여로보암은 거짓 예배 방법을 제정했다. 그는 비록 예루살렘 성전에 비해 훨씬 작고 화려하게 장식하지는 않았지만, 예루살렘 성전과 비슷한 성전을 지었다. 그러나 이방인의 사당과 비슷했다. 따라서 백성들은 자신들의 전통과 유사한 것을 즐기는 동안 그들의 이웃에 있는 이방인들처럼 될 수 있었다. 성경은 예루살렘에서 멀리 살았던 유대인들이 흔히 그와 같은 거짓예배에 빠졌다는 것을 기록한다. 르호보암 왕은 나아가서 "레위 자손 아닌 백성 중에서 가장 천한 자들을 제사장으로 삼음"(왕상 12:31, KJV)으로 대중적인 인기에 영합했다. 이런 책략은 율법에 어긋나는 것이었다(신 10:8, 21:5). 그러나 여로보암은 하나님의 기준에 자격이 없는 사람을 임명하는 것이 손쉽고 인기가 있다는 것을 알았다. 문제를 악화시키고, 왕이 합법적인 레위인을 거절함으로 그들 모두를 그의 왕국을 떠나서 남쪽으로 이주하도록 부추겼다(대하 11:14).

여로보암은 또한 하나님께서 제정하신 것과 비슷한 절기를 제정함으로, 진정한 예배를 흉내냈다. 여로보암의 절기는 초막절(이스라엘의 삼대 절기 가운데 맨 마지막 절기이며 유대력에 수장절 또는 장막절이라고 불렸다. 오늘날 10월 초순경으로 추수가 모두 끝날 즈음이었다-역주) 후 약 한 달 만에 개최하도록 계획되었다. 초막절은 유대력에 주요한 절기 가운데 하나이며, 하나님께서 그분의 백성들에게 예루살렘으로 가서 참석하라고 명하신 절기였다(신 16:16). 여로보암은 백성들이 하나님께서 제정하신 방법대로 예배를 드려야 하는 의무를 지고 있다는 생각을 하지 않도록 하기 위해서 그들에게 대안을 제시했다. 여로보암의 절기는 제단에 태우는 제물이 있는 정말로 하나님께서 정하신 절기같이 보였다.

이 모든 것은, 성경이 중요한 진술에서 기록한 것과 같이, "그가[여로보암] 자기 마음대로 정한"(왕상 12:33) 책동이었다. 예배는 거의 하나님께서 제정하신 것 같이 보였지만, 실제로는 하나님을 신뢰하지 않는 사람의 산물이었다. 그는 그의 개인적인 사리사욕을 유지하기 위해서 거짓 예배 형식을 고안했다. 어떤 사람은 여로보암을 보고 어떻게 그렇게 부정직한 사람이 될 수 있을까라고 생각한다. 그러나 그의 실패는 오늘날 어김없이 반복되고 있는 것이다.

줄거리 적용

여로보암의 실례는 우리에게 하나님께 대한 신뢰의 부족은 자기 의존의 결과로 끝난다는 것을 가르쳐준다. 하나님께서는 여전히 그분의 일을 하도록 사람들을 부르실 권리가 있는 유일한 권위자이시다. 이 진리는 신약에 명확하게 진술되어 있다.

"주님께서 어떤 사람은 사도로, 어떤 사람은 선지자로, 어떤 사람은 복음 전하는 자로, 어떤 사람은 목사와 교사로 삼으셨으니 이는 성도를 온전하게 하여 봉사의 일을 하게하며 그리스도의 몸을 세우려 하심이라"(엡 4:11-12).

이 성경 구절은 하나님의 일에 대한 교회의 초석을 놓는다. 하나님께서는 사역자들을 "부르시고" 그분의 일을 하도록 은사를 "주신다." 하나님의 일은 성도들을 온전케 하는 것이다. 곧 믿는 사람들 가운데서 흔히 있는 영적인 문제들을 바로잡고, 봉사를 하게 하기 위해서 그들을 준비시키는 것이다. 성도들이 "봉사의 일"을 할 때, 그리스도의 몸은 강해지고 그 결과로 교회는 계속 영적인 성장이 일어난다(엡 4:13-16). 만일 하나님께서 그 종을 부르지 않으셨다면, 그 종은 인간적인 지혜에 의지하는 협잡꾼이며, 그리스도의 몸을 가르치고 이끌어서 좋은 방향으로 나가게 하지 않을 것이다. 반면에, 하나님의 부르심을 받은 지도자는 그를 부르신 분의 말씀을 순종한다면, 결과에 대한 하나님의 약속이 있다.

그럼에도 불구하고, 하나님의 부름을 받은 지도자들은 계속 하나님을 신뢰해야만 한다. 모든 교회가 어려움에 직면하고 있기 때문에, 진리를 수행하는 것이 쉬운 일은 아니다. 목사로서 나는 하나님의 백성의 한 사람으로서 예배에 영감을 불어 넣는 가장 적합한 방법에 대해서 끊임없이 연구를 한다. 나는 하나님께서 내 책임 아래 맡겨주신 사람들이 그분을 더 잘 알아 그분과 더 친밀한 교제 속으로 들어가기를 원한다. 그런 목표를 성취하기 위해서는 방법이 필요하다. 이는 오직 교회는 불완전한 사람들로 구성되었기 때문이다. 그러나 가시적인 성과가 없을 때, 목회자는 아마 그의 방법론을 의심하기 시작할 것이다. 왜 길 아래 있는 교회가 늘 더 많은 사람을 끌어들이는 것 같은가? 왜 저 건너 마을의 설교자가 더 관심을 끌고 있는가? 하나님의 부름을 받은 지도자도 "성공적인" 목회자들이 하고 있는 방법을 모방하려는 함정에 빠질 수도 있다.

여로보암의 실패는 우리에게 중요한 두 가지 원칙을 가르쳐 준다. 첫째, 우리는 뻔뻔스럽게도 우리의 일에 우리를 부르신 하나님을 신뢰하기를 중단하고 그 대신에 인간적인 지혜를 의지한다는 것을 배운다. 둘째, 우리는 하나님보다 자기를 신뢰하는 것은 예배를 드리는데 있어서 정직의 결여를 초래한다는 것을 배운다. 우리는 아마 하나님께서 제정하신 예배와 거의 다름없어 보이는 예배의 형식을 만들 것이다. 우리는 인기에 호소하는 예배를 만들어 냄과 동시에 특정한 전통(교회 예배당에서만 모이고, 음악을 사용하고, 설교를 하는 예배)을 계속 따를 수도 있다. 그러나 그와 같은 예배가 누구에게 인기가 있는가? 하나님의 부름을 받은 지도자의 임무는 봉사의 일을 하도록 하기 위해서 "성도들을" 온전케 하는 것이다. 그러므로 예배는 교회 지체들이 "구원받도록 하기 위해서" 불신자들을 데려올 수 있는 수단이 아니다. 그보다는 진정한 예배는 나가서 불신자들에게 전도해서 일단 그들이 "구원을 받으면" 그들을 교회로 데려 오도록 믿는 사람들을 격려한다.

그와 같은 개념만이 여로보암과 같이 다수의 마음에 들게 하는 예배의 악습을 만들려는 어떤 욕구를 말살한다. 참으로 인간의 지혜에 의지해서, 인기에 영합하는 것은 실은 사람들에게 죄를 짓게 하는 것이다. 만일 우리의 예배의 목적이 사람들을 늘리기 위해서 사람들에게 호소하는 것이라면, 우리는 필연적으로 하나님을 보이지 않게 하는 결과로 우리의 예배를 "개조"해야만 한다. 결국 하나님의 거룩하심이 죄를 품은 사람들에게 모욕을 받으시는 것이다. 그러나 복음을 기분을 상하게 하지 않게 만들어서, 우리는 실제로 영향력이 없는 복음을 만든다. 주제넘게 사람들을 "하나님께"로 끌어드릴 때, 결국 우리는 사람들을 "그분에게서" 내쫓는 것이다!

내가 목회자들과 교회가 부족한 편의시설 또는 부족한 프로그램에 관심을 가져서는 안 된다는 제안을 하고 있는가? 물론 아니다. 그러나 해야할 직무의 첫 순서는 우리가 정직하고 충실하게 선포할 정도로 하나님의 말씀을 신뢰하는 것이다. 인간의 지혜는 적어도 한 동안 많은 사람들을 끌어들일지 모른다. 그러나 진정한 예배의 핵심은 사도 요한에 의해서 이렇게 잘 기술되어 있다.

"우리가 보고 들은 바를 너희에게도 전함은 너희로 우리와 사귐이 있게 하려 함이니 우리의 사귐은 아버지와 그의 아들 예수 그리스도와 더불어 누림이라 우리가 이것을 씀은 우리의 기쁨이 충만하게 하려 함이라"(요일 1:3-4).

1. 여로보암이 하나님을 신뢰하지 않고 자신의 지혜를 의지하게 된 원인이 무엇인가? 이런 행동이 반복해서 오늘날 교회에서 여전히 일어날 수 있는가?

2. 여로보암이 사람이 만든 예배를 만들어 냈던 방법을 열거하라. 그것은 하나님께서 제정하신 예배와 어떤 공통점이 있는가? 여로보암의 예배의 실례는 오늘날 어떻게 적용되는가?

3. 하나님께서는 "성도들을 온전케 하기 위해서" 지도자들을 부르신다. 이 지도자가 부름을 받지 않았다면, 무슨 일이 일어날 수 있는가? 또는 그가 부름을 받았지만 하나님을 신뢰하지 않는다면, 무슨 일이 일어날 수 있는가?

4. 하나님보다 인간의 지혜를 의지하는 것이 왜 예배에 있어서 정직의 결여를 초래하는지 설명하라.

5. 여로보암은 인기를 얻을 의도로 예배 제도를 만들어 냈다. 왜 이런 접근 방법이 실제로는 사람들을 하나님께로부터 쫓아버리는가?

3부
진정한 예배의 특징

12. 진정한 예배는 합당한 태도로 시작된다

‖ 다윗. 역대상 16:1-7 . 시편 96편

"그 날에 다윗이 주님께 감사하도록 하기 위해서 먼저 아삽과 그의 형제들에게 이 시를 넘겨주었다"(대상 16:7, KJV)

예배는 즐거워야 한다. 그러나 즐거운 예배는 정확하게 무엇이 포함되는가? 슈퍼볼(미국의 프로 미식축구의 챔피언 결정전-역주)은 즐겁다. 하지만 아무튼 우리는 예배가 슈퍼볼처럼 즐거워서는 안 된다는 것을 알고 있다. 우리는 그 즐거움의 원인의 차이를 어떻게 설명하는가?

어린 시절 나는 성탄절 아침이 즐거웠다. 청년시절에 나는 졸업식 날과 결혼식 날 무렵이 즐거웠다. 그 뒤 나는 첫 아이가 태어났을 때 즐거웠다. 지금 중년 나이에 나는 아들의 결혼식에 특별한 사람으로 있다는 것에 다시 한 번 즐거웠다. 각각의 사건마다 그 나름대로 즐거웠다. 나의 어린 시절 성탄절에 즐거웠던 것은 나의 욕망이 중심에 있었다. 내가 나이가 들어 내 졸업식 그리고 결혼식, 그 후 내 아들이 출생했을 때, 내가 즐거웠던 것은 다른 원인의 결과였다. 나는 아직 그들의 완전한 의미를 이해할 수는 없지만, 평소의 내 자신보다 더 큰 사건에 압도되어 진지해졌다. 몇 년 뒤, 큰 아들이 장가를 갔을 때, 나의 즐거움은 그 날에 연관되었던 모든 것을 만족하게 이해함으로 생겼다.

이런 차이가 슈퍼볼이 즐거움과 진정한 예배의 즐거움의 차이를 이해하는 가장 좋은 방법인가? 의심할 여지없이, 예배는 열중한 나머지 자기를 잊고, 하나님께서 "하실" 일에 대해서 경외심으로 신뢰하는 것과 그분이 "하신" 일에 대한 사려 깊은 이해를 포함한다. 우리의 연구는 이 시점까지 이 사실을 확인해 준다. 그러나 이 사실은 냉철(冷徹)과 겸손을 증명한다. 즐거움은 어떤가? 예를 들면 다윗왕은 춤추고 노래하고 그리고 하나님께 찬양을 드리는 것으로 성경에 묘사되어 있다. 그는 예배를 드리는 중에 아무리 보아도 즐거웠다. 즐거운 예배는 단지 그와 같은 노골적인 감정 표명으로 이루어져 있는가? 성경이 우리에게 예배에 대해서 가르치는 것을 배우는데 있어서, 다윗왕의 실례는 도움이 된다.

즐거움의 두 가지 실례

왕이 즐거운 원인, 곧 그를 춤추고 노래하게 만들었던 결과는 예루살렘으로 언약궤가 돌아온 것이었다. 일찍이 20년 이상, 블레셋은 그들이 전쟁에서 이스라엘을 패배시켰을 때 법궤를 차지했다(삼상 4:11). 그러나 이방인들은 그것 때문에 그들 스스로 재앙을 초래했다. 그래서 일곱 달 후에, 그들은 금 보물 상자(블레셋 사람들이 속건제물로 법궤와 함께 보낸 금으로 만든 독한 종기의 형상인 금 독종 다섯과 땅을 해롭게 하는 쥐의 형상인 금 쥐 다섯 마리를 담은 상자-역주)와 함께 법궤를 이스라엘에게 되돌려 주었다. 블레셋은 어리석게 수레에 법궤와 금 제물을 놓고 두 마리 암소에 수레를 붙들어 매고 암소들이 하는 대로 내 맡겼다. 국경지역에 있는 밀을 경작하는 농부들이 법궤를 발견했다. 이 사람들이 법궤에 불경한 짓을 했을 때, 하나님께서는 그 벌로 오만 명 이상을 치셨다(삼상 6:19, KJV).

징벌을 받은 후, 그들은 기럇여아림의 경계 성읍으로 법궤를 보냈다. 그러나 성읍 사람들이 죽는 비극은 유익한 결과를 낳았다. 이어서 20년 동안 법궤는 기앗여아림에 머물러 있었고, "이스라엘의 온 집이 주님을 구하여 통곡했다"(삼상 7:2, KJV). 그들의 마음은 부드러워졌고, 백성들은 이제야 선지자 사무엘을 통해서 하나님의 말씀에 귀를 기울였다. 신앙부흥이 그 땅을 휩쓸었고 하나님의 약속대로, 이스라엘은 단번에 블레셋을 패배시키고 승리를 얻었다.

다윗은 왕이 되자, 법궤를 예루살렘으로 옮겨서 그가 짓고 있는 장막에 두어야겠다는 결심을 했다. 성대한 예배행진이 계획되었다. 법궤가 수레에 놓여졌고 "다윗과 이스라엘의 온 집은 잣나무로 만든 여러 가지 악기와 하프, 프살테리움(옛 현악기의 일종-역주), 탬버린(타악기의 일종-역주), 코넷(관악기-역주), 그리고 심벌즈로 주님 앞에서 연주하며"(삼하 6:5, KJV) 따라갔다. 백성들은 기뻐서 노래하고 찬양하기 시작했다. 아주 즐거운 순간이었다! 그러나 사건이 보여 주는 것처럼, 백성들의 예배는 진정한 것이 아니었다. 그들은 하나님의 거룩하심을 인정하지 않았다. 그들은 하나님께서 신성불가침으로 여기셨던 법궤를, 마치 단지 다른 종교적인 용구의 일부처럼 다루었다. 우선 첫째로, 그들은 법궤를 하나님께서 법궤 운반에 대해서 규정하신 수단이 아닌 수레를 사용해서 운반했다(출 25:14). 그 때, 수레를 소가 잡아 끌어서 흔들리자, 수행자 하나(웃사)가 수레를 흔들리지 않게 하기 위해서 신성한 법궤를 그의 손으로 잡았다. 그 사람의 무례한 행동으로 그는 "주님 의 분노가 그를 향해 불같이 타올라 하나님께서 그의 잘못함으로 말미암아 그를 그 곳에서 치시니 그가 하나님의 법궤 곁에서 죽었다"(삼하 6:7, KJV). 예배 행진은 단지 오벳에돔의 집까지만 법궤를 옮겼다. 거기에 법궤가 머물 렀다.

석 달 후에, 다윗은 법궤를 간수할 장막 짓기를 끝마쳤다. 그는 두 번째 로 예루살렘으로 법궤를 옮겨오려는 시도를 하기로 결심했다. 한 번 더, 장 중한 행사에 많은 기쁨과 노래가 곁들었다.

"여호와의 궤를 멘 사람들이 여섯 걸음을 가매 다윗이 소와 살진 송아지로 제사를 드리고 다윗이 여호와 앞에서 힘을 다하여 춤을 추는데 그 때에 다윗이 베 에봇을 입었더라 다윗과 온 이스라엘 족속이 즐거이 환호하며 나팔을 불고 여호와의 궤를 메어오니라 여호와의 궤가 다윗 성으로 들어올 때에 사울의 딸 미갈이 창으로 내다보다가 다윗 왕이 여호와 앞에서 뛰놀 며 춤추는 것을 보고 심중에 그를 업신여기니라"(삼하 6:13-16).

왕과 그의 백성들은 분명히 즐거웠다! 그러나 그들의 예배가 이번에는 무엇인가 달랐다. 이번에는 다윗은 하나님의 명령에 순종했다. 법궤가 이제 하나님께서 규정하신 방법대로 짐꾼에 의해서 옮겨졌다는 것을 주목하라.

| 하나님이 받으시는 진정한 예배

하나님의 거룩하심에 대한 정확한 인식이 또한 제물과 함께 행진을 시작함으로 증명되었다. 법궤가 예루살렘에 도착했을 때, 그들은 "하나님의 궤를 메고 들어가서 다윗이 그것을 위하여 친 장막 가운데에 두고 번제와 화목제를 하나님께 드렸다"(대상 16:1).

예배는 광대하고 장엄한 의식과 또한 신이 넘쳐흘렀지만, 다윗은 "항상 하나님의 언약궤 앞에서"(대상 16:6, KJV) 프살테리움(옛 현악기의 일종-역주), 하프, 그리고 심벌즈를 연주하도록 제사장들을 임명했다. 왕 자신도, 특별한 행사를 위해서 노래를 지었다.

이 실례는 어떤 교훈이 있는가? 우리는 둘 다 유쾌한 즐거움이 포함된 예배의 두 실례를 보았다. 양쪽 다 음악과 노래와 그리고 기쁨이 특색을 이루었다. 그러나 하나는 예배가 갑자기 끝나고, 사람이 죽고 하나님께서 노하시고 재앙으로 끝났다. 예배의 다른 하나의 표현은 성공적으로 끝나고, 백성들은 축복을 받았다. 둘 다 표현은 즐거웠지만, 한 가지 경우만 하나님께서 예배를 받으셨다. 그 차이가 무엇인가?

그 차이는 예배를 드리는 "태도"였다. 우리는 이미 법궤를 옮기는 첫 번째 시도에서 하나님께 불순종하고 하나님의 임재를 상징하는 법궤가 어떻게 경솔하게 여겨졌는가를 살펴보았다. 그러나 두 번째 시도에서 하나님께서는 제물과 찬양을 통해서 순종을 받으셨고, 그분의 인격이 그분의 백성들의 예배의 중심되었다.

차이를 만든 태도는 법궤가 돌아 올 때 다윗이 지은 노래를 통해서 볼 수 있다. 성경은 그가 "즐거울 뿐만 아니라 진정한" 예배에 참여했을 때 하나님의 사람의 마음속에 있었던 것을 기록한다. 역대상 16장 8-36절에 기록된 다윗의 노래는 실지로 다윗이 초기에 썼던 세 편의 시의 편집이다. 다윗의 노래의 중간 부분은 시편 96편으로 당시 성경에 보존된 것에 근거한다. 이 시에서 우리는 참되고 기쁜 예배의 본질을 표현하는 전체 노래의 주제를 볼 수 있다. "아름답고 거룩한 것으로 여호와께 예배할지어다 온 땅이여 그 앞에서 떨지어다"(시 96:9).

예배에 합당한 태도

이 노래에서 다윗은 예배로의 부름, 곧 동시에 기쁘고 경외심이 있는 예배를 공포한다. 이런 종류의 예배가 실제로 드려질 있는가? 우리는 태도의 이 겉으로 보이는 모순을 어떻게 해결할 수 있는가?

경외심은 우리가 하나님께서는 거룩하시다고 말할 때, 우리가 하나님께서 죄로부터 그분 자신을 분리하신다는 사실을 인정할 때 일어난다. 하나님께서는 죄와 접촉을 피하시고 우리의 죄로 인해서 노하신다. 하나님의 거룩하심은 당신과 나를 어려운 환경에 내버려 두신다. 이 어려움을 해결하기 위해서, 어떤 사람은 교회가 오늘날 하나님의 거룩하심에 초점을 맞추어서는 안 된다는 제안을 한다. 그런 제안은 아마도 사람들에게 하나님의 사랑을 외면하는 데 초점을 맞출 것이다. 그러나 다윗은 그분의 거룩하심을 "아름다움"으로 묘사하므로 어려움을 해결한다. 왜 하나님의 거룩하심이 아름다운가? 죄를 사랑하는 사람은 그의 양심에 그가 하나님을 노하게 한다는 것을 알고 있다. 그래서 그는 하나님의 거룩하심을 근엄하고 자유를 제한하는 것으로 간주한다. 그러나 그와 같은 거룩하심은 하나님께서 죄의 능력과 죄 값으로부터 구원하신 사람에게는 아름다운 것이다. 회개한 죄인은 거룩하신 하나님 앞에서 자신의 상태를 생각할 때 떨린다. 그러나 그는 전혀 죄가 없으신 하나님만이 자신을 구원할 능력이 있으시다는 사실에 기뻐한다.

다윗의 예배에로의 부름은 경외심에로의 부름이다. 이는 만일 우리가 거룩하신 하나님을 모든 것 되시는 분으로 본다면, 우리는 심히 두려워할 것이다. 하나님을 두려워하는 것이 첫 단계이다. 둘째 단계는 우리의 경외심이 그분의 거룩하심의 아름다움에 대해서 최고의 존경심으로 성장할 때 일어난다. 그와 같은 성장은 우리가 하나님의 사랑과 용서를 더 완전하게 이해할 때, 일어난다. 셋째 단계에서, 하나님께 대한 우리의 이해가 커짐으로, 두 가지 문제가 일어날 것이다. 우리는 우리를 사랑하시는 그분을 노엽게 한다는 생각에 그만큼 더 두려워할 것이다. 그러나 우리는 그분의 구원의 완성을 눈여겨봄으로 더욱 더 기뻐할 것이다.

"하늘은 기뻐하고 땅은 즐거워하며 바다와 거기에 충만한 것이 외치고 밭과 그 가운데에 있는 모든 것은 즐거워할지로다 그 때 숲의 모든 나무들이 여호와 앞에서 즐거이 노래하리니"(시 96:11-13).

신약성경에서 우리는 "피조물이 다 이제까지 함께 탄식하며 함께 고통을 겪고 있는 것을 우리가 아느니라 그뿐 아니라 또한 우리 곧 성령의 처음 익은 열매를 받은 우리까지도 속으로 탄식하여 양자 될 것 곧 우리 몸의 속량을 기다린다"(롬 8:22-23)는 것을 알게 된다. 만일 문자 그대로 땅이 죄의 저주아래서 탄식하고 창조자가 오신다는 생각에 기뻐한다면, 마찬가지로 탄식하는 우리 또한 완전한 구속의 날을 고대하면서 기뻐해야 한다. 우리의 쾌락적인 문화는 경외하는 마음과 기쁨을 겸비하는 것이 어렵다는 것을 알게 된다. 그러나 기쁨에 넘치는 경외심과 기대되는 것의 겸비가 우리의 예배에 신나는 자극을 불어넣어야 한다! 우리의 예배가 과연 어떻게 지루해질 수 있겠는가?

예배에 합당한 행동

언약궤 앞에서 다윗의 노래는 예배에 합당한 "태도"는 예배 중에 합당한 "행동"으로 나타나게 될 것이라는 것을 가르쳐 준다, 구체적으로 말하면, 다윗은 세 종류의 행동 특징, 곧 노래하고 선포하고 그리고 제물을 드리는 것을 말한다.

진심으로 예배를 드리는 사람은 마음으로부터 나오는 새 노래로 거룩하신 하나님께 "노래"를 해야만 한다. "새 노래로 여호와께 노래하라 온 땅이여 여호와께 노래할지어다 여호와께 노래하여 그분의 이름을 송축할지어다..."(시 96:1-2, 상반절). 새 노래는 새로 만든 노래, 곧 죄의 결과를 예시하는 옛 노래의 양식과 다른 노래이다. 하나님께서 받으실만한 새 노래는 그분의 이름을 찬양하는 노래이다. 새 노래는 하나님께 향하고 그분의 이름에 근원을 갖고 있는 그분의 인격을 높이는 노래이다.

예배에 합당한 태도는 우리의 "선포"에서 분명해 진다.

"여호와께 노래하여 그분의 이름을 송축하며 그분의 구원을 날마다 전파할지어다 그분의 영광을 백성들 가운데에, 그분의 기이한 행적을 만민 가운데에 선포할지어다...모든 나라 가운데서 이르기를 여호와께서 다스리시니 세계가 굳게 서고 흔들리지 않으리라 그분께서 만민을 공평하게 심판하시리라 할지로다"(시 96:2-3, 10).

진정한 예배는 날마다 하나님의 다함없는 구원의 기쁜 소식을 선포하는 것이다. 우리는 하나님의 집에서 예배를 드릴 때 구원의 메시지로 격려를 받은 후, 그 메시지를 그분의 영광과 그분의 기적, 그리고 그분의 통치에 대해서 들어야할 필요가 있는 "이방인들"에게 전해 주어야 할 것이다.

마지막으로, 예배에 대해서 기쁨에 찬 경외심의 합당한 태도는 기꺼이 "제물"로 그 자체를 표현할 것이다. "만국의 족속들아 영광과 권능을 여호와께 돌릴지어다 여호와께 돌릴지어다 여호와의 이름에 합당한 영광을 그에게 돌릴지어다 예물을 들고 그분의 궁정에 들어갈지어다"(시 96:7-8). 찬양 가사는 하나님께 그분의 이름에 합당한 영광을 돌려 드리는데 있어서 중요하다. 그러나 너무나도 흔히 우리의 가사는 저속하다! 상대적으로 하나님께 대한 진정한 예배의 가사는 희생적 행위에 의해서 뒷받침 된다. 당신과 나는 그 동안 내내 우리가 하나님의 것을 도둑질할 때, 합당한 두려움의 태도로 정직하게 하나님을 찬양할 수 있겠는가? 하나님께서는 이 문제를 말라기서에서 제기하셨다, "사람이 어찌 하나님의 것을 도둑질하겠느냐 그러나 너희는 나의 것을 도둑질하고도 말하기를 우리가 어떻게 주의 것을 도둑질하였나이까 하는도다 이는 곧 십일조와 봉헌물이라" (말 3:8).

예배에 합당한 닻

진정한 예배는 합당한 "행동"으로 그 자체를 나타내는 합당한 "태도"로 시작된다. 그러나 결국 예배는 전혀 우리에게서 시작되지 않는다. 예배는 하나님의 가치에서 예배의 합당한 "닻"을 발견할 수 있다. 영어로 예배하는 말은 앵글로 색슨어인 "Weorthscipe" - "Worth" (가치)와 "Ship" (신분)-에서 유래되었다. 그 개념을 간단하게 말하면 존경을 받을 만한 가치가 있다는 말이다. 우리는 그분이 예배를 받으실 만한 가치가 있는 분이시기 때문에 하나님께 진정한 예배를 드려야만 한다.

"여호와는 위대하시니 지극히 찬양할 것이요 모든 신들보다 경외할 것임이여 만국의 모든 신들은 우상들이지만 여호와께서는 하늘을 지으셨음이로다 존귀와 위엄이 그의 앞에 있으며 능력과 아름다움이 그의 성소에 있도다" (시 96:4-6).

하나님의 가치는 그분의 위대하심과 지고하심에서 드러난다. 어떤 사람은 이 단계에 머무른다. 그들은 하나님의 가치를 눈여겨보고 감탄을 표시

한다. 그들의 예배는 이스라엘 백성들이 첫 번째 법궤를 예루살렘으로 옮기려고 시도했을 때 했던 것과 마찬가지로, 어느 정도의 즐거움을 포함하고 있음에 틀림없다. 그러나 예배에 있어서 합당한 즐거움은 사람들이 하나님께 순종할 때만 일어난다. 그들의 순종은 하나님께 대한 합당한 두려움과 존경심에 근원이 있다.

다윗이 그의 청취자들에게 일깨웠던 것처럼, 그의 시편은 장엄하시고 아름다우신 하나님께서 또한 "땅을 심판하러 오시되, 의로 세상을 심판하시고 그분의 진리로 만백성을 심판하실"(시 96:13, KJV) 하나님이시라는 것을 가르쳐 준다. 하나님께서 이 세상을 끝내실 최후의 날이 다가오고 있다. 그 때 "죽은 자들이 큰 자나 작은 자나 그 보좌 앞에 설 것이다" 그 장면을 보고, 요한은 이렇게 기록한다. "책들이 펴 있고 또 다른 책이 펴졌으니...누구든지 생명책에 기록되지 못한 자는 불못에 던져지더라(계 20:12, 15).

하나님의 심판은 당신과 내가 생각하는 것에 달려있지 않을 것이다. 인간의 생각은 심판의 날에 문제가 되지 않을 것이다. 그들 자신이 만든 우상을 숭배하는 사람은, 그런 우상이 능력, 만족, 또는 높은 지위가 있든지 없든지 간에, 유일하신 참 하나님 앞에 꺾일 것이다. 진정한 예배는 성경에서 기술된 하나님께 찬양을 표해야 한다. 당신은 하나님을 알고 있는가? 당신의 예배는, 당신의 태도와 행동으로, 당신이 그분의 말씀으로 명백히 보여주는 하나님을 알고 있다는 것을 표하고 있는가?

생각할 점

1. 법궤를 예루살렘으로 옮기려는 첫 번째 시도와 두 번째 시도의 차이점을 설명하라.

2. 예배시에 기쁨과 경이심이 어떻게 공존할 수 있는가? 경외심이 기쁨에 선행되어야 하고, 왜 그 기쁨이 경외심이 없이는 불가능 한가?

3. 하나님께 대한 경외심이 진정한 예배의 시작이다. 그러나 어떻게 그 경외심이 성숙하게 되는가? 일단 성숙되면, 경외심은 어떻게 표현되는가?

4. 예배시 올바른 태도는 세 가지 올바른 행동으로 그 자체를 나타낸다. 올바른 행동을 제시하고 나서 그것들이 당신의 상황에 어떻게 적용되는가를 설명하라?

5. 하나님의 장엄하심에 대해서 하나님을 찬양하는 것을 방해하는 예배가 왜 잘못인가? 그런 예배는 하나님의 본성 중 어떤 중요한 면을 빠트리는 것인가?

13. 진정한 예배는 적절한 이해로 시작된다

‖ 느헤미야, 느헤미야 8:1-8

"이와 같이 그들이 하나님의 율법에서 책을 명료하게 낭독하고 그 의미를 알려주어 그들로 하여금 그 낭독하는 것을 깨닫게 하니라"(느 8:8).

하나님께서 그분의 교회를 시작하셨을 때, 새 신자들이 함께 만나서 "흔들리지 않고 사도들의 교리와 교제 안에 머물고, 떡을 떼며 기도하기를 힘썼다"(행 2:42, KJV). 네 가지 활동, 곧 교리(KJV)를 배우고, 교제하고, 떡을 떼고 그리고 하나님께 기도하는 것 중에, 당신은 어느 것이 가장 중요하다고 생각하는가?

교제는 분명히 소수의 박해받는 믿는 사람들의 무리를 격려하기 위해서 필요했다. 그리스도의 대속의 죽으심을 기념하기 위해서 떡을 떼는 것은 그리스도인으로써 그들이 마땅히 지키고 행하여야할 도리를 또렷하게 유지하는 역할을 했다. 기도는 그들을 반대하는 무시무시한 사회적인 그리고 법적인 억압에 직면하고 있는 믿는 사람들로서 절대로 필요했다. 이런 예배의 구성요소와 비해서, "딱딱한" 교리를 배우는 것은 대체로 별로 중요하지 않은 것처럼 보였을지도 모른다.

과연 그랬을까? 오늘날 교리에 대한 강조는 흔히 사랑이 없고, 불화를 일으키고, 또는 율법주의로 간주된다. 그러나 초대교회 성도들은, 사도들에게 예수님의 가르침을 배우는 것은 모든 활동 가운데 가장 중요한 활동이었다. 이러한 가르침이 없이는, 그들은 어떻게 기도해야 하는지 또는 왜 기도해야 하는지를 알지 못했을 것이다. 그들은 교제의 필요성과 심지어 떡을 떼는 것이 무엇을 의미하는지 조차도 이해하지 못했을 것이다. 하나님의 말씀을 가르치고 설교하는 것은 초대 교회 예배의 중요한 면이었다.

초대교회 시대를 뒤이어 수세기 동안, 전문적인 성직자들이 교회 예배를 책임지고 맡아 관리하기에 이르렀다. 뒤에 이러한 성직자들은 계속 사람들을 성경에 무지하게 함으로 그들의 영향력을 강화할 수 있다는 것을 알았다. 자칭 세상에서 하나님의 최종적인 권위자로, 그들은 종교적인 영향력뿐만 아니라 세상사에도 영향력을 행사했다. 그들은 사람들에게 타국어로 예배를 인도했다. 그리고 이러한 교회 지도자들은 사람들이 그들의 자국어로 된 하나님의 말씀을 갖는 것을 훼방했다. 진리를 찾는 사람들은 누구든지 성직자의 말을 받아들이도록 강요를 받았다. 오늘날 널리 알려진 것보다 훨씬 더 높은 비율의 사람들이 교회의 예배에 참석했다는 것이 거의 확실하지만, 많은 사람들은 성경의 그리스도를 전혀 알지 못하고 살다가 죽었다.

개혁자들은 사람들이 하나님의 말씀을 사용할 수 있도록 하기 위해서 많은 시도를 했다. 수세기 동안, 이러한 노력은 성직권을 주장하는 체제에 의해서 좌절되었다. 그러나 마침내 성직권을 주장하는 체제의 영향력이 충분히 약화되었고, 개혁자들이 그들 자신의 교회를 세울 수 있었다. 성경은 일반 대중의 언어로 인쇄되었고, 다시 하나님의 말씀을 가르치는 것이 예배의 극히 중대한 면이 되었다.

그러나 커지는 세속화(Secularization : 유럽사회가 교회 세력의 지배에서 벗어나게된 역사적 과정을 뜻함-역주)가 성직권을 타파했는데, 그 세속화가 성경을 경시하는 새로운 시대를 위한 씨를 뿌렸다. 1세기 이상, 학자들과 무신론자들이 성경이 참으로 하나님의 말씀인지 아닌지를 문제 삼기 시작했다. 인간의 지혜에 맞춘 그들의 호소가 시대정신과 일치했기 때문에 세상 사람들은 곧 성경의 권위를 의심의 눈으로 보도록 설득 당했다. 대부분의 성직자들까지도 설득 당했고, 이와 같은 입장은 오늘날 까지도 여전하다. 오늘날 많은 사람들은 예배 의식에 참석하기 위해서 매 주일 교회에 출석한다. 그러나 하나님의 말씀의 가르침이 없다.

미국의 복음주의 교회 가운데서 까지도, 예배는 하나님의 말씀에 대한 경시를 겉으로 나타낸다. 설교시 열정적으로 설교자의 생각을 과시하거나, 또는 바람직한 반응을 이끌어 내기 위해서 성경을 적게 인용하는 반면, 다만 감정에 호소한다. 많은 평신도들은 그들 스스로 성경을 확인하지 않고, 인기 있는 기독교 저자 또는 라디오 텔레비전 설교자의 말을 받아들인다. 기독교 서적과 방송은 본질적으로 잘못된 것이 아니다. 위험한 것은 많은 그리스도인들이 지금 믿음의 문제에 있어서 마음에 드는 인물을 그들의 최종 권위로 삼는다는 사실에 있다.

여러 가지 면에서, 오늘날의 세상은 성경 시대의 세상과 다르지 않다.

인간의 본성은 변하지 않았다. 사람들은 그때 하나님이 필요했던 것처럼 지금도 하나님이 필요하다. 예를 들면 느헤미야 시대에 이스라엘 백성들은 하나님의 말씀에 대한 심각한 무지로 타락했다. 이방인들의 포로 시대 후에도, 그들은 여전히 어느 정도 그들의 옛 종교적인 전통을 간직하고 있었지만, 그러나 성경 지식이 없어 백성들은 분별력 있는 예배를 드릴 수가 없었다.

하나님의 말씀을 듣기 위해서 모임

느헤미야는 하나님의 사람들이 50년 이상 포로생활을 했던 나라 바벨론 왕의 신임을 받는 관리였다. 느헤미야는 예루살렘이 황폐화되고 성문은 불타고 성벽이 파괴되었다는 소식을 들었을 때, 그는 "앉아서 울고 수일 동안 슬퍼하며 하늘의 하나님 앞에 금식했다"(느 1:4). 바벨론 왕이 그의 종의 슬픔에 대해서 측은히 여겨서 성벽을 재건하도록 느헤미야에게 왕의 칙허(勅許 : 왕의 허락-역주)와 물질적인 도움을 주었다. 예루살렘의 약함으로 덕을 보았던 지역 관리들의 방해에도 불구하고, 느헤미야는 그 성읍으로 떠났고 꼭 52일 만에 성벽을 재건했다. 이 놀라운 위업은 유대력 여섯째 달 25일에 마무리 되었다(느 6:15). 성경은 한 주 후 일곱째 달 초하루 날 있었던 사건에 대해서 기록한다.

"이스라엘 자손이 자기들의 성읍에 거주하였더니 일곱째 달에 이르러 모든 백성이 일제히 수문 앞 광장에 모여 학사 에스라에게 여호와께서 이스라엘에게 명령하신 모세의 율법책을 가져오기를 청하매 일곱째 달 초하루에 제사장 에스라가 율법책을 가지고 회중 앞 곧 남자나 여자나 알아들을 만한 모든 사람 앞에 이르러 수문 앞 광장에서 새벽부터 정오까지 남자나 여자나 알아들을 만한 모든 사람 앞에서 읽으매 뭇 백성이 그 율법책에 귀를 기울였다"(느 8:1-3).

이것은 유대력에 특별한 날이었다. 이는 일곱째 달은 그 해에 가장 중요한 달로 하나님께서 그분의 백성들이 여러 가지 절기와 관습을 지키라는 명령을 하신 달이었기 때문이다. 그 달 초하루 날은 민족의 새해 절기인 나팔절로 지켰다. 그 기간에 그들은 과거에 하나님께서 공급해 주신 것에 대해서 감사하고 미래의 도우심을 고대했다. 그 달 열흘날은 속죄의 날이었는데, 그날에 모든 가족의 가장뿐만 아니라, 성년의 나이에 이른 남자들은 예루살렘으로 가서 죄를 속하는 제사에 참가하라는 하나님의 명령을 받았다. 또한 보름날에, 사람들은 초막절을 거행해야 했다. 이 절기가 끝나는 칠년마다(신 31:10-11), 하나님께서는 모든 그분의 백성들이 "듣고 주 하나님을 경외하기를 배우며 이 율법의 모든 말씀을 주의하여 지키기 위해서, 그리고 율법을 알지 못하는 그들의 자녀들이 듣고 주 하나님을 경외하기를 배우기 위해서"(신 31:12-13) 함께 소집되기를 기대하셨다.

예루살렘에 있는 백성들이 함께 모여서 자발적으로 서기관 에스라에게 "율법 책을 가져오라고" 촉구했다는 것은 아마도 마음의 관행이었을 것이다. 비록 초막절 2주 전이었지만, 성벽 재건의 기쁨 속에서 백성들은 하나님의 말씀이 그들에게 낭독되는 것을 몹시 듣고 싶어 했다. 그들이 하나님의 축복을 열거하고 그분을 찬양하는 것은 이 큰 특별한 행사에 적합했다. 더욱이, 일곱 째달 초하루는 새해를 시작하는 날로서 당연히 기뻐하고 그분의 축복에 대해서 하나님께 감사하는 성대한 의식을 행하는 특별한 날이었다. 그 토록 백성들은 하나님께서 그분의 백성들에게 듣고 이해하라고 명하신 말씀을 듣기를 청했다. 우리는 그분의 백성으로 모일 때, 이 같은 갈망이 있는가? 하나님의 말씀이 우리에게 중요한가? 또는 단지 우리의 친구들을 만나거나 감정적인 격려를 받는 시간으로 주일을 고대하고 있는가?

느헤미야가 이 큰 절기 날에 대해서 서술한 것을 생각해 보라. 백성들은 "한 사람처럼 그들 스스로 함께 모였다." 그들은 공동의 즐거움과 하나님의 말씀에 대한 열망으로 집중된 목적의 일관성이 있었다. 신약의 그리스도인으로, 우리는 우리 중 그와 같이 굶주린 사람은 어느 누구도 먹이신다는 하나님의 귀중한 약속을 가지고 있다. 예수님께서는 "의에 주리고 목마른 자는 복이 있나니 그들이 배부를 것임이요"(마 5:6) 라고 말씀하셨다.

느헤미야 8장 1-12절에 기록된 주목한 대 사건에 "백성"이란 말이 열세 번 나타난다. 그 말은 들뜬 다수의 사람들이 한 가지 목적으로 한 장소에 모였다는 것을 서술한다. 단지 가장(家長)만이 아니라, 그의 모든 가족들이 참석했다. 더구나 그들은 "6" 시간 동안 말씀을 "주의 깊게" 들었다! 오늘날 많은 기독교 지도자들은 이와 같은 부류의 다수의 반응을 얻으려고 애쓴다. 그러나 느헤미야와 에스라는 많은 사람들에게 "힘을 불어 넣을" 필요가 없었다. 사람들은 어떤 집요한 호소 또는 환대의 약속 때문에 모인 것이 아니

하나님이 받으시는 진정한 예배

다. 그들은 어떤 쇠퇴한 전통을 지키기 위해서 모인 것도 아니다. 그들은 하나님의 말씀으로부터 가르침을 받기를 기대했다.

이런 기대가 아주 커서 사람들은 누구든지 가르치는 것을 듣도록 하기 위해서 특별한 준비를 했다. 그들은 에스라와 그의 조력자들을 위해서 하나님의 말씀을 선포하는데 사용하도록 큰 강단을 세웠다(느 8:4). 아마도 이 강단은 최초의 설교단이었을 것이다! 유대 역사상 이 시점부터, 제사를 드리는 성전은 이제 더 이상 종교적인 표현의 중심지가 아니었다. 대신에, 가족들이 가르침을 받고, 토라(Torah : 구약성경의 첫 다섯 편으로, 곧 창세기. 출애굽기. 레위기. 민수기. 신명기를 말한다. 흔히 모세오경이나 모세율법이라고도 하며, 히브리어로 "가르침" 혹은 "법"을 뜻한다-역주)를 이해하고, 하나님을 찬양하고, 그리고 교제를 즐기기 위해서 회당에서 모이기 시작했다.

느헤미야는 또한 "백성들이 자기 자리에 서 있었다"(8:7, KJV)고 기록한다. 분명히, 남녀와 그들의 자녀들 모두가 율법을 낭독하는 것을 듣기 위해서 "아침부터 정오까지" 그들의 발 앞에 "서" 있었다. 오늘날 우리는 설교자가 20분 이상 설교를 계속할 경우 당연히 불편함을 느끼기 시작한다. 그러나 이 이야기를 상세하게 기록한 실제적인 요점은 사람들이 긴 메시지를 인내하면서 들은 것이 아니라, 주의 깊은 태도로 메시지를 받았다는 사실이다. 당신과 나는 교회에 출석해서 "귀를 기울이 않고" 하나님의 말씀을 "듣는 것"이 가능하다. 그러나 재건된 예루살렘 성벽에 모였던 사람들은 하나님의 말씀을 "듣되, 귀를 기울여 들었다!" 마찬가지로, 성경을 사랑하는 그리스도인들은 성경이 그들에게 상세히 설명되기를 열망한다, 이렇게 해서 그들은 주의 깊게 들은 것을 그들 자신에게 적용한다. 우리가 설교를 적용할 때 흔히 설교에서 무엇인가를 얻는 것이다!

하나님의 말씀을 전하는 일에 전념함

지금까지 우리는 백성들의 관점에서 느헤미야의 이야기를 돌이켜 보았다. 지도자들의 관점은 어떤가? 당신 자신을 그들의 입장에 놓아보라. 그들은 "한 사람처럼" 모였던 들뜬 다수의 백성들과 마주 보고 있었고, 백성들은 모두 에스라에게 책을 가져오라고 외쳤다. 아마 지도자들이 모임을 소집한 듯하지만, 율법을 낭독하라는 백성들의 요구는 자발적인 듯하다. 에스라가 책을 가지고 있지 않았는데, 나아가서 책을 손에 넣었다는 사실은 지도자들이 성경을 낭독하는 것보다 만남의 다른 목적이 있었을지도 모른다는 것을 시사한다. 지도자들은 이 계획을 바꾸어서 어떻게 반응했는가?

지도자들은 책을 가져와서 말씀을 낭독함으로 반응했다. 물론 그들은 책을 가져와서 말씀을 읽었다! 왜 그들은 하나님의 백성들이 하나님의 말씀을 듣는 동안에 하나님의 말씀 이외의 무엇인가를 알려 주어야 했는가? 에스라는 누구든지 책이 펼쳐진 것을 볼 수 있도록 하기 위해서 "모든 백성 위"(느 8:5, KJV)에 있는 강단에 섰다. 다른 지도자들은 백성들에게 나감으로 에스라를 도왔다. 그들은 율법을 이해하도록 하기 위해서 백성들을 도왔다. 백성들은 자기 자리에서 "일어섰다." 그렇게 그들은 "하나님의 율법에서, 책을 분명하게 낭독하고 의미를 알려 주어 그 낭독한 것을 그들이 깨닫도록 도왔다"(느 8:7-8, KJV).

그들의 실례에서 우리는 하나님의 지도자들은, 사람들이 하나님의 말씀을 주의하여 듣기를 몹시 소망해야만 한다는 것을 배운다. 우리는 또한 단지 서서 성경을 읽는 것만으로는 언제나 충분하지 않다는 것을 배운다. 흔히 사람들은 본문의 해석이 필요하다. 하나님께서는 그분의 교회를 위해서 그분의 말씀을 정확하게 구별하는 은사를 준 목사와 교사를 준비하심으로 이 같은 필요에 대해서 미리 조처하셨다(엡 4:11-12). 느헤미야 시대에, 많은 사람들이 어쩌면 아람어(셈 어족의 하나-역주)를 채택했을 것이기 때문에, 원래 히브리어로 기록된 하나님의 율법은 그들에게는 혼동이 되었을 것이다. 그러나 지도자들은 "의미를 알려주어, 낭독하는 것을 "그들이" 깨닫도록 도왔다." 이와 같은 종류의 설교의 직무가 회중석의 아래쪽에 있는 사람들을 감동시키지 못할지는 모르지만, 그것은 하나님의 사람을 믿음과 경건의 과정으로 나가게 한다.

마침내 백성들이 하나님의 말씀을 듣고 교훈을 깨달았을 때, 진정한 예배로 응했다. 에스라는 백성들 앞에 서서 공공연히 하나님의 위대하심을 중언했다. 그때 모든 백성들은 그에게 호응해서, 하나님의 영광을 위해서 그들의 손을 높이 들었다. 그들은 에스라를 찬양하지도, 그의 재치 있는 능변 또는 평판에 감응(感應)하지도 않았다. 백성들은 하나님께 영광을 돌렸다. 그리고 나서 겸손한 마음으로 그들은 겸손한 예배로 머리를 숙였다.

"에스라가 위대하신 하나님 여호와를 송축하매 모든 백성이 손을 들고 아멘 아멘 하고 응답하고 몸을 굽혀 얼굴을 땅에 대고 여호와께 경배하니라"(느 8:6).

아무튼 느헤미야서는 이 경우에 어떤 음악이나 또는 제물이 있었다는 것을 기록하지 않는다. 모든 백성들은 그 후에 조용히 집으로 돌아와서, "그들에게 선언된 말씀을 밝히 깨달았기 때문에"(느 8:12, KJV) 여전히 즐겁게 절기를 경축했다. 그것을 이해하는 것이 요점이다. 유대 백성들의 미래의 역사 속에서 다른 경우의 예배에 음악과 제물이 있었을 것이다. 그러나 그 때 예루살렘 성벽이 재건되었던 그 위대한 날처럼, 진정한 예배는 사람들이 그들의 하나님의 말씀을 이해할 때까지 드려질 수 없었을 것이다.

생각할 점

1. 초대 그리스도인들은 예배를 드릴 때 하나님의 말씀을 배웠다(행 2:42). 우리가 어떤 점에서 말씀을 배우는 데서 벗어나는가?

2. 예루살렘 성벽 재건이 왜 백성들에게 하나님의 말씀을 듣기를 원하는 반응을 일으켰는가?

3. 사람들은 6시간 동안 하나님의 말씀을 들었다! 우리가 주의 깊게 듣지 않고 하나님의 말씀을 듣는 것이 가능한가? 만일 그렇다면, 어떻게 이 위험을 피할 수가 있는가?

4. 지도자들이 백성들에게 하나님의 말씀을 선포할 뿐만 아니라, "그들에게 이해시켰다." 오늘날 어떻게 이 원칙이 적용되는가?

5. 진정한 예배가 왜 하나님의 말씀의 이해 없이 드려질 수 없는지 설명하라.

14. 진정한 예배는 하나님의 거룩하심을 찬양한다

‖ 시편 . 시편기자 . 시편 99편

"너희는 여호와 우리 하나님을 높이고 그 성산에서 예배할지어다 여호와 우리 하나님께서는   거룩하심이로다"(시 99:5)

목회 상담 중에 나는 서로 어떻게 대하느냐에 따라서 배우자 서로의 관계에 대해서 많은 것을 알아차린다. 만일 남편과 아내가 나의 연구실에 와서 따로 앉아서 서로를 바라보지 않는다면, 나는 그들의 관계가 뒤틀렸을 것이라는 결론을 내린다. 의미 있는 대화와 협력은 아마도 끝났을 것이다. 아마도 직장에서 집에 돌아와서 밤새워 텔레비전을 보는 것이 그 남성의 습관일 것이다. 아마도 여성은 쇼핑하러가서 남편의 동의 없이 물건을 샀을 것이다. 적어도 한 배우자가 다른 배우자를 사랑하는 것을 중단하고 그들이 다른 배우자의 감정과 관계없이 마음대로 살기로 결심했기 때문에 더 이상 협력은 없다.

세상 사람들은 이 배우자는 그들의 결혼생활에 사랑과 로맨스를 되찾는 것이 필요하다고 말할 것이다. 그러나 사이좋고 행복한 관계는 사실상 서로를 존경함으로 쌓인다. 그리스도인으로서 당신은 다른 사람에게 사랑을 주고 그 대신에 사랑을 받을 수 없을 때, 그것은 어느 정도의 "관계"를 형성하지만, 행복한 관계는 아니다. 그러나 두 당사자가 서로 존경할 때, 긍정적이고 만족스러운 관계를 위한 토대가 존재한다.

견실한 부부관계는 하나님과 그분의 백성들 사이에 존재해야만 하는 관계를 적절히 묘사한다. 비록 하나님께서 당신과 나에게 의무를 지고 계시지는 않지만, 그분은 날마다 우리를 대하시는 방법대로 우리의 공경을 받으실만하다. 우리를 향하신 하나님의 사랑과 공급은 변함이 없으시고, 그분의 은혜와 긍휼은 무한하시다. 하나님의 경외심을 일으키게 하는 능력은 우리의 도처에 보인다. 하나님의 징계까지도 그 정당성에 있어서 완전하시다. 하나님께서는 전적으로 거룩하시다! 이런 속성은 하나님께서 우리를 어떻게 대하시는 가에 대한 특징을 나타내지만, 그러나 우리는 그분을 어떻게 대우해 드리고 있는가? 우리는 그분의 믿을 만하고 충성스러운 종으로 하나님을 공경 받을 만하신 분으로 대우해드리고 있는가?

우리가 하나님을 어떻게 대우해 드리느냐 하는 주요한 척도는 우리의 예배이다. 이런 사실은 하나님의 백성들이 때로는 하나님께 대한 큰 공경심이 있었고, 평소에는 그들 자신의 생각에 따라 행동했던 구약시대에도 조금도 틀림이 없었다. 그와 같은 경우 그들은 여전히 표면상으로 예배 형식을 거행했거나, 또는 예배의 겉모양을 버리고 우상을 따랐음에 틀림이 없다. 어느 쪽이든, 그들은 주님을 잊어버리고 공경하는 마음으로 그분을 대우해 드리지 않았다. 당신과 나는 오늘날 때때로 주일 날 우리의 모든 죄의 짐을 아무 생각 없이 가지고 오거나, 그분은 거룩하시다는 것을 잊어버리거나,

또는 어쩌면 심지어 우리가 예배드릴 가치가 있는 하나님을 올바르게 알지 못할 때, 똑 같은 일을 행할 수 있다. 그와 같은 공경심의 부족은 그분과 우리의 관계에서 나타날 것이다.

주님께서는 주권을 잡고 계신다

그와 같은 예배에 비해서 진정한 예배는 그분의 거룩하심에 대한 우리의 공경심을 드러낸다. 그것이 시작되는 시편 99편의 메시지이다.

"여호와께서 다스리시니 만민이 떨 것이요 여호와께서 그룹 사이에 좌정하시니 땅이 흔들릴 것이로다 시온에 계시는 여호와께서는 위대하시고 모든 민족보다 높으시도다"(시 99:1-2).

사람들이 하나님의 권위 앞에 떨었음이 분명하다. 그러나 이 사실을 강조하기 위해서, 시편기자는 하나님께서 체루빔(그룹천사들-역주)사이에 좌정하신다는 것에 주의를 기울이게 한다. 아마도 이 기록은 성막과 언약궤가 있는 속죄소(문자적으로는 '덮어주는 처소' 란 뜻으로 성막의 지성소 안에 위치하며, 언약궤 위 두 그룹의 날개 사이 하나님께서 임재하셔서서 이스라엘 백성과 만나주시고, 그들에게 말씀하시며, 또 그들의 허물과 죄악을 용서해 주시는 곳이다. 따라서 이곳은 일종의 하나님의 지상 통치의 중심 처라 할 수 있다. 속죄소가 자리한 언약궤 안에는 십계명이 새겨진 두 돌비, 아론의 싹 난 지팡이, 그리고 하늘 양식인 만나가 보관되어 있었다-역주)에 있는 하나님께서 정하신 임재의 장소를 언급할 것이다. 하나님께서는 모세에게 이렇게 명령하셨다, "금으로 그룹 둘을 속죄소 두 끝에 쳐서 만들어야 한다"(출 25:18). 속죄소는 너무나도 성스러워서 대제사장이 오직 일 년에 한번 그곳에 접근할 수 있었다. 그 때도, 대제사장은 그의 옷에 간격을 두어 방울을 달고 하나님께서 그를 죽도록 치실 경우를 대비해서 끈을 맨 옷을 입었다.

하나님께서 "그룹 사이에" 좌정하신다는 언급은 어쩌면 또한 그분의 거룩한 본성을 언급할 것이다. 체루빔과 치품천사(천사의 위계의 하나-역주)는 그분을 찬양하도록 하나님께서 창조하신 천사의 존재이다. 성경은 몇몇 구절에서 체루빔이 하나님의 하늘 보좌를 둘러싸고, 그분의 거룩하심을 증언하는 것으로 말씀한다. "서로 불러 이르되 거룩하다 거룩하다 거룩하다 만군의 여호와여 그의 영광이 온 땅에 충만하도다 하더라"(사 6:3). 참으로 이분은 땅을 그분의 능력과 임재로 흔들리게 하실 수 있는 하나님이시다!

하나님께서 주권을 잡고 계신다. 하나님께서는 "시온에서 위대하신 분"이시다. 시온은 그분의 "쉐키나"(하나님의 충만한 임재-역주)의 영광이 이전에 성막과 그 후 성전을 빛냈던 곳으로 하나님께서 선택하신 도시, 예루살렘의 다른 명칭이다. 하나님께서 시온에서 위대하시다고 말씀하는 것은 아마 하나님께서 그분의 백성들 가운데서 위대하시다는 것을 증언하는 것일 것이다. 하나님께서 그들과 함께 계시는 한, 그들은 그분의 뜻을 행하는 데 있어서 무적이다.

시편기자는 성막과 그 도시(예루살렘)를 통치하시는 전능하신 하나님을 찬양한 후, 이어서 말한다. 이는 하나님께서는 "모든" 백성들보다 높으시기 때문이다"(시 99:2, KJV). 왕들조차도 하나님의 위대하심에 비할 수 없다! 그러나 우리가 그분 앞에서 떠는 순간조차도, 우리는 "모든 백성들 위에 좌정하신" 하나님께서 모든 것을 보실 수 있다는 것을 알기에 위안이 된다. 하나님께서는 당신과 나의 삶을 상세히 다스리고 계시고, 그분의 백성들을 열정적으로 돌보신다. 하나님께 대한 올바른 시각은 성경이 그분께 돌리는 모든 영광으로 그분을 보게 한다. 그와 같은 시각은 우리가 하나님께 당연히 돌려드려야 할 최고의 공경심으로 그분을 대우해 드리게 한다. 우리가 하나님의 영광을 볼 때, 우리는 시편기자와 같이 진정한 예배로 머리를 숙이고 이렇게 선언할 것이다.

"주님의 크고 두려운 이름을 찬송할지니 그분은 거룩하심이로다"(시 99:3).

주님께서는 의로우시다

성경은 "무엇이든지" 할 능력이 있으신 하나님께서 "의로운 일"을 하기로 결정하셨다는 것을 단언한다. 하나님께서는 이방인들에게 숭배를 받는 변덕스러운 신들과 같지 않으시다. 하나님께서는 그분의 능력으로 무턱대고 정의를 행하지 않으신다. 하나님에 대해서 시편기자는 이렇게 노래한다. "능력 있는 왕은 정의를 사랑하느니라 주께서 공의를 견고하게 세우시고 주께서 야곱에게 정의와 공의를 행하시나이다"(시 99:4).

하나님께서는 언제나 정의를 행하신다. 하나님께서는 항상 공평한 결정을 하시고, 항상 의로운 계획을 세우시고, 항상 정의를 행하신다. 왜 그런가? 하나님께서는 거룩하시기 때문이다. 그러므로 우리는 "주 우리 하나님을 높이고 그분의 발등상 앞에서 경배해야 한다. 이는 그분은 거룩하시기 때문이다"(시 99:5, KJV).

이는 그분은 하나님이시고 그러므로 완전한 공평과 정의로 통치하시기 때문에, 당신과 나는 그분을 높여드려야만 한다. 이런 높임은 우리가 참으로 하나님의 속성을 아는 것을 전제로 하는 데, 곧 이런 지식은 다만 하나님과 생생한 인격적인 관계를 통해서만 도달하는 것을 전제로 한다. 누구든지 하나님께 "대하여" 알 수 있고 심지어 예배 중에 성경 말씀을 사용할 수도 있다. 그러나 하나님께 대한 지적인 지식으로는 충분하지 않다. 마귀들조차도 믿고 떤다"(약 2:19, KJV). 하나님을 "알지" 못하는 사람은 그분의 속성을 높여드릴 수 없다. 우리는 흔히 예배를 예배자들이 단지 부귀 또는 만족의 신(神)만을 아는 것을 권하는 것 또는 그들이 단지 종교에 불과한 것만 아는 것을 권하는 것을 예배라고 생각하는 것은 이런 이유 때문이다. 이에 비해서 진정한 예배는 예배자들이 하나님을 친밀하게 알기 때문에 그분의 이름을 높여드린다.

하나님께 합당한 주의를 환기시켜드리는 하나의 당연한 수단은 그분의 백성들이 그분 앞에서 합당한 입장을 취하는 것이다. 시편기자는 우리에게 "그분의 발등상 앞에서 예배"하라고 명하며, 그분의 위엄 있는 보좌 앞에서의 우리의 복종을 묘사한다. 시편 93편에서 99편까지는 사실상 "왕의 시편"
으로 불려진다. 이는 위엄이 있으신 왕 여호와 하나님을 높이기 때문이다.
예를 들면 우리는 시편 93편에서 읽는다.

"여호와께서 다스리시니 스스로 권위를 입으셨도다 여호와께서 능력의 옷을 입으시며 띠
를 띠셨으므로 세계도 견고히 서서 흔들리지 아니하는도다 주의 보좌는 예로부터 견고히 섰
으며 주는 영원부터 계셨나이다"(시 93:1-2).

고대의 황제들은 흔히 몇 개의 계단의 꼭대기에 있는 단에 앉았다. 일
단 왕은 계단을 오르면 왕좌에 앉아서 왕좌에 덧붙여진 대(발을 올려놓은 발
판-역주)위에 발을 올려놓을 수 있었다. 발판은 그의 편안함을 위해서 있었
다. 그러나 또한 발판은 복종과 정복의 화신(化身)이었다. 때로는 발판에는
왕의 적들의 초상을 새겨 넣었다. 왕이 발을 발판에 올려놓을 때, 왕은 초상
을 새겨 넣은 적들을 복종시켰다는 것을 누구에게든지 연상케 했다.

하나님의 발판은 우리에게 그분이 왕이시라는 것을 깨우쳐 준다. 성경
에서 여러 번 우리는 하나님께서 그분의 적들을 발판으로 만드실 것이라는
것을 본다. 다른 구절들은 하나님께서 성막에 그분의 발판이 있다는 것을
말씀하고, 다른 구절에서 하나님께서는 "땅은 나의 발판"이라고 선언하신
다(사 66:1; 행 7:49). 이 모든 언급에서 우리는 복종하는 합당한 태도로 예배
를 드릴 때 하나님께서 높임을 받으신다는 것을 연상하게 된다.

그러한 복종은 그분의 거룩하심 때문에 하나님께 기뻐서 할 수 있게 될 것이다. "주님의 증거들이 매우 확실하고 거룩함이 주님의 집에 합당하니 여호와는 영원무궁하시리이다"(시 93:5). 하나님의 거룩하심은 능력과 정의의 완전한 일치를 가능케 한다. 실로 하나님의 거룩하심은 인간의 생각으로는 전적으로 그분의 모든 속성의 조화다. 하나님께서는 죄에 대해서 노하신다. 그럼에도 불구하고 사랑이 충만하시다. 하나님께서는 거역하는 것에 진노를 쏟아 부으신다. 그러나 대체로 오래 참으신다. 그분의 거룩하심은 이러한 속성들을 함께 결합시키는 접착제이다. 그분의 능력은 정의를 필요로 한다. 하나님께서는 공평을 세우시고 의를 행하신다. 진정한 예배는 이와 같으신 하나님을 높여 드릴 것이다.

주님께서는 드러나셨다

권위와 위대하심, 공의 그리고 의에 대한 하나님의 속성을 입증할 때, 시편기자는 그의 적용으로 옮겨간다. 하나님의 거룩하신 본성은 사람과 그분의 교제를 통해서 드러난다. 이는 하나님께서 그분이 그분의 백성들이 다른 사람들을 위해서 기도하고 중재하게 하실 때, 전적으로 의로우신 그분이 그럼에도 불구하고 죄를 용서하실 때, 또한 그분은 용서받은 죄인들이 그들의 죄의 완전한 결과를 거두게 하실 때, 공평하게 다루시기 때문이다. 바꾸어 말하면 우리의 하나님께서는 놀라우시고 관대하시고 그리고 자비로우시지만, 또한 의로우시고 능력이 있으시기 때문에, 죄에 대한 바로 그 생각은 우리의 마음에 두려움으로 떠올라야 한다. 하나님의 성품의 양면을 깨닫는 것은 우리에게 하나님은 거룩하시다는 것을 이해하도록 돕고, 이런 이해가 그분께 대한 진정한 예배로 귀착된다.

이런 진리를 예증하기 위해서 시편기자는 하나님의 선택된 세 명의 종의 삶으로부터 교훈적인 실례를 준다.

"그의 제사장들 중에는 모세와 아론이 있고 그의 이름을 부르는 자들 중에는 사무엘이 있도다 그들이 여호와께 간구하매 응답하셨도다 여호와께서 구름 기둥 가운데서 그들에게 말씀하시니 그들은 그가 그들에게 주신 증거와 율례를 지켰도다 여호와 우리 하나님이여 주께서는 그들에게 응답하셨고 그들의 행한 대로 갚기는 하셨으나 그들을 용서하신 하나님이시니이다"(시 99:6-8).

딱딱한 문제를 다루는 성경학자들에게 이 구절은 어떤 문제를 제기할지도 모른다. 왜 모세를 제사장으로 불렀는가? 하나님께서는 율법을 주셨을 때까지 성직을 임명하지 않으셨다. 실제로 첫 제사장은 아론이었다. 그러나 여기에서 "제사장들"이라고 번역된 히브리어는 실제로는 봉사 또는 거룩하고 성스러운 봉사를 하는 것을 의미한다. 모세는 하나님께서 성직의 특별한 제도를 제정하시기 전에 성직의 일을 수행했다. 모세는 심지어 아론의 성직 임명을 집행했다. 또한 그는 모든 제사장들에게 필수적인 혈통인 레위 계통으로 태어났다. 그는 하나님과 사람들 가운데서 중재를 했고, 그리하여 제사장들의 주요한 역할 가운데 하나를 수행했고, 그리고 그는 사람들과 온 민족을 대신해서 기도했다.

물론 이 구절의 역점은 모세, 아론, 그리고 사무엘의 자격에 관한 것이 아니다. 요점은 이러한 위대한 지도자들까지도 그들의 무력함을 인정하고 기도로 하나님께 구하기를 주저하지 않았다는 것이다. 때로는 하나님께서는 즉시 응답하셨고, 평소에는 나중에 응답하셨다. 흔히 응답은 하나님께서 모세와 아론 시대에 그분이 애굽에서 백성들을 데리고 나오실 때, 또는 그분이 이스라엘에게 우세한 적들을 승리할 수 있게 해달라는 사무엘의 간청에 응답하셨을 때처럼, 초자연적인 것이었다.

하나님께서는 여전히 오늘날도 그분의 종들의 기도를 응답하기를 기뻐하신다. 비록 그분이 옛날에는 "구름기둥으로" 말씀하셨을지라도, 하나님께서는 여전히 그분의 기록된 말씀을 통해서 말씀하신다. 지금도 그 때처럼, 하나님께서는 항상 그분의 종들에게 그들이 알 필요가 있는 것을 말씀하시는 충실하신 분이다. 하나님께서는 우리에게 의무를 지고 있지 않으시지만, 그분은 우리가 그분이 주시는 가르침을 통해서 그분의 거룩하심을 몹시 알기를 원하신다. 하나님께서는 모세, 아론, 그리고 사무엘에게 그러한 교훈을 마음에 새길 더 상세한 실례를 주셨다. 이는 그들이 하나님의 가르침과 명령을 지켰기 때문이다. 어린 소년이었을 때도, 사무엘은 하나님의 음성에 "말씀 하옵소서 당신의 종이 듣겠나이다"(삼상 3:10)라고 대답했다.

그러나 당신과 나는 정말로 하나님께서 모세, 아론, 그리고 사무엘의 기도를 응답하셨다는 사실에서 위로를 받을 수 있는가? 만일 이 사람들이 우리 남은 사람들이 결코 도달하리라고 생각할 수 없는 완전한 단계에 이르렀다면, 그들의 실례는 우리들에게 거의 격려를 주지 못한다. 그러나 시편 기자는 이 하나님의 위대한 사람들도 당신과 내가 싸우는 것처럼 죄와 싸웠다는 것에 주위를 기울이게 한다.

그들은 하나님께서 비록 "그들에게 응답"하시고, "그들에게 용서하시는 하나님"이셨을지라도 그들은 하나님께서 그들이 "행한 대로 갚으셨던"(시 99:8) 약점과 결점이 있었다.

모세, 아론, 그리고 사무엘 모두 하나님께 죄를 범했다. 성경은 모세가 백성들 앞에서 하나님께 대한 공경심이 부족함을 보여 주었던 가데스 므리바 물가에서 하나님의 진노를 자초했다(시 32:51)고 기록한다. 아론 또한 므리바에서 하나님의 분노를 끓어오르게 했다. 그는 예전에 그가 우상 숭배를 허용했을 때(출 32:1-6)와 모세의 지도자의 지위(민 12:1-2)에 대해서 반역을 했을 때 죄를 범했다. 그 다음에 사무엘의 죄는 무엇인가? 우리는 아마도 그것이 만일 그의 두 아들을 훈육하는데 실패한 것이 아니면, 성경이 그것에 대해서 직접적으로 언급하지 않기 때문에 명확하게 말할 수는 없다(삼상 8:3).

그러나 우리는 두 가지 것을 확실히 안다. 첫째, 시편기자에 의하면 이 세 사람 모두 그들의 실패에 대해서 고백하고 회개했다. 우리는 어떻게 아는가? 모세, 아론, 그리고 사무엘은 하나님 앞에서 각각 죄를 깊이 뉘우쳤음에 틀림이 없다. 이는 하나님께서 그들을 용서하셨기 때문이다. 둘째, 그분의 용서에도 불구하고, 하나님께서는(흠정역의 번역처럼) "그들의 행실" 대로 갚으셨다(시 99:8, KJV). 곧 그분의 종들이 그들 자신의 뜻을 따를 때. 하나님께서는 이와 같은 위대한 사람들까지도 그들의 죄의 완전한 결과를 받도록 하셨다. 예를 들면 모세와 아론은 둘 다 약속의 땅으로 들어가는 기회가 주어지지 않았다. 그보다는 광야의 여정의 끝이 보이는 곳에서까지, 하나님께서는 그들에게 영광을 빼앗으셨다(민 33:38; 신 34:5).

우리 역시, 넘어져서 죄를 범할 것이다. 그러나 "만일 우리가 우리 죄를 자백하면 그는 미쁘시고 의로우사 " 우리 " 죄를 사하시며 우리를 모든 불의에서 깨끗하게 하실 것이다"(요일 1:9). 그럼에도 불구하고 우리는 항상 그 죄 때문에, 모종의 죄의 결과에 직면해야만 한다. 왜 그런가? 이는 하나님께서는 의로우시고 거룩하시기 때문이다. 그것에 더하여 또 하나의 이유, 곧 우리의 유익을 위해서 계획된 이유가 있다. 우리의 손가락의 신경이 다시는 뜨거운 난로를 결코 만지지 말라고 경고하는 것처럼, 죄의 결과에 대한 경험은 우리 자신의 "생각"을 포기하도록 자극한다.

다윗은 아마도 이 원칙에 대한 성경에서 가장 주목할 만한 실례이다. 그는 밧세바와 죄를 범한 것을 고백하고 용서를 받은 후, 그의 남은 생애동안 그의 죄의 결과를 받았다. 하나님께서 다윗에게 그의 죄의 결과를 받게 하신 것이 부당한가? 아니다, 그분은 우리에게 그러한 죄를 범하지 말라고 간청하시지 않으신다. 일단 우리가 그분의 뜻을 거역하면, 하나님의 거룩하심은 그러한 죄에 대해서 철저한 단절을 요구한다. 우리가 죄의 결과를 감수할 때, 우리는 그분의 거룩하심에 대해서 차츰 나은 이해를 하게 된다.

주님께서는 공경을 받으신다

시편기자는 하나님께서는 경외심을 일으키게 하는 능력으로 통치하시고, 모든 백성들 위에 좌정하시며, 능력과 정의를 겸비하시고, 기도를 응답하시며, 교훈을 주시고, 죄의 결과를 인정치 않으심으로 죄를 용서하신다는 것을 넌지시 설명함으로 하나님의 거룩하심에 대해서 찬양한다. 그러면 그 문제의 자연스러운 결론은 무엇인가? 시편기자는 우리에게 "주 우리 하나님께서는 거룩하시기 때문에 너희는 주 우리 하나님을 높이고 그분의 성산에서 예배하라"고 권고한다(시 99:9, KJV).

높인다는 것은 지위를 높이는 것을 의미한다. 그러면 하나님께서는 내가 높여드리지 않으면 안 되는 분인가? 물론 아니다. 시편 기자가 기록한 말씀을 읽으라. 당신과 나는 단지 그분이 하나님이시기 때문이 아니라, "우리" 하나님이시기 때문에, 거룩하신 분을 높여드려야 한다! 만일 우리가 그분의 백성이라면, 우리는 우리 하나님의 이름을 모든 다른 것보다 높여 드려야 한다. 거룩에 대해서 생각해 보라. 하나님께서는 아주 거룩하시다. 그런데도 하나님의 거룩에 비교하면 아무 것도 아닌 우리가 그분을 "우리의" 하나님이라고 부를 수 있다! 만일 우리가 우리의 하나님과 우리 자신을 거룩에 비추어서 생각하면, 우리의 당연한 표현은 모든 것 중에서 그분께 가장 높은 지위를 드려야만 한다. 만일 하나님께서 그 정도의 지위를 차지하셨다면, 우리의 예배는 그것을 나타내야 한다.

하나님의 탁월하심은 우리가 그분이 정하신 예배 장소인 하나님의 거룩하신 성산에서 예배하는데 있어서 시편기자와 행동을 같이하는 이유이다. 그렇다. 하나님께서는 "두 세 사람이 내 이름으로 모인 곳"(마 18:20)은 어디든지 계신다. 그럼에도 불구하고 하나님께서 모세에게 주신 율법에서, 하나님께서는 백성들이 예배하러 가야만 하는 지정된 장소가 있게 될 것이라는 약속을 하셨다. 예배의 장소는 언약궤가 놓여진(언약궤가 블레셋의 손에 있었던 짧은 기간은 예외) 곳은 어디에라도 있었다. 그분의 백성들에 대한 하나님의 약속은 이렇다.

"거기서 내가 너와 만나고 속죄소 위 곧 증거궤 위에 있는 두 그룹 사이에서 내가 이스라엘 자손을 위하여 네게 명령할 모든 일을 네게 이르리라"(출 25:22).

처음에 이 약속은 예배의 장소가 하나님의 백성들이 그들의 광야에서 이동할 때 올리고 내리는 성막을 의미했다. 나중에 예루살렘에 있는 영원한 성전이 예배 장소가 되었다. 그러므로 시편 기자가 초연(보통 4행 이상으로 이루어 진다-역주)을 노래할 때, 백성들은 "그룹 사이에 앉아 계시는" 왕을 공경하고 "시온에 계시는 위대하시고" "모든 백성들보다 높으신 분"을 예배하도록 부름을 받았다.

신약성경에서 하나님께서는 우리에게 그분의 백성으로서 우리의 마음으로 예배하라고 명하신다. 참으로 우리가 가인과 아벨의 예배를 통해서 알게 되었던 것처럼 정말로 마음은 항상 진정한 예배 장소가 되었다. 하나님께서 육체의 장소에 계신다는 약속을 하셨을 때도, 이스라엘 자손들에게 이렇게 경고하신다. "그러나 네가 만일 마음을 돌이켜 듣지 아니하고 유혹을 받아 다른 신들에게 절하고 그를 섬기면 내가 오늘 너희에게 선언하노니 너희가 반드시 사망할 것이라 너희가 요단을 건너가서 차지할 땅에서 너희의 날이 길지 못할 것이니라"(신 30:17).

예수님께서는 또한 진정한 예배는 사람의 내면에서 일어나야 한다고 단언하셨다. 예수님께서는 "아버지께 참되게 예배하는 자들은 영과 진리로 예배를 드려야 한다"(요 4:23)고 가르치셨다.

만일 당신과 내가 하나님을 알고 우리의 마음속에 그분의 임재를 경험한다면, 우리는 바로 그곳에서 하나님께 예배를 드릴 것이다. 우리의 예배와 그분을 높임이 그분의 거룩하심에 응하여 겸손을 표명할 것이다. 달리 예배를 드리는 것은 우리가 성경의 거룩하신 하나님을 확실히 모른다는 것을 암시하는 것이다.

생각할 점

1. 하나님의 거룩하심이 통치하시고 광대하시고 그리고 높으신 분으로 그분의 "지위"를 통해서 어떻게 드러났는가?

2. 하나님의 거룩하심이 능력과 의를 겸해서 초자연적으로 그분의 "완전하심"을 통해서 어떻게 드러났는가?

3. "하나님께서 거룩하시기 때문에 그분의 발 앞에서 예배를 드리는 것"이 당신에게 개인적으로 무슨 의미가 있는가? 당신은 이 명령을 어떻게 적용하겠는가?

4. 왜 하나님께서는 당신의 죄들을 용서하실 뿐만 아니라 당신에게 그와 같은 죄의 결과를 감수하게 하시는가?

5. 하나님의 거룩하심에 대한 진리를 생각하면, 단지 하나님께서 계시다는 사실만으로 예배하는 것이 아니라, 그분을 "당신의" 하나님으로 예배하는 것은 당신에게 무슨 의미가 있는가?

15. 진정한 예배는 겸손으로 엎드린다

∥ 동방박사, 마태복음 2:1-13

"집에 들어가 아기와 그의 어머니 마리아가 함께 있는 것을 보고 엎드려 아기께 경배하고 보배합을 열어 황금과 유향과 몰약을 예물로 드리니라"(마 2:11).

당신은 당신이 처음 거듭났을 때 알았던 것보다 오늘날 하나님에 대해서 더 많이 알고 있는가? 당신은 당연히 더 많이 알아야 한다. 당신이 영적으로 태어난 이후로 몇 달, 또는 몇 년 동안 당신은 그분의 말씀을 읽고, 그분과 매일 교제를 경험함으로 하나님을 더 친밀하게 알 기회가 있었다. 신학자들은 하나님에 대한 더 깊은 지식과 교제로 성장하는 과정을 설명하기 위해서 "성화(칭의로 구원받은 자들이 이 땅에서 그리스도의 성품으로 변화되어 가는 과정-역주)"라는 용어를 사용한다. 그리스도인에게 그와 같은 성장이 기준이 되어야 한다. 심지어 성경도 이와 같은 성장의 과정을 생생하게 묘사한다. 성경에 대한 연대기적 연구는 그것을 보여 주는데, 시간을 통해서, 하나님께서는 끊임없이 그분 자신을 점점 더 드러내셨다.

신학자들은 이 지속적으로 증가하는 계시를 "교리의 점진성"이라고 부른다. 예를 들면 이 개념에서 보면, 모세 세대는 이전 세대보다 하나님께 더 올바르게 예배를 드려야할 책임이 있었을 것이다. 하나님께서 모세에게 주셨던 기록된 율법은 그분의 백성들이 변명하지 못하도록 하기 위해서 하나님의 거룩하신 요구를 분명하고 상세하게 설명한다. 빠짐없이 갖추어진 성경을 가지고 있는 우리는 하나님께 진정한 예배를 드려야할 책임이 훨씬 더 크다.

그러나 슬프게도 우리는 흔히 우리의 책임을 태만히 한다. 하나님의 기록된 말씀을 가지고 있음에도 불구하고 유대인들은 때때로 거짓 신들을 숭배하기까지 했다. 오늘날 우리도 같은 비극을 반복한다. 우리는 기쁨과 능력과 풍요를 숭배한다. 그러나 더 통탄할 죄를 범하는 것은 그들보다 우리다. 우리는 빠짐없이 갖추어진 하나님의 말씀을 가지고 있기 때문에 우리의 태만의 정도가 더욱더 크다.

사실에 대한 골수에 박힌 생각이 그 다음에 항상 진정한 예배를 불러일으키는 것은 아니다. 그리스도의 탄생에 대한 이야기를 생각해 보라. 마태의 기록은 세 부류의 다른 사람이 같은 사실에 대해서 어떻게 반응했는가를 묘사한다. 헤롯왕은 새로운 왕으로 인해서 대체되는 것이 두려워서 그리스도를 적개심으로 대했다. 유대의 대 제사장들과 서기관들은 종교에 관한 그들 자신의 계획이 있었기 때문에 그리스도께 냉담했다. 그러나 아마도 메시야에 대해서 가장 적게 알았던 사람들인 동방박사들은 하나님의 아들을 예배하고 받들었던 사람들이었다.

세 가지 반응은 적개심, 냉담, 경배였다. 이러한 반응은 여전히 우리가 오늘날 우리의 세상에서 그리스도에 대해서 간주하는 반응의 범위를 정한다. 당신과 나는 어느 사람의 특성을 나타내는가?

진정한 예배에 대한 적개심

비록 헤롯왕이 유대의 메시야에 대해서 선지자들이 요구하는 어느 정도의 지식이 있었다할지라도, 헤롯은 실제로 하나님의 백성은 아니었다. 그는 유대의 지역 왕으로 통치했지만 실은 왕권을 강탈했다. 줄리어스 시저가 로마가 B.C. 47년에 그 지역을 점령했을 때 헤롯의 아버지를 유대의 통치자로 임명했고 헤롯의 아버지가 그의 아들을 갈릴리의 장관으로 임명했다. 7년 후에 유대가 파르티아(Parthia : 카스피 해 동남부에 위치해 있던 고대 국가로 현재 이란 동북부에 위치-역주)의 침략을 받아 점령당했다. 헤롯은 황제가 그가 파르티아를 무찌를 수만 있다면, 자신을 유대의 왕으로 임명하겠다는 승낙을 했던 로마로 달아났다. 헤롯은 군대를 갈릴리로 다시 돌아오게 해서 B.C. 36년에 파르티아를 격퇴했다.

헤롯은 이두메니아인으로 수세기 동안 유대의 적이었던 에돔 자손의 계통이었다. 그의 신임장을 선전하기 위해서 헤롯은 유력한 유대 가족의 한 여인과 결혼했다. 그의 피지배자들을 보다 능하게 조종하기 위해서, 헤롯은 유대 법에 정통했고 종교적인 지배층과 친하게 지냈다. 그는 사두개인들과 바리새인들과 일하려고 했고, 솔로몬 성전보다 더 크고 더 웅장하도록 하기 위해서 예루살렘 성전을 재건했다. 그러나 그가 그들의 법에 대해서 알고, 그들의 종교적인 체계를 이해하고, 그리고 그들에게 더 큰 성전을 지어주었지만, 헤롯은 참되신 하나님을 예배하는 예배자는 아니었다.

헤롯은 자기 자신을 숭배했기 때문에 그리스도께 예배를 드릴 수가 없었다. 헤롯은 그의 아내와 그녀의 가족의 세력이 그를 위협했기 때문에 그들을 살해했다. 그는 그들이 그의 왕권을 빼앗으려는 시도를 할 수도 있을 것이라는 의심으로 자신의 아들들을 살해했다. 그의 "선한" 행위까지도 자신의 인기를 확보하려는 냉소적인 시도였다. 한편 그는 사람들의 종교적인 정서를 만족시키기 위해서 성전을 재건했다. 한 때 기근 중에 그는 가난한 사람들에게 선물을 나누어 주기도 했다. 그러나 다른 한편, 그는 사람들에게 오락과 즐거움을 주기 위해서 경마장, 극장, 그리고 공중목욕탕을 건설했다. 헤롯은 사람들을 사랑했기 때문에 이런 일을 행한 것이 아니다. 그는 사람들을 매수할 필요가 있었기 때문에 그들에게 그렇게 했다.

헤롯은 종교적인 진리를 꽤 많이 알고 겉으로 보기에는 대단한 종교적인 일들까지도 했다. 동방박사들이 그의 궁전에 나타났을 때, 그는 아기 그리스도께 관심이 있는 체 했다. 그는 성경으로부터 메시야에 대한 정보를 얻기 위해서 종교 지도자들의 모임을 소집했다(마 2:4). 그는 동방박사들에게 "가서 아기에 대하여 자세히 알아보고 찾거든 내게 고하여 나도 가서 그에게 경배하게 하라"(마 2:8)고 명령했다.

오늘날 우리들의 교회에서, 헤롯은 "구도자"로 초청을 받아서 예배에 참석해서 환영을 받을지도 모른다. 그는 진리를 겉핥기로 알고, 겉보기에는 다른 사람들에게 친절한 행동을 하려고 했다. 그는 만족해하는 것처럼 보이는 태도로 예수님에 대해서 이야기 하고, 그는 성경을 통해서 그분에 대해서 더 많은 정보를 얻으려고 했다. 그는 그런데도 마음속으로는 누구든지 그의 삶을 지배하도록 허용할 수 없었다.

아마도 헤롯은 동방박사들을 경계했을 것이다. 우리가 뒤에 읽은 것과 같이 이 지혜로운 사람들은 아마 갈릴리에서 그의 왕권을 강탈하기 위해서 헤롯이 패배시켰던 그들과 같은 민족인 바로 파르티아 출신이었을 것이다. 헤롯이 파르티아 귀족들의 무리가 그의 궁전으로 들어와서 새로운 왕의 탄생에 대해서 물었을 때, 느꼈을지도 모르는 불쾌함을 짐작하기는 어렵지 않다. 누가 선지자들이 예언한 유대인의 왕인가? 헤롯은 그분이 참으로 하나님의 아들일지라도, 거의 의심할 여지없이 아기 그리스도께 복종하지 않았을 것이다. 헤롯이 진정으로 원하는 것은, 곧 그가 베들레헴에 있는 모든 사내아이를 학살하라는 명령을 내림으로서 정말로 사실상 실행하려고 시도했던 욕망은 자신의 생애에서 그리스도를 없애는 것이었다(마 2:16-18).

오늘날 교회의 회중석에 앉아 자신들에 대한 진실을 숨기기 위해서 그리스도께 예배를 드리는 체 하는 사람들이 있다. 겉모습에도 불구하고, 그들의 마음속으로는 그리스도께서 자신들을 지배하시는 것을 원치 않는다. 그들은 종교행위를 할지는 모르지만, 겸손하게 그리스도 앞에 머리를 숙이지는 않는다.

진정한 예배에 대한 냉담

대 제사장들은 그리스도께 반응한 두 번째 사람의 유형을 묘사한다. 그들은 메시야에 대한 소상한 지식이 있었다. 그 정도의 지식과 하나님의 백성들에 대한 그들의 지도자적인 지위에도 불구하고, 대제사장들은 항상 규례대로 따르지 않았다. 더 구체적으로 말하면 그들은 레위 가문의 계통, 곧 아론의 계통을 잇는 것을 전제로 했다. 그러나 그리스도께서 탄생하실 즈음에는 가끔 제사장들은 이런 자격을 무시하고 봉사했다. 하나님께서는 단지 한 번에 한명의 대 제사장만 봉사를 해야 한다는 것과 그는 일생동안 성직을 수행해야 한다는 명령을 하셨다. 하지만 그 규례는 예루살렘의 종교 지도자들 사이에서 파기되었다.

대제사장들은 실제로 그 자리에서 만족스러운 은퇴 체계를 유지하고 있었다. 어떤 사람은 몇 년 동안 대제사장으로 봉사를 하고, 충분한 돈을 벌고, 나서 은퇴했다. 그렇지만 은퇴한 대제사장들은 여전히 백성들 가운데서 강력한 영향력을 유지했다. 제사장으로 섬기는 것은 "일종의 가족 기업"이 되었다. 누가는 세례 요한이 사역을 시작할 때에 "안나스와 가야바가 대제사장"이었다고 기록한다(눅 3:2). 보통 우리는 이 구절이 하나님의 율법 파기를 가리킨다는 것을 전혀 생각하지 않고 이 구절을 읽는다.

대제사장은 산헤드린(Sanhedrin : 고대 유대의 최고 의결기관으로 종교상. 사법상의 재판권을 가지며 71명 의원으로 구성되었다-역주) 또는 유대 종교의 원로들의 공의회를 다스렸다. 그러나 그의 가장 중요한 직무는 속죄의 날에

일 년에 한 번 지성소에 들어가는 것이었다. 그 때에 그는 속죄소(언약궤의 순금 뚜껑(출 15:17-22)-역주)위에 희생제물의 피를 뿌렸다. 그러나 예수님의 생애 동안에 이 직무는 영적인 역할보다는 더 정치적인 역할이 되었다. 일반적으로 대제사장은 사실상 제사와 제물보다는 정치적인 일에 더 관심이 있었던 사두개파(Sadducees : 기원전 200년부터 기원후 100년 무렵에 활동한 유대교의 한 파로 바리새파의 엄격한 율법주의를 반대하고 부활과 영생, 천사와 영을 부인하던 현실주의적 교파였다-역주)에 속했다.

서기관들 또한 권위 있는 지도자들이었다. 그들은 유대인들 가운데서 가장 학식이 있는 사람들이었다. 일반적으로 서기관들은 대 제사장들보다 더 보수적인 사람들로, 대부분 바리새파(Pharisees : 기원전 2세기에 일어난 유대 민족의 한 종파로 율법의 준수와 종교적인 순수함을 강조하였다. 형식주의와 위선에 빠져 예수님을 공격하였다-역주)에 속했다. 이 사람들은 언제나 하나님의 율법을 연구하고 해석했고 심지어 율법을 만들어 내서 그들이 하나님의 율법을 이행함과 동시에 사람들에게 도움을 주려고 까지 했다. 서기관들은 자신들을 하나님의 율법의 보호자라고 생각했다. 그와 같이 대제사장들과 서기관들은 성경을 잘 알았다. 동방박사들이 현장에 나타났고 헤롯이 몇 가지 대답을 원했을 때, 그는 누구를 소환해야 하는지를 알았다.

"왕이 모든 대제사장과 백성의 서기관들을 모아 그리스도가 어디서 나겠느냐 물으니 이르되 유대 베들레헴이오니 이는 선지자로 이렇게 기록된 바 또 유대 땅 베들레헴아 너는 유대고을 중에서 가장 작지 아니하도다 네게서 한 다스리는 자가 나와서 내 백성 이스라엘의 목자가 되리라 하였음이니이다"(마 2:4-6).

헤롯은 종교 지도자들의 연기에 실망하지 않았다. 제사장들과 서기관들은 왕의 물음에 대한 대답을 즉시 알아차리고 메시야의 출생지에 대해서 미가 선지자의 대언을 인용했다. 실로 제사장들과 서기관들은 메시야에 대해서 자주 이야기 했다. 그런데도 그리스도에 관한 그들의 지식은 그분을 갈망하는 증거는 아니었다. 이 종교 지도자들은 그들 자신에게 적합한 그리스도, 곧 그들 자신의 방법에 따라서 통치하실 그리스도를 원했다. 그러므로 헤롯과 같이 대제사장들과 서기관들은 진실로 그리스도를 찾아내서 참으로 그분께 예배를 드리려는 관심이 없었다.

이 사람들은 자신들의 종교 체계를 예배하기에 너무나 바빴다. 그들의 종교 체계는 예배의 겉모습을 보여 주고, 실제로는 사람들을 그들의 통제 아래 복종시켜서 섬기게 하는데 효과적이었다. 예수님께서도 이 문제로서 대제사장들과 서기관들과 맞서셨다. 종교 지도자들에게 말씀하실 때 예수님께서는 이렇게 말씀하셨다.

"또 무거운 짐을 묶어 사람의 어깨에 지우되 자기는 이것을 한 손가락으로도 움직이려 하지 아니하며...화 있을진저 외식하는 서기관들과 바리새인들이여 너희는 천국 문을 사람들 앞에서 닫고 너희도 들어가지 않고 들어가려 하는 자도 들어가지 못하게 하는도다"(마 23:4, 13).

대제사장들과 서기관들은 성경이 말씀하는 참 그리스도께서 오시는 것을 원치 않았다. 그리스도께서는 그들의 종교 체계를 중단시키실 것이다! 그들의 정치를 걱정하여 서기관들은 단지 로마 지배로부터 그들을 해방시킬 메시야를 원했다. 그러나 메시야를 통한 해방이 확실하지 않는 한, 사두개인들은 로마와 협상하기 위해서 오히려 그들의 인간적인 능력을 의지하는 쪽을 택했다. 특히 이 지도자들은 백성들에게 그들의 권위를 잃어버리는 것, 곧 예수님께서 그분의 지상 사역을 착수하셨을 때 당연지사인 사실을 두려워했다.

우리는 그들이 고백했던 바로 그 신앙의 중심인물을 받아들이지 않은 이 종교지도자들의 어리석음을 조소한다. 그러나 그들이 오늘날 우리 중에 많은 사람들과 실제로 다른 점이 있는가? 오! 우리는 더할 나위 없이 받아들였던 우리의 종교 체계가 있다. 우리는 엄숙한 전통을 수단으로 하든지 또는 우쭐하는 연기를 수단으로 하든지, 사람들의 감정을 조종하는 우리의 인간적인 방법이 있다. 그런 식으로 우리가 사람들을 매달리게 함으로, 우리는 큰일을 행하고 큰 종교 단체를 세운다. 우리가 그리스도의 권위 앞에 겸손하게 복종하는 것은 우리의 겉치레를 벗겨 버리고 우리의 계획을 파기하는 것이다. 우리가 그리스도에 "대하여" 많이 알고 있다할 지라도, 우리가 우리의 목적을 성취하기 위해서 그분을 이용하는 것을 멈추지 않는다면, 우리는 그분께 "복종"할 수 없다. 이와 같이 복종하지 않음으로 우리는 그리스도를 예배한다고 주장하지만, 우리 자신을 숭배하고 있는 것이다.

진정한 예배에 대한 동경

유대 종교 지도자들과 실로 헤롯에 비하면, 동방박사들은 그리스도에 대한 아주 한정된 지식을 지니고 있었다. 그들은 어쩌면 유대의 동쪽 지역 파르티아에서 왔고, 그들은 자신들의 백성들 가운데서 정치적, 영적 지도자들이었을 것이다.

귀족 계층으로 동방박사들은 B.C 586년 예루살렘이 멸망당하기 약 100년 전, 메대 가운데 처음 역사 속에 등장한다. 그들은 그들의 사회에서 지혜로운 사람들로 마술을 하고 별을 연구하는 사람들로 알려졌다. 동방박사들은 어떤 사람은 그들을 "왕을 만드는 사람들"이라고 부를 만큼 중요했다. 실로 그들의 임무는 왕들과 통치자들을 추인하는 것이었다.

그러나 예루살렘으로 여행했던 이 지혜로운 사람들인 동방박사들은 어디에서 그리스도에 대해서 알게 되었는가? 다니엘이 다리오(Darius : 옛 페르시아 왕(558?-486? B.C)-역주)가 페르시아 왕이었을 때 동박박사들과 섞여서 시중을 들었다는 것을 기억하라. 정치가들은 다니엘을 몹시 싫어해서 그를 사자굴에 던져 버렸지만, 성경은 그의 동료 지혜로운 사람들은 그를 존경했다는 것을 보여 준다. 그들은 다니엘의 예언들에 대해서 알았고 그가 참되신 하나님께 헌신하는 것을 보고 영향을 받았다. 어쩌면 그때 동방박사들이 약속된 메시야에 대한 약간의 구약의 예언들을 그들의 후계자들에게 전했을 것이다. 다니엘의 영향력에 더하여 예루살렘이 재건된 후까지도 바벨론에 남아 있었던 유대인들의 영향이었다. 이와 같이 유대인들의 증언은 메대-바사(Medo-Persian : 페르시아 민족이 처음으로 세운 거대 제국이 바로 메대-바사제국이다. 곧 메대는 바사제국에 복속되고 역사 속에서 사라진다. 이 메대 제국은 지금의 이란지역에 있었으며 쿠르드족의 선조로 여겨지고 있고 예수님의 탄생을 경배하러 왔던 동방박사들이 바로 메대 왕족의 후예로 알려지고 있다-역주) 제국에 남아 있었다.

복음서 이야기에서 동방박사들에 대한 한 가지 눈에 띄는 것은 그들이 사실 우리의 성탄절 전통에서 소개하는 모습, 곧 동방의 세 명의 왕에 관한 중세의 전설에 기원된 모습이 아니라는 것이다. (실은 병사들을 포함해서 동방박사들과 사실상 수행자 일행일 가능성이 있다!) 동방박사들에 대해서 주목해야할 중요한 사실은 그리스도에 대한 그들의 지식은 제한적이었지만, 그들이 지니고 있는 지식에 반응을 했다는 것이다. 이 하나님을 두려워하는 이방인들은 그들에게 유대인의 왕의 탄생을 예시하는 특별한 별을 보았다는 것이다. 그리하여 그들은 그들이 점성술에 사로 잡혀서가 아니라, 하나님의 왕을 찾아내려고 하였기 때문에 그 별을 따라서 길을 떠났다.

이 별은 무엇이었는가? 천문학자들은 이 질문에 대한 대답을 하기 위해서 헤아릴 수 없는 추측을 했다. 그러나 신학자들이나 또는 복음서의 이야기를 읽은 사람들에게 하나님께서 별 빛을 주신 것이 분명하다. 마태의 기록은 별이 동방박사들이 예루살렘에 이르기에 앞서 사라졌다는 것을 시사한다. 그러므로 당연히 그들은 유대인의 왕에 대해서 알아보기 위해서 수도에서 머물렀다. 그 뒤 그들은 헤롯을 방문한 후 "떠났다."

"박사들이 왕의 말을 듣고 갈새 동방에서 보던 그 별이 문득 앞서 인도하여 가다가 아기 있는 곳 위에 머물러 서 있는지라 그들이 별을 보고 매우 크게 기뻐하고 기뻐하더라 집에 들어가 아기와 그의 어머니 마리아가 함께 있는 것을 보고 엎드려 아기께 경배하고 보배합을 열어 황금과 유향과 몰약을 예물로 드리니라"(마 2:9-11, 상반절).

당신을 동방박사들의 샌들(옛 지중해 연안의 민족들이 신던 신발-역주)속에 넣어 보라. 당신은 먼 여행을 했고, 여행은 힘들고 위험했다. 그 때 당신이 하나님의 왕을 찾을 기대로 따라갔던 그 별이 겉으로 보기에는 사라졌다. 당신은 이 왕에 대한 더 상세한 정보를 얻기 위해서 예루살렘에 머물렀다. 헤롯왕이 종교 권위자들의 조언으로 당신을 베들레헴으로 보낸다. 이제 당신은 적어도 앞으로 나아갈 꽤 많은 정보를 얻었다. 그 무렵, 기적적으로 갑자기 그 별이 다시 나타난다! 당신은 매우 기뻐한다! 이 밝은 빛은 당신에게 하나님의 유일한 계시이다. 당신은 그분의 인도하심에 반응한다. 마침내 그 빛은 당신을 아기 그리스도께서 누워 계시는 바로 그 집으로 인도한다. 하나님께서는 실로 신실하시다! 이 왕이 아직 갓난아이지만, 당신은 그분이 하나님이시라는 것을 안다. 당신은 두려움과 놀라운 경외심으로 압도된다. 당신의 마음의 감정 표출은 "엎드려서 그분께 예배를 드리는 것"은 아주 당연하다.

이것은 진심으로 하나님의 인도하심을 따르는 사람들의 반응이다. 동방박사들은 구원자께 예배를 드리기 위해 베들레헴으로 갔다. 그들은 하나님께서 그들을 그 장소로 인도하셨기 때문에 그분을 찾아냈다. 그들은 그분을 찾아냈을 때, 복종하여 엎드려 겸손하게 그분께 예배를 드렸다.

교회들은 그리스도에 관한 꽤 많은 지식이 있는 사람들로 가득 찼을지 모르지만, (헤롯처럼) 그들 자신의 목적을 위해서 겉치레를 지속하거나 또는 (종교 지도자들처럼) 그들의 종교 체계에 만족하여 그 체계를 망쳐 놓을 진짜 그리스도를 원치 않는다. 동방 박사들처럼, 겸손하게 그리스도 앞에 무릎을 꿇고 그들이 가진 모든 것을 그분께 드리는 사람은 거의 없다. 그러나 이 사람들이 진정한 예배자들이다.

1. "교리의 점진성"이란 무슨 개념인가? 이런 개념이 오늘날 그리스도인
   들에게 어떤 기준의 책임을 지우는가?

 2. 헤롯왕은 성경에 대한 상당한 지식이 있었고, 어느 정도 좋은 행동을
   했고, 그리스도에 대해서 찬성하는 듯이 말하는 것처럼 보였다. 그런
   데 왜 헤롯이 실제로 구원자께 "적개심"을 품게 되었는가?

3. 어떤 면에서 그리스도께 반응했던 세 무리 중에서 대제사장들과 서기
   관들은 성경에 대해서 가장 많이 알았다. 그런데 왜 그들은 그리스도를
   "냉대" 했는가?

4. 동방박사들은 성경에 대해서 가장 적게 알았다. 그런데 왜 그들은 그리
   스도를 "예배를 받으실 분"으로 대했는가?

5. 우리는 교회에서 오는 날 여전히 그리스도를 이런 세 가지 반응, 곧 적
   개심, 냉대, 그리고 경배로 대하는 것을 본다. 왜 이런 일이 존재하는가?

16. 진정한 예배는 하나님의 방법을 원한다

‖ 제자들. 마태복음 14:22-33

"배에 함께 오르매 바람이 그치는지라 배에 있는 사람들이 예수께 절하며 이르되 진실로 하　나님의 아들이로소이다 하더라" (마 14:32-33).

　　우연히 나는 우리 도회지 주위에 있는 여러 교회들 앞에 있는 게시판을 보았다. "약식 예배," 어떤 게시판들은 통행인들에게 공고한다. 물론 그리스도께서는 그들이 있는 모습 그대로 와서 그분을 찾으라고 모든 사람들을 초청하시는 것은 사실이다. "명절 끝 날 곧 큰 날에 예수께서 서서 외쳐 이르시되 누구든지 목마르거든 내게로 와서 마시라" (요 7:47). 그럼에도 불구하고 "약식 예배"의 발상은 아마도 오늘날 교회에서 가장 큰 모순 가운데 하나 일 것이다. 참으로 우주 가운데 전능하신 하나님을 믿는 어느 누가 어떻게 그분께 약식 예배로 다가갈 수 있는가?

　　슬프게도 "약식 예배"의 발상은 오늘날 우리의 문화에서 전적으로 사리에 맞다. 현대인들은 그들의 안락한 지대에 머무는 인위적인 형식을 만들었다. 안전하고, 평화롭고, 그리고 행복한 것이 현대인들의 생활방식이다. 학교들은 어린이들에게 모든 윤리적인 선택에 대해서 원칙에 의존하기보다는 관용하라고 가르친다. 많은 성인들은 어려움에 직면하기보다는 오히려 거짓말을 하거나 속이곤 한다. 그리스도인으로서 우리 역시, 우리의 안락한 지대가 있다.

역사광으로 나는 자주 초기 미국 교회들을 견학했다. 언제나, 이런 역사적인 교회를 방문하는 방문객들은 특정한 신자석을 임대하기 위해서 돈을 지불했던 식민지 시대의 일가족들의 외관상 오만에 대해서 경멸한다. 그러나 목사로서, 나는 현대의 일가족들이 어떻게 마치 임대한 것처럼 "그들의" 자리(그리고 주차 공간)를 거의 확실하게 구별하는지를 주시한다. 우리의 교회에서 우리는 가끔 예배의 순서를 바꾸고 잘 모르는 찬송을 배우고, "너무" 편안하지 않도록 하기 위해서 의도적인 노력을 한다. 비록 그렇다 하더라도, 우리는 수 년 동안 우리 자신의 전통의 안락한 대세의 흐름을 개발해왔다.

모든 교회는 이런 형식에 빠졌다. 인간은 단지 낯 익은 것들 속에서 무사하기를 원한다. 그러나 불편을 피하려는 우리의 욕망 때문에 우리는 때로는 그 선이 확실치 않은 예배 관습 속으로 기꺼이 넘어가고 있지는 않은가? 만일 그렇다면(나는 그것이 그렇다고 믿는다), 어쩌면 하나님과 우리의 관계가 우리들이 허락하기를 원하는 것 보다 더 얕은 관계가 되지 않을까?

그 문제를 다른 말로 바꾸어 말하면 하나님께서는 그분의 백성들을 고의로 "불편하게" 하려고 생각하시는가? 그렇다! 이는 불편이 하나님께서 우리를 그분께 더 가까이 끌어당기실 수 있는 최선책이기 때문이다. 고난을 통해서 하나님을 신뢰하는 사람들은 무조건적으로 그분을 신뢰하는 법을 배우고, 그들의 신뢰는 그들의 예배에서 나타난다. 예를 들면 이전의 공산주의 국가들에서 기독교를 믿는 사람들은 예배에 참석하라고 구걸을 받을 필요가 없었다. 미국도 한 때는 마음속에서 우러나오는 그런 수준의 예배에 대해서 알고 있었다. 많은 우리 선조들은 신세계에서 순수한 신앙을 지키기 위해서 익숙하고 안락한 생활을 뒤에 두고 떠났다. 그들의 예배는 오늘날 대부분의 미국의 그리스도인들이 결코 경험하지 못했던 수준이었다. 이 사람들은 그리스도를 더 알기 위해서 그들의 삶과 장래의 운명을 위험에 맡겼다.

우리 기독 선조들의 예배는 그리스도에 대한 그들의 경험의 깊이를 입증했다. 오늘날 우리들의 예배가 우리 자신에 대해서 무엇을 말하는가? 나는 우리들의 많은 예배가 우리가 편안함과 편리함을 좋아한다는 것을 나타내는 것이 아닌가 생각한다. 그러나 성경에서 예수님의 제자들을 통해서 우리에게 모델이 되는 더 나은 예배 방법이 있다.

예수님의 권위를 배움

본질적으로 우리가 우리의 안락한 지대에 머무르는 것은 우리 자신의 방법을 취하려는 열망이다. 그러나 진정한 예배는 하나님께서 "그분의 방법"을 취하시도록 하는 열망이 따른다. 예배자의 개인적인 자율성이 예배를 받으시는 분께 굴복해야함에 틀림이 없다. 제자들은 신약 성경에 기록된 가장 잘 알려진 사건 가운데 하나, 곧 오병이어의 기적 다음에 곧 계속되는 예수님의 행동에서 이 원칙을 보았다.

"무리를 명하여 잔디 위에 앉히시고 떡 다섯 개와 물고기 두 마리를 가지사 하늘을 우러러 축사하시고 떡을 떼어 제자들에게 주시매 제자들이 무리에게 주니 다 배불리 먹고 남은 조각을 열두 바구니에 차게 거두었으며 먹은 사람은 여자와 어린이 외에 오천 명이나 되었더라" (마 14:19-21).

그러나 곧 이 기적의 뒤를 이어서 놀라운 일이 일어났다. 예수님께서는 군중들의 주의를 받으시거나, 그분의 가르침을 계속하시거나, 또는 새 신자들을 모을 기회로 삼으시기 위해서 기적을 행하지 않으셨다. 그보다는 "예수께서는 곧 제자들을 재촉하여 배에 태워 건너편으로 먼저 가게 하시고 무리를 흩어 보내셨다"(마 14:22). 예수님께서는 사람들에게 집으로 돌아가라고 말씀하셨다!

당신이 제자들의 입장에 서 있다고 생각해 보라. 성경은 그들의 배가 예수님께서 군중들을 해산시키시는 것이 보일 만큼 여전히 해안가에 가까이 있었다는 것을 암시한다. 사실상 제자들은 아마도 예수님께서 군중들을 해산시키시는 것을 지켜보기 위해서 주위를 어슬렁거렸을 것이다. 그들은 어쩌면 그들의 스승의 행동에 놀랐을 것이다. 그 날 일찍이 예수님께서는 사람들을 불쌍히 여기셔서 그들에게 나오셔서 "병자를 고쳐 주셨다"(마 14:14). 그 이후로, 군중들은 열심히 예수님의 가르침을 들었다. 얼마나 열심히 들었는가? 그들의 마을에서 멀리 떨어진 "사막과 같은 곳"에서 그분과 함께 머무를 정도로 아주 열심히 들었다. 사람들은 그들의 저녁 식사 시간을 지나서 밤늦게 까지 머물렀다. 그 결과 그들은 진짜 음식이 필요하다는 것을 경험했다(마 14:15).

예수님께서는 기적적인 방법으로 음식을 제공하심으로 그들의 필요를 채워주셨다. 사람들은 예수님께서 공급하신 것에 대해서 어떻게 반응했는가? 요한의 이야기에서 우리는 사람들이 예수님을 신(神)의 예언의 성취라고 선언하고 그분께서 그들을 인도해 주시기를 원하는 그들의 열망을 분명히 보여 주었다는 것을 본다. 긴 안목에서 12제자들의 이런 반응은 긍정적인 발전인 것처럼 보였다. 그러나 예수님께서는 무엇인가 전혀 다르게 보셨다.

"그 사람들이 예수께서 행하신 이 표적을 보고 말하되 이는 참으로 세상에 오실 그 선지자라 하더라 그러므로 예수께서 그들이 와서 자기를 억지로 붙들어 임금으로 삼으려는 줄 아시고 다시 혼자 산으로 떠나 가시더라"(요 6:14-15).

사람들은 하나님의 뜻을 명백하게 이해하지 못했다. 그러나 하나님의 아들은 하나님 아버지의 계획을 아시고 군중들이 아버지의 뜻으로부터 그분을 끌어내리려는 것을 거절하셨다. 따라서 권위로 예수님께서는 사람들을 해산시키셨다.

실로 그것은 우리 시대에도 있다. 대체로 우리들 대부분은 하나님의 뜻을 이해하지 못한다. 오병이어의 기적이 하나님께서 "우리"를 축복하셨던 그분의 뜻보다 더 경탄할만한 일인가? 오늘날 미국에서 우리는 전례가 없는 생활수준을 만끽한다. 다른 나라에서 지금까지 이보다 더 높은 생활수준을 누린 적이 있었는가? 빈곤하게 사는 우리의 시민들조차도 대개 세상의 많은 다른 국가들의 일반인들보다 더 물질적인 풍요를 누리고 있다. 그러나 슬프게도 우리는 대개 우리 자신의 계획 속으로 예수님을 잡아당기려고 함으로써 우리의 놀라운 축복에 반응한다. 우리는 예수님께 이른바 "우리"가 원하는 왕이 되어 주시기를 요구한다. 복음서의 이야기에 속에 있는 사람들처럼 우리 역시 예수님의 선례에서 교훈을 얻을 수 있다.

예수님께서는 제자들에게 군중들에게 가르치셨던 같은 교훈을 가르치셨다. 예수님께서는 제자들 역시 해산시키셨다! "배 안으로 들어가라" 예수님께서는 그들에게 가장 중요한 말씀을 하셨다. "곧 다른 편으로 가서 기다려라! 나는 한 동안 혼자 있겠다." 그래서 실은 "무리를 보내신 후에 기도하러 따로 산에 올라가셔서 저물매 거기 혼자 계셨다"(마 14:23).

제자들은 오히려 주위에 머물러 흥분을 만끽하고 있었다. 사태가 실제로 일어나기 시작했다! 만일 "남자가 5,000명, 더하여 여자와 아이들"이 있었다면(마 14:21), 그 때 전체 군중은 아마도 20,000명에 이르렀을 것이다! 그토록 많은 사람을 먹인 기적은 엄청났고 그토록 큰 군중의 열기는 욕망을 부추기고 있었다. 이는 제자들은 실세(권력자의 측근 그룹-역주) 집단이었기 때문에 그리스도께서 왕이 되실 때 그분과 함께 통치하게 될 것이다. 왜 예수님께서는 그와 같은 명백한 이 축복장소에서 그들을 떠나도록 하셨는가? 제자들은 왜 배 안으로 들어가야만 했고 떨어져서 어두운 밤에 바다로 나가야만했는가?

우리는 예수님께서 제자들을 "억지로" 배로 들어가게 하셨기 때문에 (마 14:22) 그들이 이 기적을 둘러싸고 있는 흥분으로 마음이 산란해져 있었다는 추론을 할 수 있다. 헬라어 말투는 예수님의 제자들 편에서 반항이 있었음을 암시한다. 예수님께서는 그들이 떠나야 한다고 강요하여야만 하셨다. 그럼에도 불구하고 제자들이 예수님의 권위를 존중했기 때문에 그분께 순종했다.

예수님께서는 제자들에게 가버나움의 동네(요한에 의하면) 또는 바로 가까이에 있는 게네사렛(마가에 의하면) 호수 북쪽으로 건너가라고 명령하시고, 약 3킬로미터의 짧은 여행을 하셨다. 또한 그들의 전적인 순종은 육지를 떠나서 바다로 약 5, 6킬로미터 나갔을 때 그들에게 불어온 폭풍에도 불구하고 명령을 따르는 그들의 인내에 의해서 예증되었다. 우리는 그들이 뒤에 정확한 목적지에 배를 대려고 약 3시간 내지 9시간 동안 사력을 다했다는 것을 볼 수 있다. 폭풍을 타고 바람이 그들을 날라다 주는 어딘 가에 하선하는 것이 더 쉬웠을 것이다. 그러나 제자들은 예수님께 순종하기를 원했다. 그래서 그들은 폭풍과 싸웠다.

이 교훈은 우리 역시 배울 필요가 있는 것이다. 하나님께서 우리에게 걸어가라고 말씀하신 길은 항상 완만하지 않다. 다른 길로 가려는 시험이 클 수 가 있다. 그러나 하나님께서는 우리를 위한 계획, 곧 우리의 유익과 신앙심을 함양시키기 위해서 깊이 생각하신 계획이 있으시다. 만일 우리가 그분의 권위에 순종하지 않는다면, 우리는 그분의 계획에 이르지 못할 것이다. 만일 우리가 그분의 계획에 미치지 못한다면, 우리는 우리가 해야 할 것들을 배우지 못할 것이다. 진정한 예배는 예수님께서 자신들의 권위시라는 것을 순종을 통해서 배운 사람들에 의해서만 분명히 표현된다.

예수님의 돌보심을 배움

당신은 마태의 이야기에서 어쩌면 문제가 있는 것 같이 보이는 것을 발견했을 것이다. 오병이어의 기적은 "저녁 때"(마 14:15) 일어났고, 제자들은 예수님께 음식을 먹을 수 있도록 무리를 집으로 보내라고 넌지시 말씀을 드렸다. 그러나 예수님께서는 기적을 베푸셔서 음식을 먹이시고 무리를 해산시키신 "후", "저녁이 되었을 때, 기도하러 따로 산에 올라가셨다"(마 14:23). 어떻게 시간이 여전히 저녁이 될 수 있었을까?

사실은 유대인들은 저녁이 "둘"이 있다. 하나는 오후 3시에서 6시까지 계속되고, 또 하나는 6시에서 9시까지 계속된다. 예수님께서는 둘째 저녁에 기도하러 가셨다.

이어지는 이야기를 통해서 우리는 그분의 제자들에 대한 예수님의 크신 배려와 관심을 배운다. 마가는 이 이야기에 관련해서, "예수님께서는 무리를 보내신 후에 기도하러 산으로 가셨다"고 말씀한다.

"저물매 배는 바다 가운데 있고 예수께서는 홀로 뭍에 계시다가 바람이 거스르므로 제자들이 힘겹게 노 젓는 것을 보시고 밤 사경쯤에 바다 위로 걸어서 그들에게 오사 지나가려고 하셨다(막 6:46-48).

밤 사경은 새벽 3시쯤 이었을 것이다. 제자들은 밤새도록 폭풍과 싸우고 있었고 자신들이 곤경에 빠져있다는 것을 알았다. 왜 선생께서 그들을 이런 곤경을 받게 하셨을까? 만일 예수님께서 폭풍이 일어날 것이라는 것을 알고 계셨다면, 왜 그분은 그들과 함께 오지 않으셨을까? 만일 예수님께서 그분의 제자들이 산에서 내려오는 것을 보실 수 있었다면, 왜 곧바로 그들에게 오시지 않았을까? 왜 기다리셨을까?

우리는 오늘날 여전히 이와 같은 의문에 대해서 질문한다!

예수님께서는 제자들이 그분에 대해서 알게 하도록 하기 위해서 기다리셨다. 예수님께서는 같은 이유로 나사로에게 가는 것을 잠시 미루셨다. 이 원칙은 오늘날도 적용된다. 하나님께서는 자주 우리에게 그분에 대해서 더 알 기회를 주시기 위해서 기다리신다. 그러나 마침내 예수님께서는 제자들을 돕기 위해서 오셨다.

"밤 사경에 예수께서 바다 위로 걸어서 제자들에게 오시니?제자들이 그가 바다 위로 걸어오심을 보고 놀라 유령이라 하며 무서워하여 소리 지르거늘 예수께서 즉시 이르시되 안심하라 나니 두려워하지 말라" (마 14:25-27).

| 하나님이 받으시는 진정한 예배

제자들이 예수님께서 그들을 돌보시는 것에 대해서 알아야 할 것이 많이 있었다는 사실은 그분이 나타나심에 대한 그들의 반응에서 확인된다. 그들이 어떻게 예수님을 유령이라고 생각하면서, 불안하고 무서워할 수 있었을까? 그들은 예수님께서 오시리라는 기대를 하지 않았기 때문에 두려웠다. 그들은 그들의 생각이 그리스도께 있지 않았기 때문에 최악의 상상을 했다. 그래서 선생께서는 제자들에게 두려워하기 보다는 오히려 즐거워하라고 말씀 하셔야만 했다. 제자들처럼 우리는 하나님께서 결코 도움을 줄 수 없는 시련 속에 우리를 빠뜨리지 않으실 것이라는 확신을 할 수 있다.

예수님께서는 이 시련을 통해서 무리로서 뿐만 아니라 개별적으로 그분의 제자들을 보살폈다는 것을 보여 주셨다. 예수님께서 개별적으로 제자를 보살피셨다는 것은 바로 그 자체가 베드로와 그분의 관계 속에서 입증된다.

"베드로가 대답하여 이르되 주여 만일 주님이시거든 나를 명하사 물 위로 오라 하소서 하니 오라 하시니 베드로가 배에서 내려 물 위로 걸어서 예수께로 가되 바람을 보고 무서워 빠져 가는지라 소리 질러 이르되 주여 나를 구원하소서 하니 예수께서 즉시 손을 내밀어 그를 붙잡으시며 이르시되 믿음이 작은 자여 왜 의심하였느냐 하시고" (마 14:28-31).

충동적인 베드로는 단지 주님 가까이에 있기만을 원했다. 그는 죄를 짓거나 교만하거나 또는 물 위를 걷기를 원한다는 것을 예수님께 입증하려고도 하지 않았다. 예수님의 초청을 받아들임으로 베드로는 신뢰에 대해서 더 배울 기회를 얻었다. 그러나 베드로는 그리스도 대신에 환경에 눈을 돌렸을 때, 물속에 가라앉기 시작했다. 따라서 예수님께서는 베드로를 보살피심으로 베드로의 믿음(그의 믿음이 다른 제자들이 보여 주었던 것보다 나았지만)이 적다는 것을 알려 줄 수가 있으셨다. 그의 절박한 환경을 통해서 베드로는 그리스도께 대한 전적인 신뢰에 이르게 되었다. 우리도 마찬가지로 우리가 우리 주님께 대한 신뢰를 강력히 밀고 나갈 때, "가라앉을 것 같은 느낌"은 더할 나위 없는 가치가 있다.

예수님의 능력을 배움

베드로는 도와 달라고 위급함을 호소했고 예수님께서는 그를 멸망에서 구원하셨다. 베드로는 전적으로 예수님의 도우심을 의지했다. 이는 그가 자기 스스로 할 수 있는 일이 아무 것도 없었기 때문이었다. 그는 무력했다. 다른 제자들도 무기력했다.

우리가 우리 자신의 방법을 고집할 때, 무기력한 것은 비극처럼 보인다. 그러나 우리가 하나님의 방법을 따를 때, 곧 우리의 안락 지대에서 나올 때, 무력한 것은 기회이다. 이는 우리는 우리 자신의 무기력함을 통해서 하나님의 능력에 대해서 배울 수 있기 때문이다.

"배에 함께 오르매 바람이 그치는지라 배에 있는 사람들이 예수께 절하며 이르되 진실로 하나님의 아들이로소이다 하더라"(마 14:32-33).

마태에 의해서 서술된 이전의 폭풍 가운데서 제자들은 그들을 도와달라고 그리스도께 애원했다 그리고 "예수님께서 일어나 바람과 바다를 꾸짖으시니 아주 잔잔하게 되었다"(마 8:26). 그러나 이때는, 예수님께서 어떤 명령도 하지 않으셨다. 폭풍은 단지 그리스도께서 그곳에 계심으로 떠나갔다. 예수님께서는 다만 제자들 가까이에 오셨고 폭풍은 사라졌다.

이렇게 해서 아주 파란 만장한 날이 끝났다! 처음으로 20,000명이 모였고 그 후 기적인 음식섭취가 있었고, 그 뒤 바다에 무서운 밤이 있었고, 그리고 나서 그리스도께서 물위를 걸으시니 폭풍이 잔잔해졌던 다른 기적이 있었다. 그 날은 제자들은 그들이 기대했던 욕망에 빠지지는 않았다. 이제 그들은 확실히 그들의 안락한 지대에 빠져 나왔다. 그러나 그 모든 것을 통해서 그들은 그리스도의 권위, 돌보심, 그리고 능력에 대해서 배우게 되었고 그리스도께 순종하게 되었다. 그들의 마음의 당연한 표현은 '참으로 당신은 하나님의 아들이시이다' 라고 고백하면서 그리스도를 예배하는 것이었다!' 이 폭풍이 있기 전에는, 그들은 무리들의 왕과 함께 통치자가 되기를 소원했을 것이다. 이제 그들은 그들의 주권자이시며, 친애하는 위대하신 주님께 진정한 예배를 드렸다. 몇 년 전에 이스라엘의 한 단체가 물 바로 아래 약 15센티미터를 유지하고, 갈릴리 바다로 약 30.5미터까지 뻗어 펼쳐지는 시멘트 보드를 건설하기 위해서 정부 당국의 허가를 얻으려는 시도를 했다. 무엇 때문이었는가? 그것은 관광객들이 물위를 걷는 경험을 하고 돈을 지불하게 하기 위해서였다! 이른바 그런 경험은 엄밀히 말해서 하나님께서 우리에게 원하신 것이 "아니다." 하나님께서는 우리가 그리스도를 알고 그분을 더 신뢰하도록 하기 위해서 시련을 겪게 하신다.

예수님께서는 폭풍 속에서 그들에게 물위를 걷는 법을 가르치려고 제자들에게 오신 것이 아니다. 베드로는 실제로 물위를 걸어 보았지만 실패했다. 도리어 그리스도께서는 힘든 시기에 그분을 신뢰하도록 그들을 격려하기 위해서 제자들에게 오셨다. 베드로는 그와 같은 교훈을 배웠다. 그는 이렇게 썼다. "이 때문에 여러분은 오히려 크게 기뻐한다"(벧전 1:6, KJV).

"그러므로 너희가 이제 여러 가지 시험으로 말미암아 잠깐 근심하게 되지 않을 수 없으나 오히려 크게 기뻐하는 도다 너희 믿음의 확실함은 불로 연단하여도 없어질 금보다 더 귀하여 예수 그리스도께서 나타나실 때에 칭찬과 영광과 존귀를 얻게 할 것이니라"(벧전 1:6-7).

생각할 점

1. 하나님께서는 때로는 그분의 사람들을 고의로 "고통스럽게" 하신다. 이 사실이 당신의 삶속에 어떻게 들어맞는지 실례를 들어보라.

2. 예수님을 그들의 왕으로 삼으려는 사람들의 계획은 하나님의 계획과 어떻게 다른가? 다른 원인이 무엇인가?

3. 우리는 오늘날 예수님께서 오천 명을 먹이신 것을 보았던 사람들과 같지는 않는가? 우리는 예수님께서 우리에게 주신 넘치도록 많은 것에 어떻게 반응 하는가?

4. 예수님께서는 폭풍 가운데 있는 제자들에게 오시기전에 그들을 기다리게 하셨다. 당신은 제자들이 기다리게 됨으로 무엇을 배웠다고 생각하는가?

5. 그들은 군중, 기적, 그리고 폭풍을 경험했다. 왜 제자들이 마침내 진리로 예배를 드릴 수 있게 되었는가를 설명하라.

17. 진정한 예배는 전통으로 가려질 수 있다

‖ 서기관들과 바리새인들. 마태복음 15:1-9

"사람의 계명으로 교훈을 삼아 가르치니 나를 헛되이 경배하는 도다 하였느니라"(마 15:9)

많은 사람들은 그들의 마음속에 고도로 감정적인 예배 스타일을 필요로 하기 때문에 복음주의적인 기독교를 받아들이지 않는다. 어떤 점에서 보면 "복음주의적인 예배"는 한편으로는 주먹으로 설교단을 두드리는 것에서부터 다른 한편으로는 환호하고 춤추고 요란한 음악까지 갖은 표현을 다할지도 모른다. 교회 예배는, 이와 같은 예배를 비판하는 사람들은 생각한다. (비록 그들 자신들은 따르지 않을지라도), 위엄을 갖추어야 한다. 경건한 예배는 아름다운 오르간 음악과 예복을 입고 고상한 찬송가를 부르는 성가대, 그리고 화려하게 조각한 강단 뒤로부터 영적인 설교를 하는 제복(성직자. 성가대원 등이 예배 때 입는 옷-역주)을 입은 성직자나 사역자가 동반된 고색창연한 신성한 곳에서 드려져야만 한다.

이런 것들이 진정한 예배를 구성하는가? 세상의 수많은 사람들이 그렇게 생각한다. 또는 적어도 예배에 대한 그들의 생각에 대해서 질문을 받는다면 그들은 그와 같은 장면을 묘사할 것이다.

실제로 다수가 "전통적인" 예배라고 생각하는 것이 오늘날 우리가 보는 더 극단적이고 정상이 아닌 일부의 "현대적인" 예배와 같이 하나님의 계획과는 아주 거리가 먼 것이 될 수도 있다. 성경은 전통이 진정한 예배의 기준이 되어야 한다고 가르치지 않는다. 실제로 우리가 앞으로 배울 것이지만 전통은 이단이 할 수 있는 만큼 빠르고 효과적으로 진정한 예배를 질식시킬 수 있다. 그리스도인으로 우리는 전통에 불과한 것을 진정한 예배로 대치하는 것을 조심해야 한다. 예수님께서는 전통주의 문제에 맞서셨던 이유를 우리에게 가르쳐 주셨다.

전통주의자들이 예수님께 맞섰다

마태복음은 예루살렘에 있는 "서기관들과 바리새인들"이 예수님께 나아와 말하기를 "당신의 제자들이 어찌하여 장로들의 전통을 범하나이까 떡 먹을 때에 손을 씻지 아니 하나이다"(마 15:1-2)라고 말한 것을 기록하고 있다(마 15:1-2).

전통에 대한 이런 쟁점을 가지고 예수님께 나온 사람들은 시시한 사람들이 아니었다. 그들은 모든 이스라엘 자손들 가운데서 종교적인 영향력이 있는 사람들이었다. 그들은 하나님의 백성들을 위한 예배의 기준을 결정했던 지도자들이었으며, 적어도 이것이 그들의 책임이라고 생각했다.

그러면 도대체 서기관들은 어떤 사람들이었는가? 또한 바리새인들은 어떤 사람들이었는가?

서기관들은 성경을 해석하고, 그들의 해석에 근거해서, 하나님의 백성들이 지킬 율법을 기록했던 학자들 집단이었다. 이 학자들 집단은 이스라엘이 바벨론 포로가 되었을 때, 처음 나타났다. 이스라엘은 여러 세대 동안 하나님께 불순종 했다. 그런 까닭으로 하나님께서는 그분의 약속에 따라서 더 강한 국가 바벨론에게 이스라엘을 포로로 이끌려가게 하셔서 그들의 공동체를 파괴 하게 하셨다. 포로 생활의 결과로 사람들의 예배 형태는 파괴되었다. 이미 성전이 없어졌기 때문에 제사장직과 희생제물 체계는 사라졌다. 그러므로 의심할 여지없이 많은 사람들은 누군가가 하나님께 대한 진정한 예배의 기준을 보존해야만 한다는 결의를 했을 것이다. 서기관들 가운데 최초의 사람은 진실로 하나님을 공경하기를 원했던 에스라였다(스 7:10). 에스라의 실례는 초기의 서기관들은 참된 사람이었을지도 모른다는 것을 보여준다.

시간이 지남에 따라 이 초기의 서기관들의 집단은 단결된 단체로 발전했다. 그들은 유대인들이 기도하고, 예배를 드리고, 그리고 율법을 배우기 위해서 만났던 회당을 세웠다. 그들은 또한 사람들이 하나님의 율법을 지키는 것을 돕기 위해서 몇 백 개의 율법을 기록했다.

바리새인들 또한 하나님의 백성들의 지도자였으며 산헤드린이라고 불렀던 유력한 집단의 일원이었다. 사실 그들은 산헤드린의 가장 보수적인 당파로 구성되었다. 그들은 서기관들이 고안한 율법을 지켜서 이와 같이 성경을 지키기로 굳게 결심했다. 그들의 입장은 전통에 큰 관심을 갖지 않았던 자유주의적인 사두개인들의 입장과 대조적이었다.

이 사람들, 서기관들과 바리새인들은 예수님과 맞서기 위해서 예루살렘에서 올라왔다. 그들은 갈릴리에서 율법과 성경에 대한 문제들을 통상적으로 처리했던 지역 회당장이었음에도 불구하고 먼 길을 무릅쓰고 갈릴리로 달려왔다. 그러나 아무래도 이 지역 통치자들은 예루살렘에 있는 주요 당국자들의 도움을 필요로 했던 것 같다.

예수님과 종교 지도들 간에 맞선 것은 아마도 예수님의 공생애 3년 기간 중 4월에 일어났을 것이다. 이때는 예수님과 유대지도자들 간에 더 자주 대립이 있어나고 있었기 때문이다. 서기관들과 바리새인들에게 예수님의 가르침이 일반적으로 인정된 전통적인 기준과 대립되는 것은 아주 명백했다. 따라서 지도자들은 이 질문으로 예수님께 문제를 제기했다. "당신의 제자들은 어찌하여 장로들의 전통을 범하나이까?"

그들이 예수님께 맞서기 위해서 선택했던 문제는 식사 중에 손을 씻는 전통이었다. 그들이 위생에 대해서 걱정을 했는가? 그렇다. 청결이 손을 씻는 유일한 이유였다. 그러나 지도자들은 그들이 제자들이 부주의해서 병을 만연시킨다는 소식을 들었기 때문에 예루살렘에서 갈릴리까지 북쪽으로 긴 여행을 한 것이 아니다. 그들의 관심은 전통에 속하는 "의식적인" 면에 있었다.

종교지도자들은 개인적인 영적 순결에 대한 하나님의 명령을 이행하기 위해서 성경이 부정하다고 간주하는 것과 접촉을 피하는 것이 필요하다고 믿었다. 먹는 것은 특히 손을 입에 대지 않으면 안 되기 때문에 귀찮은 문제였다. 부정한 것을 만지고 나서 그의 입을 만진 사람은 손을 씻는 것을 필요로 했고, 그렇지 않으면 죄가 그의 온 몸으로 전이되었다. 이와 같이 모든 유대인들은 정성들여서 손을 살펴보는 것, 곧 식사 전후에 손을 씻는 종교의식을 지키는 것을 당연한 일로 생각했다.

그러나 지도자들의 주요한 관심은 이 유일한 종교의식이 아니었다. 손을 씻는 문제는 더 큰 문제에 대한 하나의 실례에 불과 했다. 이는 그들의 바로 권위에 속한 더 큰 문제가 위험에 처해있었기 때문이다!

손을 씻는 종교의식과 같은 장로들의 전통은 지도자들의 세대를 통해서 구두로 전달되었다. 이런 전통은 네 가지 요소로 이루어졌다. 모세가 기록된 율법에 더하여 주었다고 추측되는 구전(전하거나 또는 말로 전하여 내려옴-역주)율법, 재정된 판결과 재판의 판례, 저명한 교사들의 해석과 의견, 그리고 산헤드린의 표결이었다.

이와 같은 전통 대부분은 그리스도 탄생 이후 2세기 후반에 체계화되었다. 학자들은 그때 "미슈나"(약 800페이지로된 유대교의 불문율집으로 A.D. 200년경에 편집되었다-역주)를 출판했는데, 그것을 수백 개의 전통적인 규칙으로 요약했다. 뒤에 "미쉬나"를 해석하기 위해서 학자들은 알기 쉽게 풀이했는데, 그것을 그들은 "탈무드"라고 불렀다. 예루살렘 탈무드는 12권이며, 바벨론의 탈무드는 6권이다! 명백히 종교 지도자들은 그들의 규칙에 대해서 아주 엄숙했다. 요는 예루살렘 탈무드는 이렇게 진술한다. "서기관들의 말은 율법의 말씀보다 더 무겁다. 이는 율법의 말씀은 무겁기도 하고 가볍기도 하지만 서기관들의 말은 모두 무겁기 때문이다."

서기관들과 바리새인들이 예수님과 맞섰을 때 아직 "미쉬나"가 기록되지 않았지만, 미쉬나가 체계화된 구전 전통은 대단한 영향력이 있었다. 전통의 가르침을 무시하는 그분의 제자들을 비난함으로 지도자들은 실제로는 제자들에게 그와 같은 본을 보인 선생을 비난하고 있는 것이다. 지도자들이 보기에는 제자들이 아닌 예수님께 문제의 원인이 있었다.

예수님께서 전통주의자들과 맞서셨다

그리스도께서는 그들의 가면을 쓴 비난에 즉시 반응하셨다. "너희는 어찌하여 너희의 전통으로 하나님의 계명을 범하느냐"(마 15:3). 이제 예수님께서는 명백하게 하나님의 율법에 모순되는 그들의 법 중 하나를 인용하심으로 서기관들과 바리새인들의 법전을 바꾸고 계셨다.

"하나님께서 이르셨으되 네 부모를 공경하라 하시고 또 아버지나 어머니를 비방하는 자는 반드시 죽임을 당하리라 하셨거늘 너희는 이르되 누구든지 아버지에게나 어머니에게 말하기를 내가 드려 유익하게 할 것이 하나님께 드림이 되었다고 하기만 하면 그 부모를 공경할 것이 없다 하여 너희의 전통으로 하나님의 말씀을 폐하는 도다"(마 15:4-6).

예수님께서는 하나님의 기준을 말씀하셨다. 하나님께서는 분명하게 그분의 백성들에게 부모를 공경하라고 명하시고 부모에게 무례한 말을 하는 것을 금하신다(출 20:12; 21:17). 더욱이 하나님께서는 나쁜 말을 하는 것을 금하셨기 때문에, 의심할 여지없이 나쁜 행동도 금하신다. 하나님의 기준은 분명하게 우리가 부모를 공경하지 않는 무엇인가를 행하는 것을 금하신다.

그러나 서기관들과 바리새인들은 하나님의 명령에 모순되는 전통을 지키고 있었다. 이 전통은 사람이 그의 소유물 가운데 무엇이나 "고르반," 곧 하나님께서 사용하시도록 봉헌된 하나님께로부터 온 예물 이라고 선언하는 것을 허용한다(막 7:11, 참조). (고르반은 유대인들이 소원성취의 답례로 하나님께 바치던 제물-역주). 어떤 사람은 그가 소유한 "모든 것"에 더하여 담요서약까지도 할 수 있었다.

물론 하나님께 전적인 봉헌을 하는 것은 올바른 태도이다. 그러나 종교 지도자들은 그들이 가난한 부모를 모시는 것을 정중히 거절하기 위해서 "고르반"의 전통을 개발했다. 만일 그들의 소유물이 하나님께 봉헌되었다면, 그들은 결국 이런 봉헌물들을 하나님께로부터 다시 가져갈 수 없어서 그것들을 부모에게 드릴 수가 없었다! 더욱 더 나쁜 것은, 전통은 사람들이 그들이 소유물을 "고르반"이라고 선언한 후에도 그들 자신을 위해서 그것들을 계속 사용하게 했다는 것이다. 이런 관행은 신약 시대에 흔히 있는 일이었다.

"너희가 너희 전통을 지키려고 하나님의 계명을 잘 저버리는 도다." 예수님께서는 마가의 기사(記事)에서 대립되는 것에 대해서 공개적으로 선언하신다(막 7:1-13). 이 구절에서 두 번 예수님께서는 "당신이 행하는 그와 같은 여러 가지 것들"(막 7:4, 8, KJV)을 지적하신다.

예수님께서는 문제를 들추어내셨다.

이 지도자들은 의(義)의 겉모습을 드러냈지만, 예수님께서는 그들의 종교적인 허울을 벗기셨다. "너희 위선자들아!" 예수님께서는 서기관들과 바리새인들의 허위를 폭로하시고 나서 그들의 위선의 원인에 대해서 있는 그대로 말씀하셨다.

"외식하는 자들아 이사야가 너희들에 관하여 잘 예언하였도다 일렀으되 이 백성이 입술로는 나를 공경하되 마음은 내게서 멀도다"(마 15:7-8).

예수님께서는 여기에서 하나님의 백성들의 영적인 무지를 봉인된 책으로 비유했던 이사야(사 29:13)를 인용하셨다. 예수님께서 말씀하신대로 이 종교적인 위선의 근본적인 문제는 단지 그들의 말로 아니라 그들의 마음으로부터 하나님을 공경하지 않는 것이다. 그들이 공경하지 않음으로 예수님께서는 "사람의 명령들을 교리로 가르치니 나를 헛되이 경배하는 것이다"(마 15:9, KJV)라고 말씀하셨다. 부정한 음식에 집착했던 서기관들 그리고 바리새인들을 대비하셔서 예수님께서는 모인 무리와 제자들을 향해서 이렇게 말씀하셨다.

"입으로 들어가는 것이 사람을 더럽게 하는 것이 아니라 입에서 나오는 그것이 사람을 더럽게 하는 것이니라...입으로 들어가는 모든 것은 배로 들어가서 뒤로 내버려지는 줄 알지 못하느냐 입에서 나오는 것들은 마음에서 나오나니 이것이야말로 사람을 더럽게 하느니라 마음에서 나오는 것은 악한 생각과 살인과 간음과 음란과 도둑질과 거짓 증언과 비방이니 이런 것들이 사람을 더럽게 하는 것이요 씻지 않은 손으로 먹는 것은 사람을 더럽게 하지 못하느니라"(마 15:11, 17-21).

예수님께서는 종교지도자들의 예배는 헛되고 무의미한 예배라는 결론을 내리셨다. 그것은 서기관들과 바리새인들이 예배를 드리지 않았다는 것을 말씀하시는 것이 아니다. 그들은 많은 예배를 드렸다. 그들은 매우 바빴다. 그러나 그들의 예배는 하나님을 공경하지 않았다. 그래서 그것은 무의미했다. 그들의 마음은 옳지 않았다. 그들은 예배로 섬기겠다고 고백했던 하나님보다 오히려 사람들의 전통을 공경하고 있었다.

매 주, 셀 수 없는 사람들이 주님과 교제하고, 성도들과 교제를 즐기며, 그리고 하나님의 말씀을 가르침 받기보다는 그 밖의 다른 이유로 교회에 간다. 어떤 사람은 교회에 가는 것이 사업 또는 그들의 사회적인 신분 유지를 위해서 제격이라고 생각한다. 다른 사람들은 그들의 경건을 과시하기 위해서 잠깐 얼굴을 내민다. 어떤 사람은 단지 의무감으로 참석한다. 이런 동기들 가운데 하나도 하나님께 대한 공경을 초래하지 않는다. 그러나 우리가 우리의 전통적인 성전, 우리의 오르간과 우리의 예복을 입은 성가대, 제복을 입은 우리의 성직자와 사역자가 있기 때문에, 우리는 "경건의 능력은 부인한다할지라도 경건의 모양은 있다"(딤후 3:5)고 주장할 수도 있다..

우리가 우리의 전통과 예배의식이 진정한 예배를 흐리게 하고 심지어 대체하게 하고 있지는 않는가? 우리는 우리가 예배 의식을 돋보이게 하고 어느 정도 "타당한" 것들을 행하기만 하면, 우리의 마음이 탐욕, 정욕, 분노, 그리고 교만으로 채워졌다 할지라도, 우리가 예배를 드리고 있다고 믿고 있지는 않는가?

1. 서기관들은 어떻게 나타나게 되었는가? 그들이 처음에는 참되었는데 당신은 왜 그들이 뒤에 잘못에 빠졌다고 생각하는가?

2. 우리에게, "고르반"의 전통은 율법의 취지와 명백하게 상반되는 것 같다. 당신은 무엇이 서기관들에게 그와 같은 율법을 기록하도록 이끌었다고 생각하는가?

3. 이사야 29장을 읽으라. 당신은 왜 예수님께서 바리새인들의 위선에 맞서시는데 있어서 이 구절을 인용하기로 결심하셨다고 생각하는가?

4. 지도자들은 사람에게 "들어가는 것"에 관심이 있었고, 예수님께서는 사람에게서 "나오는 것"에 초점을 맞추셨다. 그 차이를 설명하라.

5. 오늘날 예배에 대한 우리의 외면적인 전통이 하나님께 대한 우리의 내면적인 마음의 부족을 숨기는 것이 가능한가? 이런 현상이 어떻게 일어날 수 있는가?

18. 진정한 예배는 균형이 잡혀 있다

‖ 사마리아 여인 . 요한복음 4:7-26

"아버지께 참되게 예배하는 자들은 영과 진리로 예배할 때가 오나니 곧 이 때라 아버지께서는 자기에게 이렇게 예배하는 자들을 찾으시느니라"(요 4:23).

음악에서, "A" 음의 기본은 초당 440번 진동한다. 너무 팽팽하게 당겨지거나 너무 빨리 진동하는 바이올린 현, 또는 너무 헐렁헐렁하거나 너무 느리게 진동하는 바이올린 현은 바이올린 연주자의 성실성과는 관계없이 "A" 음을 내지 못할 것이다. 정확한 양의 장력(張力 : 당기거나 당겨지는 힘-역주)만이 정확한 소리를 낸다.

예를 들면 대부분의 삶이 그와 같은 긴장과 균형으로 이루어져 있다. 균형은 먹고, 마시고, 그리고 운동과 같은 단순한 문제에서까지도, 없어서는 안 된다. 긴장과 균형이 너무 많거나 또는 너무 적은 것은 아주 강건한 남성과 여성의 건강까지도 서서히 약화시킨다.

적절한 긴장과 균형은 또한 진정한 예배를 위한 하나님의 기준이다. 어떤 그리스도인들은 감정에 강한 예배 방법을 선호하는 성향이 있다. 다른 그리스도인들은 강하게 지성에 근거한 상반된 극단의 예배를 선호하는 경향이 있다. 실제로 성경은 영과 진리는 진정한 예배를 위해서 양쪽 다 필요하다는 것을 의심할 여지가 없게 만든다. 영과 진리 어느 한 쪽을 지나치게 강조하는 것은 우리의 예배를 정도에서 벗어나게 해서, 육체 또는 지성 어느 한쪽에 애정을 표현하게 한다. 뿐만 아니라 둘 중에서 다른 하나를 배제하는 태도는 하나님께로부터 그분의 영광을 빼앗는 것이다. 하나님께 예배를 드리는 사람은 그분을 영과 진리로 예배해야만 한다.

영과 진리사이에 적절한 긴장 또는 균형에 대한 성경의 실례는 예수님의 잘될 것 같지 않은 사마리아 여인과의 대화의 기사 속에서 볼 수 있다.

예수님께서는 영에 호소하셨다

예수님께서는 이 여인을 그분이 아주 바쁜 시간, 곧 많은 여행을 하시는 시기에 만나셨다. 예수님께서는 근래에 공생애 사역을 시작하셨고, 요한에게 세례를 받으시기 위해 요단강으로 가셨고, 첫 번째 제자들을 부르셨고, 첫 번째 기적을 가나에서 행하셨고, 가버나움에서 잠깐 머무셨고, 그리고 그 뒤 성전을 청결케 하신 예루살렘으로 내려가셨다. 예수님께서는 이스라엘 가운데 알려지게 되셨다. 심지어 유대인의 종교 관원들 가운데 한 사람은 예수님의 가르침을 설명하여 주시도록 남의 눈을 피해서 예수님과 접견을 시도했다.

그러자 예수님께서는 갈릴리로 돌아가시기로 결심하셨다. 예수님께서는 도중에 거기에서 전통에 얽매이지 않는 몇 가지 일을 행하셨다. 무엇보다도 먼저 예수님께서는 대부분의 유대인들이 가지 않는 길을 선택하셨다.

예수님께서는 예루살렘 북쪽 갈릴리까지 가까운 길, 곧 대부분의 유대인들이 단연코 피했던 길로 출발하셨다. 그 대신에 유대인들은 바로 여리고 "동쪽"으로 나가서, 요단강의 "정반대" 기슭을 건너서, 강 계곡을 따라 북쪽으로 여행해서, 그 뒤 갈릴리로 들어가기 위해서 요단강을 "다시 건넜다." 그들은 왜 그 길을 안에서 밖으로 그 정도까지 갔는가? 사마리아 땅을 지나는 것을 피하기 위해서였다.

사마리아의 무엇이 그렇게 싫었는가? 그 이유는 단지 사마리아인들이 사는 곳이라는 사실 그이하도 그이상도 아니었다! 더욱이 유대인들은 사마리아인들과 아무것도 하기를 원치 않았다. 그들의 종교적인 편견으로 유대인들은 그들도 또한 하나님의 백성이라는 사마리아인들의 주장을 거절했다. 유대인들은 오로지 그들만이 하나님께 올바르게 예배를 드리고 사마리아인들의 (背敎 : 종교의 교의(敎義-그 종교에서 진리로 여기고 있는 종교상의 가르침)를 저버림-역주)예배의식은 배교되었다고 주장 했다. 사마리아인들도 멸시로 응수했고 유대인들을 거만하다고 간주했다.

유대인들은 그들의 민족의 조상으로 줄곧 아브라함까지 거슬러 올라갔다. 하나님께서는 개인적으로 아브라함을 부르셔서 그에게 유대인들이 실행했던 약속을 주셨다. 하나님께서는 그들의 조상들을 이스라엘 국가가 되게 하기 위해서 애굽에서 불러내셔서 그들에게 율법을 주셨다. 후에 그들이 불순종했을 때 하나님께서는 그들을 바벨론 포로가 되게 하셨다. 그러나 70년 후(B.C. 530년), 그들은 예루살렘으로 돌아와서 성전을 재건했다. 그렇다. 유대인들은 하나님의 백성이었다.

그러나 사마리아인들 또한 하나님의 백성이라고 주장했다. 그들 역시, 그들의 조상으로 아브라함까지 거슬러 올라갔다. 유대인들과 사마리아인들의 조상들은 하나님께서 애굽에서 불러내셔서 그분의 율법을 주셨던 같은 백성들이었다. 그러나 유대인들과 사마리아인들의 차이점은 사마리아인들의 조상들이 북쪽의 열 지파, 곧 남쪽의 두 지파인 유다와 베냐민 지파와 나누어졌던 지파들 가운데 불순종한 유대인들이었다는 사실에 있다. 하나님께서는 북쪽 열 지파를 B.C. 622년에 앗수르(Assyria : 고대 서남아시아의 제국-역주)의 포로로 잡혀가게 하셨다. 앗수르가 그 지역을 정복했을 때 그들은 살아남은 유대인들 가운데 이교도 국가를 세웠다. 두 무리들이 사마리아 국가를 창설하기 위해서 다른 종족 간 결혼을 했다. 그 과정에서 이전의 유대인들은 이교도의 거짓 신들을 숭배함으로 더럽혀졌다.

그러므로 유대인들과 사마리아인들은 서로 멸시했다. 그러나 예수님께서는 그때 예루살렘에서 갈릴리로 가시는 도중에 사마리아를 통해서 여행하셨다. 매우 이례적인 일이다! 수가성에 들어가서서 우물을 보시자, "예수님께서는 여행에 지치셔서 우물가에 앉으셨다"(요 4:6, KJV). 유대인이 사마리아성에 있다는 것은 이상한 일이었다. 그러나 뒤 따르는 일 또한 아주 예삿일이 아니었다.

"사마리아 여자 한 사람이 물을 길으러 왔으매 예수께서 물을 좀 달라 하시니 이는 제자들

유대인들과 사마리아인들은 결코 서로 물을 달라는 요청을 하지 않았다! 게다가 남자가 여자에게 물을 달라고 요청하는 것은 예외적인 일이었다. 그 당시에 남녀는 우리의 문화 속에서 남녀와 마찬가지로 공공연히 대화를 할 수 없었다. 그 사회에서 여자들은 아버지 또는 남편 중 어느 한쪽의 권위와 보호 아래 있었다. 그러나 예수님께서는 이 사마리아 여자에게 하나님의 놀랄만한 선물들에 관한 한 편견이 없다는 것을 보여 주심으로 편견의 장애물을 치우셨다.

예수님께서는 흔쾌히 사마리아 여인에게 구원의 선물을 제시하셨다. 주님께서 당신과 내가 "허락받은" 사람들의 명단에 없다고 해서 그분의 구원의 제안을 취소하지 않으셨다는 것을 아는 것은 얼마나 놀라운 일인가. 예수님께서 구원의 제안을 하셨을 때, 우리가 그것을 받아들이기를 기대하신다는 것을 주목하라. 예수님께서는 여자에게 이렇게 말씀하셨다. "만일 네가 내가 누구인지 알았더라면, 너는 그것을 받아들였을 것이다!' 편견의 문제를 끝내신 후, 예수님께서는 그 뒤 실용주의의 장애물을 치우셨다. 어느 시대든 사람들은 이렇게 말했다. "나는 지금 구원을 받아들일 수 없어. 사람들이 어떻게 생각할까? 구원이 나에게 어떤 영향을 미칠까? 내가 즐기고 있는 모든 것들은 어떻게 될까? 나는 어쩌면 그것들을 포기해야 할지도 몰라!" 이것들은 사람들이 그리스도의 편견이 없는 선물을 받아들이는 것을 차단하기 위해서 던져 올리는 실용적인 장애물이다. 사마리아 여자 역시 자신에 관한 한 실용적이고 세속적인 것에 집중했다.

"여자가 이르되 주여 물 길을 그릇[물통]도 없고 이 우물은 깊은데 어디서 당신이 그 생수를 얻겠사옵나이까 우리 조상 야곱이 이 우물을 우리에게 주셨고 또 여기서 자기와 자기 아들들과 짐승이 다 마셨는데 당신이 야곱보다 더 크니이까"(요 4:11-12).

오늘날 대다수의 사람들처럼 사마리아 여자는 삶의 실용적인 문제에 너무 집중해서 예수님의 가르침을 이해할 수 없었다. 물통이 없다는 것이 물이 없다는 것을 의미하지는 않는다! 그와 같은 결론은 현명한 것처럼 보인다. 더욱이 사마리아 여자는 자신의 종교적인 유산을 하나님의 편견이 없는 선물을 받아들이기 않기 위한 변명으로 예를 들었다. 그와 같은 변명은 얼마나 귀에 익은 소리인가! "나는 미국인이야. 그러므로 나는 그리스도인이야." "우리 아버지는 집사님이셨어." "나는 어느 그리스도교파에 속해있어, 그러므로 나는 틀림없이 받아들여질 거야. 나는 구원받을 "필요가 없어.""

예수님께서는 여자의 세속적인 장애물을 넘어 가셨다. 예수님께서는 단순한 물과 그분이 몸소 주시는 살아있는 물의 차이를 설명하심으로 그녀에게 또 하나의 단계를 이해시키려고 하셨다.

"예수께서 대답하여 이르시되 이 물[문자 그대로의]을 마시는 자마다 다시 목마르려니와 내가 주는 물[영적인]을 마시는 자는 영원히 목마르지 아니하리니 내가 주는 물은 그 속에서 영생하도록 솟아나는 샘물이 되리라"(요 4:13-14).

그러나 여자는 예수님께서 무엇을 의도하시는지를 이해하지 못했다. 여자는 "주여 그런 물을 내게 주사 목마르지도 않고 또 여기 물 길으러 오지도 않게 하소서"(요 4:15)라고 말했다. 아마도 그녀는 그녀의 영의 갈망, 곧 그녀의 가장 깊숙한 존재의 문제를 표명하고 있었을 것이다. 그러나 그녀는 죄의 고백도, 그리스도께서 내미시는 선물도 받아들이지 않았다. 여자는 그녀가 정말로 다시 목마르거나 또는 우물을 찾아 이리저리로 멀고 힘든 여행을 하기를 원치 않는다는 것을 은연 중 나타냈다. 만일 그런 것들을 피할 수만 있다면, 그녀는 이 생수에 대 찬성이었을 것이다!

사마리아 여자처럼 우리 역시, 영적인 갈망을 느끼지만, 육체 안에서 그것을 만족시키려는 시도를 할지도 모른다. 육체 안에서 영적인 소원을 만족시키는 것은 쉬운 방법, 곧 우리에게 만족을 주고, 겉보기에 아무 대가를 치르지 않을 것 같은 방법이다. 많은 목회자들과 예배 지도자들은 쉬운 방법을 선택하려는 유혹과 싸운다. 그들은 사람들이 그들의 영안에 "무엇인가" 실제적인 소원이 있다는 것을 안다. 그러나 육체의 욕구를 만족시켜서, 그것으로 군중을 모으고, 조직을 세움으로 사람들의 진정한 영의 소원을 만족시키려는 유혹이 클 수 있다.

예수님께서는 사마리아 여자를 그녀의 좁은 세속적인 시야를 너머서 진정한 영적인 이해의 더 높은 단계로 인도하기를 원하셨다. 오늘날 그런 목적을 함께 나누는 목회자들과 교회들은 한결같이 인기가 없다. 일반 대중에게 그들이 원하는 것을 주고 사람을 끄는 예배를 통해서 "그들을 받아들여서" 나중에 설득할 수 있으리라 기대하는 것이 얼마나 쉬운가. 그러나 결국 사람들은 육체는 그럼에도 불구하고 만족하지 못하고 그들에게 영의 갈망이 여전히 있다는 것을 알게 된다.

예수님께서는 진리에 호소하셨다

일단 예수님께서는 구원에 대한 그분의 제안을 설명하셨고 여자가 그래도 이해하지 못했다면, 당신은 예수님께서 다시 시도하셨을 것이라고 생각할 것이다. 여하튼 예수님께서는 여자의 관심을 끄셨다. 그녀는 더 많은 것을 알기위해서 구원에 대한 제안을 순순히 받아들이는 것 같았다. 그 대신에 예수님께서는 보기에 퉁명스럽고 뜻밖의 귀에 거슬리는 경향으로 대화를 시작셨다. "이르시되 가서 네 남편을 불러 오라"(요 4:16).

이것은 무슨 의미인가?

예수님께서 그분의 명령에서 의도하신 것은 우리가 그 여자의 반응을 간파할 때, 더 분명하게 된다. "여자가 대답하여 이르되 나는 남편이 없나이다"(요 4:17 상반절). 그녀는 예수님께 자신이 여러 번 결혼을 했고, 지금은 타락한 생활방식으로 살아가고 있다는 것을 즉각 시인하지 않기 위해서 겉으로 품위를 유지하기를 원했다. 그녀는 있는 그대로 자신이 남편이 없다고 주장했고 그녀의 주장은 사실이었다. 그러나 그녀의 의도는 그녀가 과부, 곧 내버려진 희생자이거나, 또는 결코 결혼을 한 적이 없다는 것을 예수님으로 하여금 믿게 하려는 것이었다. 그러나 이 암시 가운데 어느 것도 사실이 아니었다. 그녀의 주장은 허울이었다.

예수님께서는 일찍이 사마리아 여자가 그분의 구원의 선물을 받아들이는 것을 가로막을 수 있는 편견과 세속주의 그리고 장애물의 문제를 처리하셨다. 우리 가운데 어느 누구도 예수님께서 정말로 속이는 우리의 허울을 벗기시고 우리가 우리의 죄를 처리하도록 도우실 때까지 그리스도를 영접할 수도 없고 진정으로 그분을 예배할 수도 없다. 예수님께서는 사마리아 여자가 진리를 직시할 필요가 있다는 것을 알고 계셨다. 그런 까닭에 예수님께서는 이렇게 말씀하셨다. "네가 남편이 없다 하는 말이 옳도다 너에게 남편 다섯이 있었고 지금 있는 자도 네 남편이 아니니 네 말이 참되도다"(요 4:17 하-18).

예수님께서 그와 같이 직접적인 방법으로 여자의 죄를 폭로하시고 그녀의 자존심을 훼손하시는 것이 몰인정하고 재치가 없으신 일이었는가? 사실은 예수님의 진술은 사랑에서 유발되었다. 일단 예수님께서 그녀의 허울을 벗겨 내신 후, 예수님과 사마리아 여자는 평평한 운동장에서 진리를 논할 수 있게 되었다. 마찬가지로 당신과 나는 그분의 진리가 명확히 우리에게 적용되어서 우리의 죄를 벗겨낼 때까지 결코 하나님께 진리로 예배할 수 없다.

사마리아 여인은 이 시점에서 단지 육체적인 문제가 아니라 영적인 문제가 위험에 처해 있다는 것을 이해하기 시작했다. "여자가 이르되 주여 내가 보니 선지자로소이다"(요 4:19). 이윽고 예수님께서 여자의 죄에 대해서 말씀하시기 시작하시자마자, 여자는 오늘날 여전히 아주 흔히 있는 무엇인가를 속였다. 대화가 "종교" 문제로 돌려지자, 그녀는 초점을 그녀 자신이 부족하다는 점을 들어 회피하려고 했다. 그녀는 자신의 죄를 논하는 것이 마음이 편치 못했다. 그래서 그녀는 대화의 주제를 서로 다른 종교의 차이점, 곧 이 경우에 유대인들과 사마리아인들의 종교의 차이점으로 화제를 돌렸다. "우리 조상들은 이 산에서 예배하였는데 당신들의 말은 예배할 곳이 예루살렘에 있다 하더이다"(요 4:20).

사마리아 여자가 인용한 종교의 전통은 모세 시대로 거슬러 올라간다. 이스라엘 자손들이 약속의 땅으로 들어갈 준비를 할 때, 모세는 "너희가[그들이] 요단을 건너는 날" 하나님의 영광을 위해서 제단을 쌓아야 한다고 명령했다"(신 27:2-8).

백성 가운데 반은 에발산에 모였고 그 밖의 반은 그리심산에 모였다. 그리고 교창(交唱 : 성가대 혹은 남녀가 교대로 노래하는 형식-역주)형식으로 율법의 축복과 저주를 반복했다. 이 의식의 결과로 그리심산은 사마리아인들에게 특별한 의미를 갖게 되었다. 그곳은 그들의 전통적인 예배의 장소가 되었은데, 예루살렘에서 드리는 유대인들의 성전 예배와 완전히 대비되었다. 사마리아 여자는 그 문제에 관해서 의견을 나누고 싶었다.

예수님께서는 올바른 균형에 대해서 설명하셨다

그와 같은 반응은 그들의 죄에 대한 사실을 눈앞에 들이댈 때 틀에 박힌 것이다. 그들은 주제를 바꿔서 종교들 간의 차이점을 이야기하려고 한다. 그러나 예수님께서는 여자가 새로운 주제로 너무 나아가는 것을 허락하지 않으셨다. 예수님께서는 가까이에 있는 실제적인 문제, 곧 그녀의 구원의 문제로 그녀를 돌아오게 하셨다.

"예수께서 이르시되 여자여 내 말을 믿으라 이 산에서도 말고 예루살렘에서도 말고 너희가 아버지께 예배할 때가 이르리라 너희는 알지 못하는 것을 예배하고 우리는 아는 것을 예배하노니 이는 구원이 유대인에게서 남이라 아버지께 참되게 예배하는 자들은 영과 진리로 예배할 때가 오나니 곧 이 때라 아버지께서는 자기에게 이렇게 예배하는 자들을 찾으시느니라 하나님께서는 영이시니 예배하는 자가 영과 진리로 예배할지니라"(요 4:21-24).

예수님께서는 몇 년 안에 그분이 모든 죄를 대신해서 십자가에서 형벌을 치르실 것을 알고 계셨다. 이 속죄 때문에, 전통적인 유대인들의 희생제물을 바치는 방법은 더 이상 필요가 없게 될 것이다. 성전에서의 예배는 쓸

모가 없게 될 것이다. 예수님께서는 또한 한 세대 이내로, A.D. 70년에 로마가 성전을 파괴할 것이라는 것을 알고 계셨다. 유대인들과 사마리아인들이 당면한 종교적인 차이는 더 이상 문제가 되지 않을 것이다.

그리심산에서 드리는 그녀의 전통적인 사마리아식 예배를 드리는 과정에서 사마리아 여자는 자신이 진리를 알고 있다고 생각했다. 이제 이 여자는 자신이 알지 못했던 것을 깨닫기 시작했다. "여자가 이르되 메시야 곧 (그리스도라 하는 이)가 오실 줄을 내가 아노니 그분이 오시면 모든 것을 우리에게 알려 주시리이다"(요 4:25). 예수님께서는 그녀에게 진정한 예배에 대해서 가르치기 위해서 자신의 권위를 입증하심으로 그녀에게 응답하셨다. 예수님께서는 그녀에게 "네게 말하고 있는 내가 그니라"(요 4:26, KJV)라고 말씀하셨다. 예수님께서는 자신이 메시야, 곧 그리스도이심을 공표하셨다.

그 다음에 예수님께서 여자에게 무엇을 가르치고 계셨는가? 사마리아 여자와의 대화에서 예수님께서는 그녀가 영적인 갈망뿐만 아니라, 진리가 필요하다는 것을 제기하셨다. 예수님께서는 장애물, 곧 편견과 세속주의 그리고 교만과 그녀가 제기했던 전통에 초점을 맞추셨다. 이제 예수님께서는 만일 그녀가 그분의 편견이 없는 구원의 제의를 받아들인다면, 그녀의 마음이 "영생하도록 솟아나는 샘물"이 될 것이라고 말씀하셨다. 예수님께서는 이런 마음의 상태는 당연히 "영과 진리"의 예배를 통해서 그 자체를 표현할 것이라고 말씀하셨다. 이 두 개념, 곧 영과 진리를 한 번에 하나씩 살펴보자.

당신과 나는 예수님께서 말씀하신 대로, "하나님께서는 영"(요 4:24)이시기 때문에 영으로 하나님을 예배해야만 한다. 우선 첫째로 이 진리는 어떤 물질적인 사물로 하나님을 묘사하는 것은 불가능하다는 것을 의미한다. 성상(聖像)과 조각상, 종교 미술과 스테인드 글라스 창들(구워서 착색한 유리 창-역주)-이런 것들은 사실상 하나님을 예증하지 않는다. 사람이 설사 최고로 화려하게 장식한 성당 또는 호화스러운 교회당일지라도 하나님을 특정한 장소에 속하게 할 수 없다. 무엇보다도 "영으로" 하나님을 예배하는 것은 우리의 예배는 내면에서 솟아 흘러 나와야만 한다. 우리가 앞 장에서 예배에 대해서 배웠던 것처럼 예수님께서는 "입술로는 그분을 공경하되 마음은 먼"(마 15:8) 사람들의 예배를 "헛된" 예배라고 부르셨다.

이 개념은 나에게 어떤 실례를 생각나게 한다. 소년이었을 때 어머니는 때로는 나에게 이웃 소녀들의 생일잔치에 가게 하셨다. 생일잔치에 가는 것은 내가 토요일에 하고 싶은 일중에서 가장 꺼리는 일이었다! 그러나 나는 어쨌든 가서, 케이크와 아이스크림을 먹고, 파티 게임을 하고, 그리고 즐겁게 보낸 체했다. 전적으로 이는 어머니가 내게 기대하셨던 일이었기 때문이었다. 여덟 살의 소년에게 여자 친구들의 생일잔치는 참으로 거치적거리는 것이었다. 그러나 열여섯 살이 되었을 때 나의 태도는 완전히 변했다! 이제 이 이웃 소녀들은 아름답고 유능한 여성들로 변했다. 나는 나의 마음이 그들을 향한 열렬한 감정에 몰두했기 때문에 그들의 생일잔치에 참여하는 것을 좋아했다. 내가 즐겁게 보내는 것은 당연한 일이었다. 내가 왜 그때 그 생일잔치를 만끽했는가? 나의 마음가짐이 거짓이 없는 마음에서 우러나왔기 때문이다. 당신과 나는 하나님께 진심으로 예배를 드려야만 한다. 우리는 진정으로 드리는 예배를 대신하는 감정 표출의 겉치레를 야기해서는 안 된다. 물론 영안에서의 예배가 마음, 곧 사람의 감정의 자리로부터 흘러나오기 때문에 진정한 예배는 우리의 감정을 끌 것이다. 게다가 우리가 감정을 속이거나(아마도 우리 주위에 있는 사람에게 맞추는 것) 또는 감정을 일으키는 것(우리 주위에 있는 사람들 또는 듣는 청중을 움직이는 법을 아는 사람들에게 응하여)이 가능하다. 성숙하지 못한 그리스도인들은 흔히 감정을 예배의 중심으로 본다. 그들은 감옥에 갇혀 있었음에도 불구하고 "하나님께 기도하고 찬송했던 바울과 실라"처럼 되려고 한다(행 16:25). 그러나 바울과 실라의 있는 그대로의 기쁨은 그들의 헌신적이며 충실한 마음의 깊은 곳에서 솟아나왔다.

오늘날 우리는 충실한 마음을 나타내는 중요 부분을 건너뛰려는 압력을 느낀다. 우리의 현대 사회는 희생이 없는 만족을 얻으려고 하는 "나 먼저"라는 사고방식이 있다. 동시에 우리의 대중문화는 그들이 산출하는 인원수로 단체를 평가한다. 두 현상을 종합 판단할 때, 우리는 교회들이 대중의 감정을 이용해서 많은 사람을 끌어드리려고 하는 유혹이 크다는 것을 실감한다. 그 결과 사람들은 예배의 경험을 즐기지만 그들의 즐거움이 일시적이라는 것을 알고, 따라서 예배 인도자들이 더욱 더 독창적인 사람이 되기를 강요한다. 하나님께서는 우리가 감정이 없는 예배를 기대하지 않으시지만, 그러나 그분은 절대적으로 진정한 마음과 진정한 영이 없는 예배를 반대하신다.

당신과 나는 또한 진리로 예배를 드려야만 한다. 하지만 진리란 무엇인가? 진리는 당신의 기준 또는 나의 기준에 일치하는 것인가? 분명히 말해 참 진리는 하나님의 말씀이다. 그러므로 예수님께서는 이렇게 기도 하셨다. "그들을 진리로 거룩하게 하옵소서 아버지의 말씀은 진리이니이다"(요 17:17). 오직 하나님의 기준을 따르는 사람만이, 그분의 진리를 알기 때문에, 진리로 그분을 예배할 수 있다. 때로는 그 진리는 알기 힘들 수도 있지만, 진리는 우리의 수치스러움과 죄를 드러낸다. 그러나 예수님께서 사마리아 여자에게 분명히 밝히셨던 것처럼, 우리는 그분의 진리에 순종하여 우리에게서 그분의 구원과 진정한 예배를 빼앗는 장애물을 제거해야만 한다.

그러나 그리스도인들은 진리의 세부항목에 집중함으로 영으로 예배드리는 것을 등한히 하게 되는 것이 가능하다. 우리는 율법의 문자에 머리를 쓰는 묵상에 집중하는 현대 바리새인이 될 수도 있다. 예를 들면 우리의 복음의 주변문화(한 사회의 지배적인 문화가 아닌 주변 계층의 하위문화를 지칭하는 말-역주) 속에서 우리는 때로는 우리가 하나님께서 그분의 책에서 가르치시는 것을 아는 것보다 특정한 기독교 저자의 가르침을 더 많이 알고 있다. 따라서 진리, 곧 성경의 진리까지도 영과 비례해서 균형에서 벗어날 수 있다. 흥분은 옳지 않다. 그렇게 되면 조율에서 벗어난 바이올린의 현처럼 우리는 잘못된 음을 낸다.

진리를 지적으로 추구하는 것을 지나치게 강조하는 것은 우리의 복음적인 열의를 꺾어 놓고 우리가 알고 있는 것에 대해서 자만하게 한다. 그와 같은 지나친 강조를 통해서 우리는 무한하신 하나님을 우리의 한정된 이해의 상자에 집어넣으려고 한다. 영과 진리로 예배하는 것, 곧 둘 사이에 성경적인 균형을 갖는 것은 때로는 우리가 무한하신 하나님을 설명할 수 없다는 것을 의미한다!

예수님께서는 우리에게 영과 진리 간의 균형을 유지하라고 가르치셨다. 둘 다 진정한 예배를 위해서 없어서는 안 된다. 어느 한 쪽을 지나치게 강조하는 것은 불성실한 예배의 결과로 이끈다. 예수님의 제자들이 비록 예수님께서 "사마리아 여자와 이야기하시는 것"(요 4:27)을 이상하게 여겼을지라도, 우리는 예수님께서 그녀와 격의 없이 이야기를 나누시고 우리를 위해서 바로 이 중요한 교훈을 하나님의 말씀에 기록하였다는 것에 감사할 수 있다.

1. 예수님께서는 사마리아 여자에게 구원을 제시하셨다. 이 사실이 세상이 그들의 영적인 요구를 채워주는 수단으로 "혼합주의"(종교를 혼합하는 것)와 "보편주의"(모든 종교를 옳다고 받아들이는 것)을 표방하는 것에 대해서 무엇을 말하고 있는가?

2. 오늘날 사람들이 그들의 육체를 만족시킴으로 그들의 영적인 갈망을 만족시키려는 여러 가지 점에는 무엇이 있는가? 그리스도인들이 이렇게 할 수 있는가?

3. 사마리아 여인은 예수님께서 제시하신 구원문제에 대해서 "실용적인"(실생활에 유익한 지식과 실용성이 있는 이론만이 진리로서 가치가 있다는 생각-역주) 반대 이유를 제시 했다. 오늘날 사람들은 어떤 실용적인 반대 이유를 제시하는가?

4. 자신의 죄를 직시해서 구원이 필요하기보다는 오히려 여자는 대화의 화제를 바꾸려고 했다. 당신은 이와 같은 행동을 하는 사람을 만난 적이 있는가?

5. 예배에 있어서 영과 진리 간에 적절한 균형에 대해서 설명하라.

19. 진정한 예배는 하나님을 앎으로 시작된다

‖ 바울과 헬라인들. 사도행전 17:16-34

"또 무엇이 부족한 것처럼 사람의 손으로 섬김을 받으시는 것이 아니니 이는 만민에게 생명과 호흡과 만물을 친히 주시는 이심이라 인류의 모든 족속을 한 혈통으로 만드사 온 땅에 살게 하시고 그들의 연대를 정하시며 거주의 경계를 한정하셨으니 이는 사람으로 혹 하나님을 더듬어 찾아 발견하게 하려 하심이로되 그는 우리 각 사람에게서 멀리 계시지 아니하도다"(행 17:25-27).

누군가가 이전에 내게 800개 이상의 교회가 우리 지역 전화번호부에 실려 있다고 말했다. 침례교회에 중에서만 남 침례교회, 미국 침례교회, 전국 침례교회, 혁신 전국 침례교회, 독립 침례교회, 보수 침례교회, 참 침례교회, 개혁 침례교회, 선교 침례교회, 자유의지 침례교회, 근본주의 침례교회, 그리고 심지어 제 7일 침례교회까지도 있다. 그런데 이것은 단지 침례교회만 제시한 것이다!

지역을 넘어서 지역 전화번호부에 실린 것은 또한 미국인들의 종교생활의 증대하는 다원적 공존을 암시한다. (편의상 또는 대중의 인정을 받기 위해서) 자신들을 "교회"라고 부르지만 그러나 자연숭배, 또는 조상 숭배 또는 손으로 새겨진 우상을 숭배하는 집단들이 있다. 더욱이 미국 남부에 있는 우리의 남부 도시에서도 규칙적으로 조각상 앞에 진심으로 절하고 기도하는 사람들이 있다.

이 모든 사람들과 집단들은 하나님을 예배한다고 주장한다. 누가 옳은가? 비록 어떤 사람들이 그릇되었다할지라도, 누군가가 무엇 때문에 그들을 변화시키려고 하는가? 그들은 믿음으로 행복하며 믿음으로 행한다고 주장한다. 그러나 성경은 하나님의 말씀의 사람들, 곧 참으로 하나님께 대한 진정한 예배에 마음을 쓰는 사람들은 그들이 우상 숭배하는 것을 볼 때 화나게 되어야 한다는 것을 명백하게 이해시킨다. 구약은 엘리야가 바알 선지자들을 살해한 것에부터 요시아 왕이 그의 악한 전임자 아래서 확산되었던 우상 숭배를 멸한 것까지 우상 숭배에 대한 이런 반응의 실례가 수없이 많다 (대하 34:3-7; 왕하 23:4-20).

마찬가지의 단호한 조치가 아사(대하 14:2-3), 여호사밧(대하 17:6), 그리고 히스기야(대하 31:1; 왕상 18:5-6)의 통치시기에 시행되었다. 바울은 그리스도인들이 이스라엘 자손들의 실례에서 배워야 한다는 것을 가르쳤다. "그들에게 일어난 이런 일은 본보기가 되고 또한 말세를 만난 우리를 깨우치기 위하여 기록되었느니라"(고전 10:11). 하나님께서 이스라엘 자손들에게 주신 이 명령을 생각해보라.

"너희는 도리어 그들의 제단들을 헐고 그들의 주상을 깨뜨리고 그들의 아세라 상을 찍을지어다 너는 다른 신에게 절하지 말라 여호와는 질투라 이름하는 질투의 하나님임이니라 너는 삼가 그 땅의 주민과 언약을 세우지 말지니 이는 그들이 모든 신을 음란하게 섬기며 그들의 신들에게 제물을 드리고 너를 청하면 네가 그 제물을 먹을까 함이라"(출 34:13-15).

"오직 너희가 그들에게 행할 것은 이러하니 그들의 제단을 헐며 주상을 깨뜨리며 아세라 목상을 찍으며 조각한 우상들을 불사를 것이니라 너는 여호와 네 하나님의 성민이라 네 하나님 여호와께서 지상 만민 중에서 너를 자기 기업의 백성으로 택하셨나니"(신 7:5-6).

"그 제단을 헐며 주상을 깨뜨리며 아세라 상을 불사르고 또 그 조각한 신상들을 찍어 그 이름을 그 곳에서 멸하라"(신 12:3).

우상에 대한 반응

"그러나 당신은 그것은 구약시대였다"라고 주장할 것이다. 그러나 신약에서 우리는 바울의 실례가 있다. "그 성에 우상이 가득한 것을 보고 마음에 격분하였다"(행 17:16). 그는 헬라(Greek : 그리스-역주) 문화의 중심지였던 아덴(Athens : 그리스의 수도 아테네-역주)에 있었다. 이것은 그가 마주쳤던 원시 부족의 우상이 아니라 현혹시키는 문화를 가지고 있는 전 세계적으로 분포된 문명, 실로 우리 자신을 타락시키는 문명의 우상이었다. 바꿔 말하면 바울은 자신이 오늘날 우리에게 잘 알려진 것과 같은 우상으로 둘러 쌓여있다는 것을 알았다. 더욱이 우리는 우리의 도처에서 우상과 마주친다! 그리스도인으로서 우리는 눈을 속이는 것을 몸에 걸치고 있는 삶을 경험하도록 부름 받은 것이 아니다. 하나님께서는 우리가 우리 주위에서 일어나는 것을 지켜보고 주의를 기울이기를 기대하신다. 하나님께서는 특히 우리가 가는 곳은 어디든지 영적인 상태에 민감하기를 원하신다. 바울은 틀림없이 그의 동역자들이 베뢰아에서 도착하는 것을 아덴에서 혼자서 기다리고 있을 때 이와 같이 주의를 기울였을 것이다(행 17:13-15).

바울은 마게도니아(Macedonia : 고대 그리스 북방에 있던 왕국-역주)로 돌아와서 하나님께서 그를 부르신 사역을 계속할 작정이었다. 그러나 "바울이 아덴에서 그들을 기다리고 있었을 때"(행 17:16) 그는 놀고 있지 않았다. 그는 헬라의 수도의 거리를 산책하면서 그 도시 사람들이 영적으로 무엇이 필요한 가를 살펴보았다. 비록 타에 의존하지 않고 오래도록 세계적 강대국이었던 헬라가 멸망해서 로마의 식민지가 되었지만, 아덴은 여전히 제국 안에 있는 주요한 도시들 가운데 하나로 문화적으로 폭 넓은 영향력을 행사했다. 수 세기 전에 아덴은 페리클레스(Pricles : 495?-429 B.C. 아테네의 정치가로 아테네 민주 정치의 완성자-역주)의 지도력 하에서 정치적인 영향력이 절정에 달했다. 아크로폴리스(Acropolis : 고대 그리스의 성과 요세-역주)와 유례없는 파르테논 신전(Parthenon : B.C. 438년 경 그리스 아테네의 아크로폴리스 언덕에 세워진 전쟁과 지혜의 신이자 아테네의 수호신이라고 믿었던 아테네 여신을 안치한 곳-역주)이 세워졌고, 마케도니아의 빌립 2세가 B.C. 338년에 그 도시를 정복했다. 그러나 그의 아들 알렉산더 대제가 세상 도처에 아테네 문화를 널리 퍼뜨렸다. 그 뒤 B.C. 146년 로마인들이 그 도시를 점령했다. 그들이 건축, 공학기술이 좋았기 때문에 건축 문제에 있어서 로마는 헬라의 모든 것을 좋아했다. 그래서 아덴은 로마 세계에서 주목할 만한 영향력을 유지했다.

비록 아덴은 전성기보다는 축소되었지만 바울 당시에 여전히 아름다운 도시였다. 몇 몇 학자들은 그 당시 그 도시에 단지 1,000명이 거주했을 것이라고 추정한다. 바울은 틀림없이 아고라(Agora : 고대 그리스의 시민 정치집회장; 시민광장; 시장-역주)라고 불렀던 활기찬 장터를 견학 했을 것이다. 그는 그들의 미술과 건축, 신전들과 그리고 호사스러운 복도(Porch : 아테네에서 스토아 학파의 시조 제논(zenon)이 제자들에게 강의한 곳-역주)가 있는 웅대한 건물들을 지켜보았을 것이다. 그는 사람의 지혜와 철학의 출현에 주목했을 것이다. 학구적인 논쟁이 플라톤, 아리스토텔레스, 그리고 소크라테스의 이전의 근거지에서 계속되었다.

하지만 그 도시에서 모든 보고 들은 것 중에서 바울은 그 도시의 절망적으로 파멸한 영적인 상태에 주의를 집중시켰다. 거짓 잡신들에게 바쳐진 우상과 신전들이 아덴에 많이 있었다. 아덴이 "우상이 가득했다"(행 17:16)고 기록하는데 있어서, 성경은 문자적으로 그 도시가 우상으로 "숨이 막히게 되었다"는 낱말을 사용한다! 헬라 역사가이며 군대 지도자였던 크세노폰(Xenophon)은 같은 이야기를 했다. 그는 이렇게 말했다. "아덴은 하나의 큰 제단이며, 하나의 큰 제물이다. 나라의 나머지 모든 곳에 있는 신들보다 아덴에 더 많은 신들이 있다." 유사하게 로마의 한 풍자 작가는 사람을 찾는 것보다 아덴에서 신을 찾는 것이 더 쉽다는 우스갯소리를 했다. 최고로 숙련된 헬라 조각가가 만든 상아, 은, 동, 그리고 금상들이 도처에 산재해 있었다. 바울이 시선을 돌렸던 어디에서라도 그는 아름다운 신전들, 사당들, 그리고 제단들을 보였음에 틀림이 없다. 모든 것 가운데 가장 광대한 것은 아테나(Athena : 그리스 신화에 나오는 도시의 수호신이자 전쟁, 공예, 실천적 이성의 여신. 로마 신화의 미네르바와 동일하다-역주)상을 들여 놓은 파르테논이었다. 그녀의 번득이는 창끝을 약 64킬로미터 멀리에서도 볼 수 있다.

바울이 살펴보았던 아덴은 마찬가지로 종교적인 상징물로 가득한 현대 미국의 도시와 거의 같았다. 우리 역시 세계 인류 국가 가운데 하나인 대단히 부유한 국가에서 살고 있다. 우리의 부요가 나타내 보이는 것은 모든 미국 도시에서 흔히 볼 수 있는 아름답고 화려하게 장식된 예배당이다. 우리는 많은 성전과 성당에 많은 돈을 들임으로 스스로 하나님의 백성이라고 공언한다.

바울은 거짓 예배의 그와 같은 형적에 대해서 믿는 사람들이 올바르게 반응하는 법에 대해서 예증한다. "그의 영이 속에서 격동했다"(행 17:16, KJV). 그는 아덴 거리를 걸어다니는 전형적인 관광객이 아니었다. 그는 그의 일시적인 체류를 사역으로부터 휴가하는 것으로 보지 않았다. 바울이 아덴의 거리를 산책하면서 우상을 살펴보았을 때 그는 분노가 일어났다! 그것이 "격동했다"고 번역된 성경 말씀의 의미이다. 바울은 참을성을 잃어버린 것이 아니라, 그가 본 것에 대해서 점점 더 분개했다.

우리 역시 우리가 참되신 하나님께 대한 진정한 예배를 대체하려는 시도를 목격했을 때 우리의 영이 무엇인가를 할 정도로 자극을 받아야 한다!

바울의 실례에서 우리는 우상에 대한 우리의 첫 반응은 진리를 선포하는 것이야 한다는 것을 본다. "회당에서는 유대인과 경건한 사람들과 또 장터에서는 날마다 만나는 사람들과 변론을 했다"(행 17:17). 바울은 회당에서 복음을 전하기로 결심하고 진리를 다소 이해하고 하나님을 찾기를 구하는 유대인들 그리고 이방 개종자들과 진리를 논했다. 아마도 그는 그들과 변론할 때 구원에 대한 지식에 이르도록 그들을 도울 수 있었을 것이다. 여기서 "변론하다"라고 번역된 말은 바울이 성경의 진리에 근거하여 이 사람들(긍정적인 의식이 있는)과 변론했다는 것을 의미한다.

하지만 성경의 기록은 대체로 이런 부류의 종교적인 사람들은 바울의 변론을 받아들이지 않았다는 것을 보여 준다. 그들은 성경이 말씀하는 것에 대해서 많이 알고 있는 우리 시대에 종교적인 사람들이 반응하는 것처럼 받아들이기 어렵게 보이는 "재해석" 부분에 대해서 많은 반응을 했다. 그래서 우리는 그들에게, 그리스도의 동정녀 탄생, 그분의 속죄의 피, 그리고 성경의 무오성과 인간 타락 같은 근본적인 교리를 설명해야만 한다. 우리는 그들이 구원에 대해서 알고 하나님께 진정한 예배자가 되도록 돕기 위해서 그와 같은 사람들과 변론해야만 한다.

그러나 우리는 또한 참되신 하나님에 대해서 모르는 사람들에게 전해야만 한다. 회당에서 증언을 한 후, 바울은 "날마다 장터로 나아 갔다"(행 17:17). "아고라"(Agora)는 아텐에 있는 공동생활의 중심지로 증언할 많은 기회를 얻기에 적절한 곳이었다. 확실히 바울이 "어떤 에피쿠로스와 스토아 철학자들"을 만난 것(행 17:18)은 아고라였다.

하나님에 대한 지식을 드러냄

에피크로스 학파(Epicureans : 쾌락주의자-역주)는 세상이 우연히 한 번에 발생했다고 믿는 지적인 사람들이었다. 그들은 그들이 조금도 창조주 하나님을 설명할 수 없다고 믿기 때문에 에피크로스 학파는 삶을 최대한으로 즐기기로 결심 했다. 그들은 죽음은 모든 것의 끝이라는 것과 그러므로 사람들은 근심, 고통, 또는 불안 없이 살기 위해서 힘써야 한다고 가르쳤다. 스토아학파(Stoics : 금욕주의자-역주)는 정반대의 개념을 가지고 있었다. 그들은 신이 여러 형태로 또는 더 낮은 신들로 나타남에도 불구하고, 어떤 최고의 신이 있다고 믿었다. 그들은 모든 인간의 삶의 과정은 운명에 의해서 결정된다는 것과, 인간은 자만(自滿 : 스스로 만족하게 여김-역주)을 배우고 자연과 조화 속에서 살아야 한다고 가르쳤다. 스토아학파는 인간의 본분을 운명에 복종하고 고통과 불쾌를 견뎌내는 법을 배우는 것으로 요약했다.

우리는 여전히 에피크로스와 스토아학파와 같은 사람들, 곧 "순간을 위해 사는 사람들" 또는 "닥치는 것은 무엇이든지 받아들이는 사람들"과 관련을 맺는다. 그들의 삶은 만족을 위한 끊임없는 추구 또는 단지 인생 게임을 어떻게 해서든지 계획 없이 그럭저럭 해내기를 기대함으로 결정된다. 저마다의 사고방식에 근거해서 "누구든지 달리 무엇을 할 수 있는가?", 사람의 각 타입이 최종적으로 결정될 것이다. 그러므로 당신과 내가 그들에게 그리스도에 대해서 전할 때 그들은 우리가 듣도 보도 못한 복음을 전하는 것 같은 생각이 들 것이다. 에피크로스와 스토아학파는 의심할 여지없이 그렇게 생각했다.

"어떤 에피쿠로스와 스토아 철학자들도 바울과 쟁론할새 어떤 사람은 이르되 이 말쟁이가 무슨 말을 하고자 하느냐 하고 어떤 사람은 이르되 이방 신들을 전하는 사람인가보다 하니 이는 바울이 예수님과 부활을 전하기 때문이러라"(행 17:18).

이 지역 철학자들은 아마도 두 가지 이유 때문에 바울을 주목했을 것이다. 첫째, 우리가 성경의 기록에서 배우는 것처럼, "모든 아덴 사람들과 거기에(아고라에) 있는 나그네들이 어떤 새로운 것을 말하고 듣는 것 이외는 조금도 그들의 시간을 쓰지 않았다"(행 17:20-21, KJV). 몇몇 학자들이 제시하는 것처럼, 그들의 관심에 대한 또 하나의 있음직한 이유는 그들이 "예수스"(Yesus : 예수님(Jesus)의 부활에 대한 헬라어로 아나스타시스(Anastasis-원어상 '일어서다', '오르다', '깨우다'의 의미로 사용되는 헬라어와 그 명사형인 '아니스테미'(anistemi) 그리고 '에게이로'(egeiro) 등의 단어들이 부활을 설명하는 데에 사용되었다-역주)를 부활에 대한 헬라어 "아나스타시스"라고 이름을 붙인 여성 배우자가 있었던 신으로 오해했을 것이라는 것이다. 비록 로마가 많은 신들 중 그녀의 관용을 자랑으로 여겼을지라도 당국의 승인 없이 로마 도시에 새로운 신을 소개하는 것은 법에 반하는 것이었다. 예를 들면,

"이에 그들은 그를 붙들어 아레오바고[아레오파구스]로 가서 말하기를 네가 어떤 우리 귀에 생소한 것들은 가져왔다. 그러므로 이러한 것들이 무엇을 뜻하는지 우리가 알고자 하노라고 했다"(행 17:19-20, KJV).

바울은 군대를 동원해서 이방 우상을 파괴했던 옛 이스라엘 왕과 같은 역할을 하는 지위에 있지는 않았다. 그러나 그는 가장 영향력이 있는 아덴 당국자들 앞에서도 그의 하나님을 증언하는 진정한 용기를 보여 주었다. 아레오파구스는(Areopagus : 아덴에 있어서의 최고(最古)의 회의로써 왕의 자문 기관이었던 장로회에서 유래한다. 초기에는 정치적. 종교적 모든 사건에도 최고의 권위를 가지고 있었다. 페리클리스(Perikles) 시대의 법정은 대부분 형법 법정이 되었다. 그러나 바울이 아덴을 방문했던 로마 시대에는 회의 기능이 확대되어 있었다. 새 기능의 하나는 교육을 감독하는 것이었다. 이것은 새 철학과 종교의 도입을 관제하는 권위를 포함하고, 선교자를 회의에 호출하여 신분 심사를 행하는 관습이 있었다. 바울은 이 회의에 `아레오바고 평의소 '로 연행되었다(행 17:19, 22)-역주) 아덴의 최고의 법정이었다. 이 법정은 자체가 아레오바고라고 불려질 때까지, 그 명칭은 이 평의회(킹 제임스 성경에 "마르스 언덕"(Mars Hill)이라고 번역됨)가 만났던 장소에서 비롯되었다. 이와 같이 바울은 그를 아덴에서 그리스도에 대해서 계속 설교하는 대로 둘 것인지를 결정하는 지도자들에게 전도하는 특권을 가졌다. 이 기회가 주어졌을 때 사도는 담대하게 하나님에 대한 진리를 선포했다.

"바울이 아레오바고[아레오파구스] 가운데 서서 말하되 아덴 사람들아 너희를 보니 범사에 종교심이 많도다 내가 두루 다니며 너희가 위하는 것들을 보다가 알지 못하는 신에게라고 새긴 단도 보았으니 그런즉 너희가 알지 못하고 위하는 그것을 내가 너희에게 알게 하리라 우주와 그 가운데 있는 만물을 지으신 하나님께서는 천지의 주재시니 손으로 지은 전에 계시지 아니하시고 또 무엇이 부족는 그것을 사람의 손으로 섬김을 받으시는 것이 아니니 이는 만민에게 생명과 호흡과 만물을 친히 주시는 이심라 인류의 모든 족속을 한 혈통으로 만드사 온 땅에 살게 하시고 그들의 연대를 정하시며 거주의 경계를 한정하셨다"(행 17:22-26).

실로! 이것은 대담한 말이었다. 바울은 법정에서 아덴 사람들의 종교적인 헌신이 "미신에 사로잡혀 있고" "무지하다"고 말했다. 그의 청취자들은 그를 투옥할 수 있는 사람들, 곧 그 도시에서 가장 영향력이 있는 관리들이었다. 처음에 바울은 그들이 매우 종교적인 사람이라는 것을 인정했다. 법정은 사도가 나머지 말을 할 때까지 이와 같은 인정이 그들을 칭찬하는 말로 생각되었을지도 모른다. 바울은 어려운 환경에 처해 있었지만, 그는 환경을 겁내어 진리를 전하는 것을 피하지 않았다. 우리 역시 종교적이지만 진리에서 빗나간 사람들과 변론할 기회가 있다. 우리가 그들에게 무엇을 말해야 하는가? 우리는 바울처럼 대담한가?

비록 사도가 점잖게 말하지 않았을지라도, "대인(對人) 논증"(상대의 감정, 성격, 지위, 그리고 처지 따위에 호소하는 논증; 상대방의 말을 논거로 이용하는 토론-역주)도 아니었다. 바울은 진리와 오류 사이에 분명한 선을 그음으로 그의 주장이 정당함을 입증 했다. 그렇게 함으로써 그는 네 가지 기본 진리, 곧 하나님께서는 유일하게 알려지신 참 하나님이시라는 것, 하나님께서는 세상과 모든 사람의 창조주시란 것, 생명의 창조주는 인간의 종교적인 이론 상자에 넣을 수 없는 분이라는 것, 하나님께서는 인간의 삶의 한계를 정하시기 때문에, 그러므로 하나님께서는 모든 인간의 영원한 심판자시라는 것을 선포했다.

종교적인 사람들은 대개 이런 네 가지 진리를 받아들이지 않음으로 그들의 예배를 그르친다. 그들은 하나님을 알고 예배를 드린다고 생각지만 그분에 대한 성경의 계시를 좀처럼 아주 진지하게 연구하지 않는다. 그들은 하나님께서 창조주시라고 말할지는 모르지만, 그들은 자신들이 마치 그분의 지배를 받지 않는 것처럼 행동한다. 그들은 하나님께서 권위자시라고 말하지만, 그들은 그들의 교리에서 하나님께서 무한한 분이시라는 생각을 하려고 하지 않는다. 그들은 하나님께서 전능하신 분이시라고 주장하지만, 그들은 하나님께서 그들의 삶의 한계를 정하신다는 것을 신뢰하지 않는다. 그러므로 그들은 실제로 하나님께서 그들이 변명할 수 없는 영원한 심판자시라는 것을 믿지 않는다. 그들의 신념과는 대조적으로, 바울은 모든 사람은 하나님 앞에서 책임이 있다고 선언한다. "이는 사람으로 혹 하나님을 더듬어 찾아 발견하게 하려 하심이로되 그는 우리 각 사람에게서 멀리 계시지 아니하도다 우리가 그를 힘입어 살며 기동하며 존재하느니라 너희 시인 중 어떤 사람들의 말과 같이 우리가 그의 소생이라"(행 17:27-28).

바울은 사람들이 그들 자신의 경험을 통해서 하나님을 찾아야 한다고 주장하지 않는다. 그러한 행로는 제한된 인간의 존재를 혼란시키는 미로로 이끌고 갈 뿐이다. 설사 그렇다 하더라도, 몇몇 구도자들은 그들의 하나님께서 주신 지력을 진리에 아주 "가까이"에 이르기 위해서 사용했다. 바울은 헬라 시인 아라토스(Aratus : 그리스의 시인. 실리시아의 솔리 출신으로 BC 315년 경~245년경에 마케도니아에서 활동했으며 마케도니아 왕 안티고노스 2세 고나타스와 시리아의 안티오코스 1세의 궁정에서 지냈다. 천문학에 관한 시 '현상' (Phaenomena)으로 유명하다. 작품의 앞부분에 있는 제우스 신에게 드리는 기도시는 사도 바울이 인용함으로써 유명해졌다(행 17 : 28)-역주)을 인용할 만큼 지력을 인정했다. 하지만 결국, 성경에서 그분의 신적인 계시 이외의 방법으로 하나님을 찾으려고 하는 모든 사람들은 인간의 그릇된 수렁에 갇혀 꼼짝 못한다. 우리는 모든 사람들이 성경에서 그분을 찾도록 관심을 불러일으켜만 한다. 이는 하나님께서 자신을 계시하신 것이 성경에 있기 때문이다.

아니다. 주님을 찾는 것은 인간의 지혜 또는 경험의 문제가 아니다. 바울이 계속 변론했던 것처럼, 우리는 감히 우리 자신의 손으로 숭배하는 피조물을 통해서 그분을 찾아서는 안 된다. 그보다는 우리는 죄를 회개하고 하나님의 자비를 의지함으로 그분을 찾아야만 한다. 아레오바고 앞에서 변론에서 바울은 사람들이 그분의 다가오는 심판에 비추어 주님을 찾아야만 한다고 가르쳤다. 심판은 예수 그리스도와 각 사람의 관계에 근거할 것이다.

"이와 같이 하나님의 소생이 되었은즉 하나님을 금이나 은이나 돌에다 사람의 기술과 고안으로 새긴 것들과 같이 여길 것이 아니니라 알지 못하던 시대에는 하나님께서 간과하셨거니와 이제는 어디든지 사람에게 다 명하사 회개하라 하셨으니 이는 정하신 사람으로 하여금 천하를 공의로 심판할 날을 작정하시고 이에 그를 죽은 자 가운데서 다시 살리신 것으로 모든 사람에게 믿을 만한 증거를 주셨음이니라 하니라"(행 17:29-31).

바울처럼 당신과 나는 어느 날 하나님께서 책임을 묻기 위해서 모든 사람을 부르실 것이기 때문에 참되신 하나님을 찾아야 한다는 것을 사람들에게 일깨워 주어야만 한다. 하나님의 말씀을 선포하는 것은, 비록 그들이 바울에게 했던 것과 같이, 그 결과가 불충분하게 보일지라도, 우리의 책임이다. 바울은 진리를 선포했고, 그의 증언을 회당, 시장, 그리고 시청에서 생각이 깊은 사람들과 종교 구도자들이 들었다. 바울이 많은 사람들에게 하나님에 대한 진리를 눈앞에 들이댔지만 거의 응하지 않았다. "그들이 죽은 자의 부활을 듣고 어떤 사람은 조롱도 하고 어떤 사람은 이 일에 대하여 네 말을 다시 듣겠다고 말했다"(행 17:32). 바꿔 말하면 몇 사람은 비웃었고 그 밖의 사람은 바울을 피했다.

"이에 바울이 그들 가운데서 떠났다"(행 17:33). 사람들이 진리를 받아들이지 않으려는 선택을 했을 때, 그들은 또한 그들의 삶속에서 진리의 결과를 상실했다. 이 사람들은 진리를 떠나는 쪽을 선택했다, 그래서 진리의 교사인 바울 역시 그들을 떠났다. 그들은 영혼의 파멸을 가져오는 결정을 했다.

　　그러나 주목할 만한 소식은 "몇 사람이 그를 가까이하여 믿으니 그 중에는 아레오바고 관리 디오누시오와 다마리라 하는 여자와 또 다른 사람들도 있었다"(행 17:34)는 것이다. 성경은 이 개종자들은 아레오바고의 관원과 한 여자 그리고 "그들과 함께 또 다른 사람"이 포함되었다는 것을 기록한다. 그들은 알 수 없는 신에 대한 거짓 숭배에서 참되신 하나님께 대한 진정한 예배로 돌아섰다. 단지 몇 사람만이 진리를 받아 들였다는 사실이 바울이 실패했다는 것을 의미하지는 않는다. 그것은 또한 진리가 실패했다는 것을 의미하는 것도 아니다. 진리는 실패할 수 없다! 이 사실은 바울 당시에 유효했던 것과 같이 오늘날도 유효하다. 우리가 그리스도에 대해서 전할 때, 십중팔구 단지 몇 사람만이 그분을 믿을 것이다. 그러나 그 결과는 전과 마찬가지로 빛나는 성과이다. 이는 하나님의 진리를 따르는 모든 사람들은 그분의 은혜의 영원한 우승컵이기 때문이다.

　　우상숭배와 거짓 예배가 우리의 도처에 있다. 당신은 당신 자신의 아덴 속에 있는 우상에 대해서 어떻게 반응하고 있는가? 그것이 하나님의 진리를 밝히라고 당신의 영을 자극하고 있는가?

생각할 점

1. 바울은 그를 빙 둘러싸고 있는 우상에 민감했다. 당신은 오늘날 당신의 영을 "자극"하는 어떤 우상이 보이는가?

2. 바울이 보았던 우상에 대해서 그의 첫 반응은 무엇이었는가? 당신은 당신의 주위 환경에서 그와 같은 반응을 어떻게 적용할 수 있는가?

3. 에피쿠로스와 스토익 철학자들이 오늘날 당신이 마주치는 사람들을 얼마 만큼 상기시키는가? 사람들이 그리스도를 거절하는 것이 두 부류의 철학자들과 같은가?

4. 아덴 법정 앞에서 바울이 변증한 단계를 요약하라.

5. 헬라의 시인이 그랬던 것처럼, 인간의 지혜는 진리에 가까이 갈 수는 있다. 당신은 오늘날 그와 같은 인간의 지혜의 실례들을 분별할 수 있는가? 그러나 왜 인간의 지혜가 진리에 미치지 못하는가?

20. 진정한 예배는 오로지 그리스도만 자랑한다

‖ 바울과 유대주의자들. 빌립보서 3:1-7

"이는 영으로 하나님을 예배하고, 그리스도 예수를 기뻐하며, 육체를 신뢰하지 않는 우리가 할례자이기 때문이다"(빌 3:3, KJV)

하워드 러틀리지(Howard Rutledge)는 미국 공군 조종사였는데, 베트남 전쟁 중에 북 베트남 상공에서 격추당했다. 그는 살아남아서, 전쟁이 끝나 석방되기 전까지 "포로 수용소"에서 몇 년간을 보냈다. "하트 브레이크 (Heartbreak Hotel)" 호텔에서 당시를 회상하면서 러틀리지는 현세적인 보화를 잃어버림으로써 삶에 대한 그의 생각이 어떻게 변했는지에 대해서 썼다.

장기간에 걸친 강제적인 성찰의 시기를 통해서 하찮은 것에서 중요한 것, 무익한 것에서 시간과 노력을 들일 만 한 것을 구별하는 것이 그만큼 더 쉬워졌다. 예를 들면, 과거에 나는 통상적으로 주일 날 일하거나 또는 열심히 놀았고 교회에 갈 시간이 없었다....그러나 하트 브레이크 독방의 감금상태에서, 나를 인도하고 격려할 목사, 주일학교 교사, 성경, 찬송가, 믿음의 공동체도 없었다. 나는 나의 삶의 영적인 요소를 철저히 무시당해 왔다. 하나님께서 계시지 않는 삶이 얼마나 무의미한 가를 나에게 보여준 것은 투옥이었다.

우리 국가의 전쟁 역사 동안 내내, 많은 군인들이 포로생활에서 고국으로 돌아와 비슷한 이야기를 함께 나누었다. 가장 최근의 이야기에서 테러리스트에게 포로로 잡혔던 그리스도의 사역자들은 그들의 경험이 그들에게 하나님이 실존하신다는 것을 인식하게 했다고 증언했다. 그녀가 아프가니스탄 탈레반 정권아래 감금되었던 것을 기억하면서, 헤더 머서(Heather Mercer)는 후에 그녀의 환경이 어떻게 하나님께 진정한 포기를 하도록 자신에게 자극을 주었는가에 대해서 자세히 말했다.

"나는 우리의 위기의 최후의 결과에 나의 소망을 두는 것을 그만 두게 되었다. 나의 소망은 영생을 얻었다는 주님의 약속에 달려 있었다. 나의 생명이 감옥에서 끝나든 끝나지 않든, 나는 천국에서 예수님과 영원히 살 것이라는 것을 알고 있었다. 비록 탈레반이 내 몸을 감금할 수는 있었지만, 더 이상 내 영혼은 가둘 수 없었다."

대략 2,000년 전에 또 다른 선교사는 그리스도를 알았다는 것에 관련되어 감금되었다. 바울은 "모든 것을 해로 여겼다"라고 이렇게 썼다. "...내 주 그리스도 예수님을 아는 지식이 가장 고상하기 때문이라 내가 그분을 위하여 모든 것을 잃어버리고 배설물로 여김은 그리스도를 얻고 그분 안에서 발견되려 함이다..."(빌 3:8-9). 실은 모든 그리스도인들은 우리의 개인적인 "감옥"의 경험의 결과로 일어나는 가치 속에서 근본적인 변화를 확인해야 한다.

"이와 같이 우리도 어렸을 때에 이 세상의 초등학문 아래에 있어서 종 노릇 하였더니 때가 차매 하나님께서 그분의 아들을 보내사 여자에게서 나게 하시고 율법 아래에 나게 하신 것은 율법 아래에 있는 자들을 속량하시고 우리로 아들의 명분을 얻게 하려 하심이라 너희가 아들이므로 하나님께서 그분의 아들의 영을 우리 마음 가운데 보내사 아빠 아버지라 부르게 하셨느니라 그러므로 네가 이 후로는 종이 아니요 아들이니 아들이면 하나님으로 말미암아 유업을 받을 자니라....그리스도께서 우리를 자유롭게 하려고 자유를 주셨으니 그러므로 굳건하게 서서 다시는 종의 멍에를 메지 말라"(갈 4:3-7, 5:1).

당신과 내가 그리스도께서 우리의 전부라는 것을 이해하게 될 때, 바울처럼 우리는 "모든 것을 배설물"로 여긴다는 것을 이해하게 된다. 그런 마음가짐은 주님께 대한 우리의 예배의 출발점이 될 것이며, "하나님께서 그분의 아들의 영을 보내신 것"에 대한 자연스러운 마음의 표현이 될 것이다!

진정한 예배는 구별을 짓는다

바울은 빌립보인들에게 그의 마음을 열고 기쁜 소식과 나쁜 소식을 말함으로서 그의 편지의 구절을 시작한다. 먼저 기쁜 소식으로 시작한다. "끝으로 나의 형제들아 주 안에서 기뻐하라..."(빌 3:1). 당신과 내가 만일 그리스도를 안다면, 기뻐해야할 충분한 이유가 있다. 실로 우리는 우리의 예배가 그분 안에서 우리의 기쁨을 반영하지 않는다면, 변명의 여지가 없다.

빌립보의 믿는 사람들에게 기뻐하라는 권고에서 바울은 예수님께서 "...사람들이 나를 핍박하였으면 너희도 핍박할 것이요..."(요 15:20, KJV)라고 말씀하신 것을 완전히 깨달았다. 누가 바울이 이 진리를 이해했던 것보다 더 잘 이해 하겠는가? 바리새인으로서 그는 한 때 "주님의 제자들에게 여전히 위협과 살기가 등등했다..."(행 9:1). 이제 그의 개종의 당연한 결과로 그는 "모든 것을 배설물로 여겼다." 그에 더하여 바울은 "그리스도 예수께서 죄인을 구원하시려고 세상에 오셨다는 이 말씀은 신실하며 온전히 받아들이기에 합당하다 내가 죄인들 중에 내가 우두머리이다"(딤전 1:15)라는 것을 모든 것 가운데 가장 큰 기쁨으로 선포할 수 있었다. 진정한 기쁨은 주님 안에 뿌리를 두고 있으며 죄의 형벌과 권능으로부터 구원받은 것에 대한 진심어린 감사로부터 생긴다.

그러나 갑자기 바울은 기어(Gear : 변속장치-역주)를 바꾸어 나쁜 소식을 전한다. 우리가 오늘날 바울의 편지를 읽어도, 그런 전환은 거슬린다. 대략 10년 전에 빌립보 교회를 설립했던 바울은 이전에 이 문제에 대해서 믿는 사람들에게 이렇게 전했다. "끝으로 나의 형제들아 주 안에서 기뻐하라 너희에게 같은 말을 쓰는 것이 내게는 수고로움이 없고 너희에게는 안전하니라"(빌 3:1). 그러면 이 문제가 무엇인가?

"개들을 조심하고 악한 일꾼들을 조심하며 몸을 상해하는 자들을 조심하라"(빌 3:2, KJV).

개들? 바울이 무엇을 의미 했는가? 사도는 하나님께 대한 위선적인 예배의 문제, 특히 초대 교회를 괴롭혔던 위선적인 유대교 집단의 세 가지 특징을 겨냥하고 있었다.

첫째, 바울은 이 위선자들을 "개"들의 특징으로 묘사한다. 그의 말씀을 읽은 사람들은 곧 바울이 개들로 언급한 것을 이해했을 것이다. 오늘날 우리는 개를 부드러운 털이 있는 애완동물 또는 충성스러운 길동무로 생각한다. 그러나 성경시대에 대다수의 개들은 사나웠고 무리를 지어서 돌아 다녔다. 개들은 낯선 사람을 보면 짖었고 사람을 물어뜯었다. 개들은 서로 싸웠고 찌꺼기와 오물을 먹고 병을 전염시켰다. 베드로는 한 때 "개는 자기가 토해낸 것으로 되돌아간다"는 속담을 인용했다(벧후 2:22, KJV).

빌립보에 있는 유대 민족이외의 믿는 사람들은 바울의 말속에 있는 아주 미묘한 풍자를 이해하지 못했을 것이다. 유대인들은 고대 세계에서 모든 이방인들을 개로 부르는 것으로 잘 알려져 있다. 그러나 "유대주의자들" (Judaizers : 신약성경에서 유대주의자들은 거짓 선생(false teacher)들이라고 불리는데, 이들은 한편으로는 그리스도인이라고 주장하면서도 동시에 유대교의 구습을 이어가려고 한 자들로 유대 그리스도인의 한 종파로 사도들의 가르침을 받아들이지 않고 그리스도인들은 유대주의를 통하여 하나님께 나와야 하며 이방인도 그리스도인이 되기 위해서 유대인이 되어야 하고 율법을 지켜야 한다고 주장했다. 그들은 이방 그리스도인들의 교회를 방문하여 교란시키는 일을 했다. 이방 그리스도인들의 교회를 유대교화 하려는 노력은 A.D 70년 예루살렘이 멸망하자 끝났다. 이것은 유대교와 기독교 사이의 모든 관계를 끊어 버렸다. 이때까지 기독교는 유대교의 한 종파로 생각되었다. 그러나 이때부터 유대인과 그리스도인은 분리되었다-역주) 이라고 불렀던 사람들이 아시아 도처에 바울을 따라 다니면서 새로운 교회들을 훼방을 놓고, 믿는 사람들 가운데 혼란의 씨를 뿌렸다. 그들은 자신들을 그리스도인이라고 주장했지만, 믿는 사람들은 완전한 구원을 얻기 위해서 모세의 율법에 따라 행동해야만 한다고 주장했다. 그래서 빌립보 교인들에게 "개들을 삼가라"는 경고를 함으로써 바울은 유대주의자들의 무례를 그들에게 되돌아가게 하고 있었다. 이는 이 거짓교사들이 영적으로 사악하며, 탐욕스러우며, 비열하며, 무리지어 돌아다니며, 그리고 싸우는 개들처럼 분쟁을 선동했기 때문이다.

둘째, 바울은 유대주의자들을 "악한 일꾼들"이라고 불렀다. 그들은 그들의 판단을 밀어붙이는데 있어서 열성적이었고 집요했다. 예루살렘에 있는 교회 공의회가 모세 율법을 새 신자들에게 적용하는 것을 주의하라(행 15:1-31)고 경고한 후에도, 유대주의자들은 자기들의 의견을 고집했다. 그들은 일하는 사람들이었지만, 실은 악한 일을 하는 사람들이었다. 이 사람들은 아주 종교적인 사람들인 것 같이 보였다. 그러나 그들의 외면적인 행실에서, 어쩌면 바울보다 훨씬 더 종교적인 사람들인 듯했다. 그러나 실제로는 이 일하는 사람들은 죄 속에서 살았고 하나님께 죄를 짓도록 선동했던 악의적으로 속이는 종교인들이었다.

셋째, 바울은 "몸을 상해하는 자들을 주의하라"고 교회에 경고한다. 사실 사도는 유대주의자들은 신체를 불구자로 만들었다고 말하고 있었다. 그는 무엇을 의미했는가? 이 거짓교사들은 할례 의식을 자랑으로 여겼다. 그들에게 그것은 사람이 집행할 수 있는 최고의 외적인 종교행위였다. 유대주의자들은 할례의식이 구속받은 사람들과 멸망하는 사람들을 구별하는 특징이라는 결론을 내렸다. 그러나 유대주의자들의 문제는 그들의 마음이 할례를 받지 않았다는 것이었다. 그들은 사소한 일에 마음을 씀으로 종교의 형식을 유지했다. 그러나 이런 형식은 하나님께서 그분의 백성들에게 원하시는 것이 아니다.

"그러므로 너희는 마음에 할례를 행하라." 하나님께서는 이렇게 선언하셨다. 다시는 목을 곧게 하지 말라"(신 10:16). 모세는 또한 이스라엘에게 이렇게 약속했다. "하나님 여호와께서 네 마음과 네 자손의 마음에 할례를 베푸사 너로 마음을 다하며 뜻을 다하여 네 하나님 여호와를 사랑하게 하사 너로 생명을 얻게 하실 것이다"(신 30:6). 바울은 자신이 그분의 백성들에 대해서 하나님께서 진정으로 의도하신 것을 이렇게 요약했다. "또 그분 안에서 너희가 손으로 하지 아니한 할례를 받았으니 곧 육의 몸을 벗는 것이요 그리스도의 할례니라"(골 2:11).

유대 주의자들에 대한 그의 경고에서 바울은 "같은 말을 되풀이해서 쓰는 것"이 따분하다고 생각하지 않았다. 우리도 역시 그렇게 해야 한다. 이는 유대주의자들과 같이 종교주의자들이 여전히 우리 가운데 있기 때문이다. 그들은 단순한 복음을 경시한다. 그들은 시비를 걸고 싸우고 게다가 의제(議題)를 밀어붙이고 비본질적인 문제에 초점을 맞춘다. 흔히 그들은 오직 의(義)의 참된 기준은 그들에게 있다고 주장한다. 우리 시대에 어떤 사람들은 아마 종교 의식에 대해 논쟁할 것이다. 게다가 다른 사람들은 하나님의 말씀의 명백한 가르침을 지적으로 분석할 것이다. 또 사람들은 복음은 충분하지 않기 때문에, 교회는 성경을 보충해서 일반 대중을 끌어당기는 인간의 방법과 지혜가 필요하다고 주장한다. 유대주의자들에게 그리고 그 때처럼 지금도 같은 부류의 사람들에게 바울은 뚜렷한 차이를 이끌어낸다.

"하나님의 성령으로 봉사하며 그리스도 예수로 자랑하고 육체를 신뢰하지 아니하는 우리가 곧 할례라"(빌 3:3).

바울이 거짓교사들과 진심으로 믿는 사람들의 차이를 예를 들어 설명하기 위해서 어떤 방법을 선택했는가? 그들의 예배로 선택했다!

"우리가 곧 할례라"(빌 3:3)고 빌립보인들에게 말한 것은, 바울이 거만이나 또는 교만을 뜻하는 것이 아니었다. 할례에 대해서 계속 생각함으로써 바울은 진심으로 믿는 사람들은 죄와 불법을 그들의 마음으로부터 제거해야 한다는 진리를 전하고 있었다. 오직 마음의 할례 받은 사람만이 하나님께 진정한 예배를 드릴 수 있다. 그리스도인들은 이른바 거짓과 진짜를 구별하는 선을 긋는 것을 부끄러워할 필요가 없다. 하나님께서 당신의 마음 속에서 행하신 일에 대해서 자랑하는 것이 잘못된 것인가? 물론 아니다. 당신과 나는 우리 스스로 마음에 할례를 받지 않았다. 하나님께서 친히 이 특별한 일, 곧 "손이 없이 거행하신 할례"를 집행하셨다.

바울은 진정한 예배의 주요한 특징들, 곧 할례 받은 마음에서 나오는 예배를 열거한다. 첫째, 그런 예배는 성령 안에서 드려진다. 진정한 예배자들은 그들의 마음에서 꾸며낸 것을 통해서 하나님께 영광을 돌리거나 또는 장엄한 의식적인 겉치레 형식 또는 청중을 조종하는 기교를 만들어 내려고 애를 쓰지 않는다.

둘째, 진정한 예배자들은 그들의 개인적인 성취나 또는 감정상의 성취가 아니라, "그리스도 예수 안에서 기뻐한다." 우리는 그리스도의 인격과 그리스도께서 행하신 일 안에서 기뻐한다! 만일 교회가 그리스도와 그분이 행하신 일에 대해서 거의 모르는 사람들로 가득 차 있다면, 어떻게 진정한 예배가 드려질 수 있겠는가? 그리스도를 아주 조금 밖에 모르는 회중들이 어떻게 그분 한분만으로 기뻐할 수 있겠는가? 진정한 예배는 그리스도 안에서 기뻐하기 때문에, 우리는 예배가 말씀의 주해(註解 : 본문의 뜻을 알기 쉽게 풀이함-역주)를 통해서 그리스도를 보다 더 알게 하려고 노력해야 한다는 결론을 쉽게 내릴 수 있다. 어느 교회에서 당신은 옛 전통과 사람들에게 안정감을 느끼게 하는 종교적인 의식을 만날지도 모른다. 또 다른 교회에서 당신은 회중들에게 열광과 만족감을 느끼게 하는 영적인 이야기와 음악을 들을지도 모른다. 흔히 이런 예배 방법들은 대중들을 끌어당길 수도 있다. 사실 이런 예배 방법들은 매 주일 전국에서 실행된다. 그러나 하나님의 말씀 없이 그리스도를 알려고 한다면, 진정한 예배가 드려질까?

셋째, 바울은 진정한 예배자들은 "육체를 신뢰하지 않는다"라고 말했다. 우리의 예배에서 우리 자신의 노고를 자랑할 여지가 없어야 한다. 그보다도 우리는 우리의 삶과 다른 사람들의 삶속에서, 우리가 사랑하는 그리스도를 더 닮도록 하게 하시는 하나님의 분명한 역사하심 속에서 매우 기뻐하고 기뻐한다.

진정한 예배는 그리스도께 공로를 돌린다

유대주의자들은 종교적인 겉모습과 육체적인 외모를 자랑으로 여겼다. 만일 바울이 그렇게 하기를 원했다면, 그는 그들과의 게임에서 그들을 쉽게 패배시켰을 것이다! 바울은 "나도 육체를 신뢰할 만하며 만일 누구든지 다른 이가 육체를 신뢰할 것이 있는 줄로 생각하면 나는 더욱 그러하다"(빌 3:4)라고 썼다. 바울은 "나는 팔일 만에 할례를 받고 이스라엘 족속이요 베냐민 지파요 히브리인 중의 히브리인이요 율법으로는 바리새인이요 열심으로는 교회를 박해하고 율법의 의로는 흠이 없는 자라"(빌 3:5-6)고 계속 말을 이어갔다.

바울은 태어났을 때 할례를 받았기 때문에, 그는 성인이 되어 개종한 유대인들보다 더 나은 사람으로 간주되었을 것이다. 그는 그의 혈통을 베냐민에서 하나님께서 이스라엘이라는 이름을 주셨던 야곱까지 거슬러 올라갈 수 있었다. "그가 이르되 네 이름을 다시는 야곱이라 부를 것이 아니요 이스라엘이라 부를 것이니 이는 네가 하나님과 및 사람들과 겨루어 이겼음이니라"(창 32:28). 바울의 조상은 아주 주목할 만했다. 그러나 이스마엘 족속들은 하갈을 통한 아브라함과 관련되어 있었다. 아모리 족속은 에서를 통한 이삭과 관련되어 있었다. 단지 순수한 유대인들, 곧 하나님의 백성들만 이 이스라엘과 관련되어 있었다. 더욱이 바울은 베냐민 지파로 하나님께 가 장 충실했던 지파로 태어난 것을 자랑으로 여길 수 있었다.

개종하기 전에 바울은 유대인들 가운데서 가장 엄격한 분파였던 바리 새인들 가운데 한 사람이었다. 그는 "참 종교"에 이의를 제기하는 유사 종교 를 반대하는데 열중하여 그리스도인들을 죽이는데 동의했다. 모든 면에서 그는 유대주의자들 자체의 종교적인 기준에 의하면 결점이 없었다. "그러 나" 바울은 "무엇이든지 내게 유익하던 것을 내가 그리스도를 위하여 다 해 로 여길 뿐이다"(빌 3:7)라는 결론을 내렸다.

진정한 예배는 그리스도께 최고의 가치를 둔다. 그리스도께 대한 이 최 고의 존경은 우리에게 우리들이 얻은 것과 성취한 것에 대해서 철저하게 관 찰을 할 것을 요구한다. 우리가 얻고 성취한 것이 우리 예배에 도움이 되는 가? 그렇지 않으면 방해가 되는가? 당신과 나는 우리들 자신에게 솔직해야 만 한다! 우리는 중국의 위대한 선교사와 정치가였던 허드슨 테일러 (Hudson Taylor)의 조언을 확실히 따라야 할 것이다. 그는 이렇게 권고했다.

"우리의 일, 우리의 계획, 우리 자신, 우리의 삶, 우리가 사랑하는 사람들, 우리의 영향 력, 우리의 모든 것, 그리고 권리를 하나님의 손에 넘겨드리자. 하나님께 모든 것을 드렸 을 때, 우리가 걱정하는 것은 아무 것도 남지 않을 것이다."

왜 우리들이 얻은 것을 "하나님의 손에" 포기해야만 하는가? 이는 우리 가 이 세상에서 얻는 것에 대한 올바른 시각, 곧 모든 것을 배설물로 여긴다는 시각은 그리스도의 가치를 올바르게 평가하는데 도움이 되기 때문이다. 우리의 삶속에 있는 어느 것도 그 분 안에 있는 것보다 더 가치 있는 것은 없다. 이 세상에 있는 그 어느 것도 우리의 구세주와 우리의 관계보다 더 중요한 것은 없다. 우리가 다른 무엇보다도 그리스도를 존경할 때, 우리의 예배는 그 사실을 겉으로 나타낼 것이다. 당신과 나는 존경할 만한 마음을 느끼게 하는 방법을 고안할 필요가 없다. 진정한 예배는 헌신된 마음, 곧 오로지 하나님만 영광을 받으시도록 하기 위해서 성령께 인도함을 받은 마음에서 자연스럽게 우러나올 것이다.

생각할 점

1. 주 예수 그리스도께서 우리의 예배의 근거가 되려면 어떤 마음가짐이
   필요한가?

2. 빌립보서 3장 2절에 의하면 초대 교회를 괴롭혔던 세 가지 특징은 무엇
   이었는가?

3. 바울은 거짓교사들과 참 교사들의 차이에 대해서 어떻게 예증하는가?

4. 할례 받은 마음에서 비롯되는 진정한 예배의 세 가지 특징은 무엇인가?

5. 희생적인 예배에 대한 허드슨 테일러의 권고가 얼마나 적절하게 당신
   의 예배를 특징을 지우는가?

4부
진정한 예배의 내용

21. 진정한 예배는 하나님의 영광을 찬양한다

‖ 바울과 고린도 교인들 . 고린도전서 10:31

"그런즉 너희가 먹든지 마시든지 무엇을 하든지 다 하나님의 영광을 위하여 하라"(고전 10:31).

이전에 고속도로에서 내 자동차가 쇠붙이 조각에 치었다. 곧장 휘발유 탱크가 구멍이 나서 탱크 속에 있는 기름이 전부 포장도로에 와르르 쏟아졌다. 자동차에 대해서 알고 있는 한 친구에게 사고에 대해서 상세히 설명했다. 그는 이렇게 대답했다. "자네가 영광의 문을 두드리지 않은 것이 다행이네."

"영광"은 미국 문화에서 아주 잘 알려져 있는 말이다. 그것은 자부심과 우월감을 자아낸다. 우리는 "옛 영광"에 충성을 다짐한다. 대부분의 아이들은 "공화국 찬가(The Battle Hymn of the Republic : 이 노래 조국찬가는 남북 전쟁 때 북군의 애국가로 우리나라에서는 전송가, 승전가, 공화국 찬가로 알려졌다. 이 노래는 또한 남북 전쟁 당시 생겨난 노래 가운데 가장 유명한 전쟁 가요이자 승전 축하곡이다-역주)"에서 "영광, 영광, 할렐루야!'를 노래 부르는 것을 배운다. 우리는 혼신의 힘을 다해서 영광을 위해서 분투하는 영웅적인 운동선수들에 대해서 판에 박히게 이야기 한다. "영광"은 과연 무엇을 의미하는가? 그것은 바람에 펄럭이는 깃발인가? 전쟁에서의 승리인가? 운동 경기에서의 영웅적인 행위인가?

분명히 그 말은 무엇인가 더 많은 의미가 있음에 틀림이 없다. 깃발과 전투와 운동은 인간사회의 최대의 통상적인 관심사이다. 진정으로 영광스럽게 되려면, 통상적인 일을 능가해야만 하다. 그러나 우리가 그 말을 조심성 없이 사용하는 것은 "영광"의 개념을 매우 높은 의미로부터 끌어 당겨서 평범한 자리에 놓는 것이다.

영광은 무엇인가 특별한 것이다. 더욱이 하나님의 영광은 훨씬 더 특별한 것이다. 하나님의 영광은 그분께 가장 중요한 것이다. 그것은 하나님께서 이 세상과 그 안에 거주하는 우리 모두를 창조하신 이유이다. 당신과 나는 하나님의 영광을 나타내고 확언하고 높이기 위해서 존재한다. 저술가로서 존 파이퍼(John Piper)는 그것을 이렇게 표현했다. 하나님께서 영광을 추구하시는 것은 "하나님께서 세상을 창조하셨던 불굴의 목적이다." "하나님께서는 그분의 영광이 우주 안에 나타나고 언제나 그리스도의 구속받은 사람들과 모든 민족들이 무엇보다도 먼저 하나님 안에서 기뻐할 수 있도록 하기 위해서" 세상을 창조하셨다.

우리가 영광이란 말을 남용하기 때문에 대부분의 미국인들은 하나님의 영광에 관한 실제적인 진리를 이해하는데 어려움이 있다. 우리가 창조에 관해서 하나님의 영광과 그분의 목적을 묘사하는 성경 구절에 초점을 맞출 때 그러나 우리는 대부분의 그리스도인들 역시 성경이 이 중요한 개념에 대해서 말씀하는 것을 이해하는 면이 부족하다는 것을 실감한다.

하나님의 영광은 우리의 목적이다

하나님의 영광이 우리의 삶의 목적이라고 "말하는 것"은 한 가지 문제이지만, 우리가 방금 말했던 진술을 "이해하는 것"은 아주 다른 문제이다. 하나님의 영광이란 무엇인가? 하나님의 영광은 간단히 말해 그분의 경탄할만한 패권(어떤 분야에서 우두머리나 으뜸의 자리를 차지하여 누리는 공인된 권리와 힘-역주)과 존재의 신성한 형식이라고 규정할 수 있다. 그에 더하여 하나님께서는 영원하시고, 자존하시고, 그리고 전능하신 창조자이시기 때문에, 그분의 충만하신 영광은 우리의 이해를 완전히 벗어나야만 한다. 하나님께서는 무한하시다 그러나 우리는 그렇지 않다.

사실 하나님의 영광은 너무나도 광대해서 우리가 영광의 충만함을 보는 것은 생명에 관계가 될 것이다. 모세는 하나님께 "원하건대 주의 영광을 내게 보이소서"(출 33:18)라고 요청했고, 하나님께서는 "내가 내 모든 선한 것을 네 앞으로 지나가게 하고 여호와의 이름을 네 앞에 선포하리라 나는 은혜 베풀 자에게 은혜를 베풀고 긍휼히 여길 자에게 긍휼을 베푸느니라"라고 승낙하셨다. 그러나 하나님께서는 모세에 이렇게 경고하셨다. "네가 내 얼굴을 보지 못하리니 나를 보고 살 자가 없음이니라"(출 33:19-20). 하나님께서는 단지 그분의 영광의 적은 부분만 그분의 피조물에게 보여주신다.

당신과 내가 하나님의 영광을 보는 모든 것은 하나님의 너무도 강력한 제한된 나타남[현현(顯現)]이시다. 그러나 심지어 하나님께서 그분을 더 잘 보게 해달라는 모세의 요청에 응하셨던 것처럼, 그분은 우리에게도, 역시 그런 특권을 주신다. 성경에서 우리는 하나님께서 그분의 전능하신 일, 곧 창조, 홍수, 바벨탑, 출애굽, 가나안 정복을 통해서 그분의 영광을 드러내신 많은 이야기를 읽는다. 다윗이 이처럼 하나님께서 사랑과 능력의 경이로움을 나타내시는 것을 상기하면서 이렇게 기록한 것은 놀랄만한 일이 아니다.

"여호와여 위대하심과 권능과 영광과 승리와 위엄이 다 주님께 속하였사오니 천지에 있는 것이 다 주님의 것이로소이다 여호와여 주권도 주님께 속하였사오니 주님은 높으사 만물의 머리이심이니이다"(대상 29:11).

우리가 "영광"이라는 우리의 영어를 파생시킨 고전 헬라어는 하나의 견해를 의미한다. 우리는 하나님의 피조물로서, 하나님께 대한 올바른 견해를 가져야 한다. 이 영광에 관한 견해는 흔히 이스라엘 자손들이 그분이 행하신 일에 대한 보답으로 야훼(Yahweh : 하나님의 이름을 나타내는 4문자 YHWH의 음역-역주) 하나님을 우러러 공경하거나(또는 그분을 공경하지 않을 때), 구약에서 눈에 띈다.

그러나 신약에서는 영광의 개념은 하나님께서 과거에 행하신 일에 대한 "견해"로 완전히 대체된다. "영광"은 그분의 고유한 신성의 인식을 전달하는 신약의 용어가 되었다. 우리는 하나님께서 "영광과 존귀와 권능을 받으시는 것이 합당하오니 주께서 만물을 지으신지라 만물이 주의 뜻대로 있었고 주의 지으심을 받았나이다"(계 4:11)라는 말씀을 읽는다. 하나님께서 그분의 모든 피조물이 그분께 그분의 영광을 찬미하게 할 목적으로 창조하셨기 때문에, 그분께 영광의 영광을 찬미하는 것은 그분의 백성이라고 주장하는 사람들의 불타는 소원이 되어야 한다. "내 이름으로 불려지는 모든 자, 곧 내가 내 영광을 위하여 창조한 자를 오게 하라 그를 내가 지었고 그를 내가 만들었느니라"(사 43:7).

　　그러나 당신과 나는 우리가 모르는 것에 경의를 표할 수 없다. 내가 실례를 제시하겠다. 지난 몇 세대 동안, 현충일(Memorial Day : 미국 전몰 장병 추도 기념일(5월 마지막 월요일)-역주)이 폐지되어 왔다. 한 때 그 법정 공휴일은 5월 마지막 날이었다. 이제 그것은 단지 비용절감을 위해, 연방정부의 공무원들이 그들의 긴 주말을 단 3일로 제한하기 위해서 5월 마지막 월요일 날이 되었다. 우리의 부모님들과 조부모님들은 현충일이 장엄한 군대 행진과 특별한 교회 예배를 위한 엄숙한 특별한 행사, 곧 가족들이 그들의 전사한 병사들의 무덤에 꽃을 바치는 날이었다는 것을 기억할 수 있다. 그러나 오늘날 우리의 교육 체계는 흔히 애국 운동을 하는 것을 떳떳치 않게 여긴다. 학생들은 학교에서 미국의 역사 또는 우리의 자유를 지키기 위해서 치른 희생을 거의 이해하지 못하고 졸업한다. 현충일은 오늘날 대체로 여름의 공식적인 시작, 곧 그릴(Grill : 석쇠(고기 구이 기구)-역주)에 불을 붙이고 정원 회식 바구니를 꺼내는 날로 지낸다. 요는 현충일에 사람들은 그들 자신에게 경의를 표한다는 것이다. 우리는 전혀 그들의 공적에 대해서 모르기 때문에 과거의 영웅들을 존경하지 않는다. 우리는 우리가 그들에 대해서 모른다면, 그들을 존경할 수 없다. 같은 방법으로, 우리가 그분의 영광에 대해서 모른다면, 하나님의 영광을 찬미할 수 없다. 그러면 우리가 그분의 영광을 "어떻게" 알 수 있는가? 단순한 사람들은 하나님의 영광을 완전히 알 수 없다는 것은 사실인가? 그렇다. 그것은 사실이다. 그러나 우리가 이전에 언급했던 것처럼 하나님께서는 모세에게 그분의 영광을 희미하게 보여 주셨다. 우리는 같은 특권을 가지고 있다. 사실, 우리는 모세가 결코 알지 못했던 아주 많은 영광의 나타남[현현(顯現)]을 보는 특권을 받았다.

하나님께서는 먼저 그분의 피조물을 통해서 그분의 영광을 드러내신다. 하늘은 "하나님의 영광을 선포하고" "그의 의를 선포하니 모든 백성이 그의 영광을 보았도다"(시 19:1, 97:6). 신약성경에서 우리는 "창세로부터 보이지 않은 것들, 곧 그의 영원하신 능력과 신성이 그분이 만드신 만물에 분명히 보여 알려졌나니 그러므로 그들[불신자들]이 핑계하지 못할지니라"(롬 1:20)는 말씀을 읽는다. 하나님의 장엄(莊嚴 : 엄숙하고 위엄이 있으심-역주)하심이 우리들 도처에 눈에 띄지만, 우리는 그것을 보기 위해서 그것에 주의를 기울여야만 한다.

둘째로, 하나님께서는 때때로 그분의 영광을 초자연적인 환경을 통해서 드러내시는 쪽을 선택하셨다. 그와 같은 기적들은 모세 시대와 그 후 약속의 땅의 환경에서 아주 분명히 보였다. 하나님의 영광은 이스라엘이 하나님께 반항을 했을 때, 선지자들의 사역시기에 다시 눈에 띄었다. 바벨론 포로기에 하나님께서는 그분의 영광을 다니엘과 그의 세 친구들의 삶속에 기적적으로 역사하심으로 나타 내셨다. 그리고 물론, 하나님의 영광이 가장 크게 나타난 것은 교회 설립으로 이끌었던 그리스도의 사역이다.

게다가 기적들과 피조물을 통해서 그분의 영광을 드러내실 때, 하나님께서는 성경에서 그분의 영광을 드러내신다. 하나님께서는 많은 기적 이야기 속에서 또한 영광을 나타내신다. 하나님께서는 우리에게 그분을 알도록 하기 위해서 우리가 필요한 모든 것을 주셨다.

"하나님과 우리 주 예수님을 앎으로 은혜와 평강이 너희에게 더욱 많을지어다 그의 신기한 능력으로 생명과 경건에 속한 모든 것을 우리에게 주셨으니 이는 자기의 영광과 덕으로써 우리를 부르신 이를 앎으로 말미암음이라 이로써 그 보배롭고 지극히 큰 약속을 우리에게 주사 이 약속으로 말미암아 너희가 정욕 때문에 세상에서 썩어질 것을 피하여 신성한 성품에 참여하는 자가 되게 하려 하셨느니라"(벧후 1:2-4).

마지막으로, 하나님께서는 그분의 영광을 그분께 예민하고 민감하게 귀를 기울이는 그분의 사람들의 마음속에 들어내신다. 바울은 그가 "내가 그리스도와 그 부활의 권능과 그 고난에 참여함을 알고자 하여 그의 죽으심을 본받았다"(빌 3:10)는 그의 소원을 나타냈을 때 이 사실을 나타냈다. "안다"라고 번역된 헬라어는 친밀한 경험을 통해서 배우는 것을 의미한다. 사람은 먼저 그의 마음으로 하나님을 "믿고," 그 다음에 그의 마음으로 하나님에 대해서 "배우고," 마침내 그의 마음으로 하나님을 "알게" 된다. 그것이 일어날 때, 곧 당신과 내가 친밀하게 하나님을 알게 될 때, 우리는 참으로 그분의 영광을 찬미할 수 있다.

당신은 아마도 아주 좋아하는 취미에 열심인 누군가와 이야기를 나눈 경험이 있을 것이다. 아마도 이 사람의 취미는 컴퓨터일 것이다. 그는 그의 대화가 외국어 같은 생각이 들기 시작할 때까지 메가바이트(Megabytes : 컴퓨터 정보의 기억 단위로 약 100만 바이트-역주)와 기가바이트(Gigabytes : 기가바이트-컴퓨터 기억 용량의 단위로 약 10억 바이트-역주)에 관해서 이야기할 수 있다. 아마도 그는 개인의 통계, 선수의 수입, 그리고 최근의 트레이드(Trade : 각 팀 간의 선수의 교환-역주)와 계약을 포함해서, 그가 좋아하는 팀에 대해서 모든 것을 아는 운동선수들의 팬일 것이다. 우리는 우리가 가장 잘 아는 것을 찬미 한다. 그리고 우리는 우리가 가장 많은 시간을 보낸 것을 가장 잘한다.

하나님의 영광은 우리의 목적이다

자신보다는 오히려 하나님께 영광을 돌리는 것은 인간의 본성과 반대되는 것이다. 왜 그런가? 이는 당신과 나는 선천적으로 이기적이기 때문이다. 우리의 이기심은 사탄의 죄로 시작된다, "오 아침의 아들 루시퍼여 네가 어찌 그리 하늘에서 떨어졌는가! 민족들을 약하게 만든 자야, 네가 어찌 그리 끊어져 땅으로 떨어졌는가! 이는 네가 네 마음속으로 이르기를, 내가 하늘로 올라가 하나님의 별들 위로 내 왕좌를 높이리라. 또 내가 북쪽의 옆면에 있는 회중의 산위에 앉으리라. 내가 구름들이 있는 곳 위로 올라가 내가 지극히 높으신 이와 같이 되리라, 하였음이라"(사 14:12-14, KJV). "네가 아름다우므로 마음이 교만하였으며 네가 영화로우므로 네 지혜를 더럽혔음이여 내가 너를 땅에 던져 왕들 앞에 두어 그들의 구경거리가 되게 하였도다"(겔 28:17). 사탄은 하나님께서 그에게 주신 지위에 불만을 품고 자신을 위해서 더 높은 영광을 얻기를 결심했다. 그는 이기심 때문에 타락했다.

이 동일한 사탄은 후에 그의 타락으로 인간을 타락시켰다. 그의 거짓에 귀를 기울였을 때 하와는 "그 나무를 본즉 먹음직도 하고 보암직도 하고 지혜롭게 할 만큼 탐스럽기도 한 나무인지라. 그녀가 그 열매를 따먹고 자기와 함께 있는 남편에게도 주매 그도 먹었다"(창 3:6).

하와는 그녀를 유혹했던 사탄처럼 하나님께서 그녀에게 무엇이 최상인지를 알고 계신다는 것을 믿지 않았다. 그녀는 하나님께서 주시는 것보다 더 나은 것처럼 보이는 무엇인가를 원해서 자신의 이기적인 욕망이 가장 중요하다는 결론을 내렸다. 그녀는 하나님의 영광을 높이는 것보다 자신이 지각한 필요한 것에 더 관심이 있었다.

이와 같이 죄는 이기심이 모든 사람들 안에서 빤히 들여다보이는 결과로 세상에 들어왔다. "기록된 바 의인은 없나니 하나도 없으며 깨닫는 자도 없고 하나님을 찾는 자도 없고 다 치우쳐 함께 무익하게 되고 선을 행하는 자는 없나니 하나도 없도다"(롬 3:10-12). 우리는, 우리의 본성의 상태 속에, "[우리의] 눈 앞에 하나님을 두려워함이 없기 때문에"(롬 3:18) 우리 자신의 영광을 얻으려고 한다.

실로 우리가 예배를 드리러 갈 때, 우리가 우리의 선천적인 이기심을 나타내는 것은 별로 놀랄 일이 아니다. 예를 들면 오늘날 지역 신문이 어떤 연주자가 지정된 교회에서 "연주하고 있다"는 것을 특별히 언급하는 것은 판에 박혀있다. 연주자가 노래를 한 후, 박수갈채는 흔히 볼 수 있는 일이다. 아마도 박수갈채는 하나님께 영광을 돌려드리기 위해 연주자와 함께 하는 자발적인 표시일 것이다. 그러나 우리가 우리 자신에게 철저히 솔직 하자. 박수갈채가 실제로 초청한 교회의 에티켓이 더 큰 문제였는가 또는 연주자를 존경하는 문제가 더 큰 문제였는가?

현대 종교 세계에서 "예배"라고 여기는 것이 이기적인 목적 수단이 될 수도 있다. 우리 모두는 청중을 끌어 들이고, 헌금을 모으고, 큰 건물을 짓고, 나서 자신들의 이름을 떨치기 위해서 예배를 조직화하는 설교자들에 대한 이야기를 들어 왔다. 흔히 이방인들은 기독교를 비난하고 그들이 복음을 받아들이지 않는 것을 정당화하기 위해서 전혀 균형 감각 없이 그런 이야기를 예로 든다. 물론 대다수 설교자들이 마음으로부터 헌신한다. 그러나 불행하게도 세력 확대의 실례가 사역에 있을 수도 있다.

어쩌면 훨씬 더 고통을 주는 것은 충실한 목회자들까지도 시대정신에 의해서 동요될 수 있다는 점일 것이다. 어느 정도 그들이 "군중을 끌어 들이기" 때문에 특정한 부흥사들 또는 음악 그룹들을 순서에 넣는 것은 얼마나 유혹을 받기 쉬운 일인가. 합리적인 생각은 우리가 군중을 교회에 나오도록 불러낼 때, 우리는 복음을 설교해서 불신자들을 하나님의 왕국으로 데려 올 수 있다는 것이다. 그러나 그와 같은 겉보기에 옳은 이론조차도 결점이 있다. 영혼을 구원하는 것은 하나님의 일이다. 만일 우리가 우리 자신의 방법으로 영혼을 구원하려고 한다면, 우리는 하나님께 응당히 돌려드려야 할 영광을 빼앗기 위해서 이기적인 행동을 하는 것이다!

우리의 예배는 하나님의 영광에 집중시켜서 그것을 모든 사람들이 볼 수 있도록 높여야만 한다. 18세기 미국의 위대한 신학자 조나단 에드워드(Jonathan Edwards)는 "참 성도는 우선 하나님의 일에 그들의 마음이 말로 표현 할 수 없는 기쁨과 즐거움이 있다"고 말했다. 그에 반하여, 그는 특별히 이렇게 언급한다. 위선자들은 "먼저 그들이 하나님께 소중히 여김을 받는 것을 기뻐하고 나서 그 근거로 하나님께서 그들을 어느 정도 사랑스럽게 보실 것 같은 생각이 들어서 기뻐한다."

하나님께 영광을 돌려 드리는 것은 하나님께서 "너희가 먹든지 마시든지 무엇을 하든지 다 하나님의 영광을 위하여 하라"(고전 10:31)고 명령하신 하나님의 말씀을 우리가 행하는 것이다. 바꿔 말하면 우리가 "하는 것"은 무엇이든지 하나님의 영광을 위해서 "해야만 한다." 그러므로 하나님께 영광을 돌려드리는 것은 복종하는 공손한 태도의 문제이다.

복종은 먼저 마음에서 생긴다. 우리가 하나님을 믿고 그분의 말씀으로부터 하나님을 알기로 작정하고 우리가 배운 것을 복종하기로 결정하는 것은 마음속에 있다. 복종은 그분 자신의 영광을 위해서 우리의 삶 가운데서 일하시는 하나님의 행하심에 반응하는 것이다. "너희 안에서 행하시는 이는 하나님이시니 자기의 기쁘신 뜻을 위하여 너희에게 소원을 두고 행하게 하시나니"(빌 2:13). 하나님께서는 가르치시고, 죄를 깨닫게 하시고, 그분의 말씀의 원리에 따라서 우리의 마음을 움직이신다. 그렇기 때문에 당신과 나는 하나님께서 이런 진리들을 우리의 마음속에서 행하실 때, 성령께 복종해야만 한다.

"무엇을 하든지 다 하나님의 영광을 위하여" 하기를 원하는 우리의 복종은 우리의 예배 가운데서 나타날 것이다. 우리는 하나님의 영광에 대하여 찬양하고, 기도하고, 그리고 설교에 동참하기 위해서 다른 성도들과 만난다. 우리의 생각과 마음은 우리가 하나님의 위대하심을 나타내고 우리가 사랑하는 분을 높일 때, 기쁨이 충만할 것이다. 그와 같은 예배는 우리가 영광을 돌려드리는 하나님을 그들에게 드러낼 때, 세상에 있는 사람들에게 주의를 불러일으킬 것이다. 진정한 예배자들은 이렇게 말할 것이다.

"너희는 여호와께 감사하며 그분의 이름을 불러 아뢰며 그분이 행하신 일을 만민 중에 알릴지어다 그분께 노래하며 그분을 찬양하고 그분의 모든 기사를 전할지어다 그분의 성호를 자랑하라 여호와를 구하는 자마다 마음이 즐거울지로다 여호와와 그분의 능력을 구할지어다 항상 그분의 얼굴을 찾을지어다 그분의 종 이스라엘의 후손 곧 택하신 야곱의 자손 너희는 그분의 행하신 기사와 그분의 이적과 그분의 입의 법도를 기억할지어다"(대상 16:8-12).

생각할 점

1. "견해"로서의 "영광"과 본질적인 "특성"으로서 "영광"의 차이는 무엇인가?

2. 모세는 하나님의 영광을 희미하게 보았다. 우리 역시 그분의 영광에 대해서 더 많이 배울 수 있는 네 가지 방법은 무엇인가?

3. 왜 인간은 선천적으로 이기적이며 그들 자신의 영광을 구하는가? 우리의 이기심의 원인의 근원은 무엇인가? 어떻게 이기심이 인류에게 퍼지게 되었는가?

4. 이기심은 우리가 예배를 드릴 때 바로 나타난다. 하나님께 집중하지 않은 태도로 예배에 참석하는 것이 왜 그렇게 쉬운가?

5. "무엇을 하든지 다 하나님의 영광을 위하여" 하라. 왜 하나님께 영광을 돌려드리는 것이 고분고분한 복종의 문제인가를 설명하라.

22. 진정한 예배는 큰 믿음을 표한다

Ⅱ 야곱. 히브리서 11:21

"믿음으로 야곱은 죽을 때에 요셉의 각 아들에게 축복하고 그 지팡이 머리에 의지하여 경배하였으며"(히 11:21).

2001년 9월 11일 이후로, 불운한 항공기에서 있었던 일을 생각하는 것은 너무나 생생해서 곰곰이 생각하게 된다. 그 소름이 끼치는 날, 미국 전역은 마지막 고별인사를 하기 위해서 사랑하는 사람들을 부르는 사람들의 이야기에 비탄에 잠겼다. 그에 더하여 끔찍한 유린의 한복판에서 전국은 타드 비머(Todd Beamer : 2001년 9월 11일 미국 유나이트 항공 93편에 탑승했던 승객으로 테러로 희생되었다-역주)의 영웅적 행동에 마음을 다잡아먹었다. "다들 준비됐지요? 붙어봅시다!" 그는 동료 승객들을 설득해서 그들의 비행기를 납치했던 테러리스트들에게 저항하는 일에 지도적 역할을 했다. 그의 행동이 그와 비행기에 탑승했던 다른 모든 사람들이 비행기가 멀리 떨어진 지역에 추락했을 때, 죽었지만, 어쩌면 지상에 있는 수많은 생명을 구했을 것이다. 비행기 참사를 조사하는 전문가들은 비행 기록 장치가 인간의 감정의 다양한 변화의 범위를 밝힐 수 있다는 것을 오래 전부터 알게 되었다. 비행 기록 장치가 발견되어서 기록을 분석했을 때, 충돌 직전 마지막 순간의 목소리는 하나님과 운명을 향해서 여러 번 몹시 불쾌하고 모독적인 저주로 고함을 지르는 소리가 들렸다. 그러나 다른 목소리들은 이 세상에서 살든지 또는 저 세상에서 살든지, 동일하신 하나님께 구원을 위해서 기도한다.

비슷한 상황이라면 당신은 어떻게 반응했겠는가? 나는 어떻게 반응했겠는가? 시나리오(각본)가 너무 소름이 끼쳐서 거의 생각할 수 없기는 하지만, 그에 대한 대답은 하나님과 우리의 관계에 대해서 많은 것을 말할 것이다. 그것은 우리의 죽음에 앞서 수년 간 우리가 어떻게 우리의 삶을 살았는가에 대해서 많은 것을 말할 것이다. 물론 만일 주님께서 그분의 재림을 늦추신다면, 당신과 나는 어느 날 육체적인 죽음에 직면할 것이다. 죽음은 횡단보도에서, 수술대 위에서, 또는 우리의 잠자리에서 닥칠 수도 있다. 어쨌든 우리가 죽는 날은 닥칠 것이다. 우리가 어떻게 죽음에 대처할 것인가? 우리가 죽을 때 우리의 마지막 행동과 말이 우리 자신에 대해서 무슨 말을 할까?

야곱은 임종 시에도 믿음으로 하나님께 예배를 드렸다. 그의 예배는 참되고 변함이 없었다. 신약의 히브리서 기자는 우리가 "믿음의 전당"이라 부르는 장을 기록하기 위해서 하나님께 영감을 받았다. 그는 야곱의 믿음을 예증하기 위해서 단 한 구절을 썼다. 알맞게, 그는 믿음으로 야곱이 요셉의 아들들을 축복하고 경배"(히 11:21, KJV)했던 족장의 최후의 날에서 실례를 선택했다.

왜 이와 같은 행동이 중요했는가? 왜 야곱의 모든 행동 중에서 이 마지막 행동만이 믿음의 증거가 될 정도로 히브리서 기자에 의해서 인용되었는가? 계속 읽으라.

야곱은 믿음으로 행했다

얄궂게도 이 명예로운 "믿음의 전당"의 일원이 실제로는 "찬탈자"를 의미하는 이름을 지니고 있다. 야곱이라는 이름은 문자적으로 "발꿈치를 잡았다"는 것을 의미한다. 그리고 그것은 만일 당신이 주의하지 않는다면, 당신의 발꿈치를 와락 붙잡을 누군가를 묘사한다. 슬프게도 야곱은 그의 생애 대부분을 그의 이름에 어울리는 생활을 했고 많은 속임수를 행했다. 그러나 하나님께서는 나중에 그의 이름을 이스라엘로 바꾸셨는데(창 32:28), 그것은 "네가 하나님과 및 사람들과 겨루어 이겼음이니라"는 뜻이다. 하나님께서는 그분을 깊이 신뢰하도록 야곱을 이끄시는 오랜 과정 후에 이름을 바꾸셨다.

야곱의 새로운 이름의 의미를 말씀한 후, 히브리서 기자가 전하는 것처럼 하나님의 말씀은 그의 옛 이름으로 믿음의 전당에 야곱을 싣는 것은 뜻밖인 것처럼 생각된다. 아마도 이 이름은 야곱의 삶속에 하나님의 위대하신 성화(Sanctification : 의롭다함(칭의)을 받은 사람이 생각이나 행동 그리고 상태에서 거룩해지는 것을 의미한다. 성화는 한 순간에 이루어지는 것이 아니라 일생의 과정으로 전능하신 성령의 인도하심속에서 진행된다-역주)의 역사를 생각나게 하는 것일 것이다. 이와 같이 야곱은 하나님께서 우리가 오늘날 경험하기를 원하시는 똑같은 성화에 대한 구약의 실례의 역할을 한다. 우리가 예배를 시작할 때, 당신과 나는 우리가 구원을 받기 위해서 우리의 신뢰를 그분께 둔 시점부터 하나님께서 우리를 얼마나 멀리 데리고 가시는가를 기억하는 것이 좋을 것이다. 아마도 야곱은 그가 임종 상태에 있을 때 같은 일을 기억하고 있었을 것이다. 아마 이런 생각들이 그의 예배의 정당한 이유였을 것이다.

실로 야곱은 그가 그의 147년의 생애를 회상할 때에 많은 생각을 했다 (창 47:29). 그의 생에 초기 50년 동안 야곱의 삶은 사악한 음모의 성격을 묘사한다. 그 후 80년 동안 그는 자신이 심은 악을 거두었다. 애굽의 바로가 그때 야곱에게 "네 나이가 얼마냐?"라고 물었을 때, 족장이 "내 나그네 길의 세월이 백삼십 년이니이다 내 나이가 얼마 못 되니 우리 조상의 나그네 길의 연조에 미치지 못하나 험악한 세월을 보내었나이다"(창 47:8-9)라고 대답한 것은 당연하다. 그 때에 그의 죽음에 앞서 17년, 야곱은 하나님께서 어떻게 그를 용서하셨고 축복하셨는가를 회상하면서 여전히 고뇌를 겪고 있었다.

청년 시절에 야곱은 그의 아버지 이삭을 속이고 에서의 장자권을 빼앗음으로 그의 형에게 죄를 지었다. 그의 행위 때문에 야곱은 어쩔 수 없이 그의 가족을 떠나서 타향으로 달아나야만 했다(창 27: 41-28:5). 하지만 그때도 하나님께서는 야곱이 그분과 신뢰 관계에 이르도록 역사하고 계셨다. 야곱이 집을 떠날 때 까지도 하나님께서는 그의 아버지 이삭의 조언을 통해서 안내와 격려를 하셨다. 이삭은 그의 아들을 축복하고 그에게 이방인 아내를 맞이하지 말라고 권고하고 야곱이 어디로 가야하는지를 조언했다. "일어나 밧단아람으로 가서...네 외삼촌 라반의 딸 중에서 아내를 맞이하라"(창 28:2). 그 후 아버지와 아들이 헤어질 때 야곱은 이렇게 선언했다.

"전능하신 하나님께서 네게 복을 주시어 네가 생육하고 번성하게 하여 네가 여러 족속을 이루게 하시고 아브라함에게 허락하신 복을 네게 주시되 너와 너와 함께 네 자손에게도 주사 하나님께서 아브라함에게 주신 땅 곧 네가 거류하는 땅을 네가 차지하게 하시기를 원하노라" (창 28:3-4).

야곱이 여행하는 동안 하나님께서 꿈에서 그를 만나셨다. 하나님께서는 이삭에게 주셨던 축복을 확인하셨을 뿐만 아니라 야곱에게 무조건적인 약속을 하셨다.

"여호와께서 그 위에 서서 이르시되 나는 여호와니 너의 조부 아브라함의 하나님이요 이삭의 하나님이라 네가 누워 있는 땅을 내가 너와 네 자손에게 주리니 네 자손이 땅의 티끌 같이 되어 네가 서쪽과 동쪽과 북쪽과 남쪽으로 퍼져나갈지며 땅의 모든 족속이 너와 네 자손으로 말미암아 복을 받으리라 내가 너와 함께 있어 네가 어디로 가든지 너를 지키며 너를 이끌어 이 땅으로 돌아오게 할지라 내가 네게 허락한 것을 다 이루기까지 너를 떠나지 아니하리라" (창 28:13-15).

야곱은 이 약속의 말씀을 들었을 때, 하나님의 자비하심에 매달리지 않

하나님이 받으시는 진정한 예배

왔다. 그러나 꿈에 대한 그의 반응은 하나님과의 그의 관계에 대해서 진지하게 생각하고 있다는 것을 나타낸다. "여호와께서 과연 여기 계시거늘 내가 알지 못하였도다"(창 28:16). 야곱은 잠에서 깨어났을 때, 이렇게 외쳤다. 그 후 몇 개의 돌로 제단을 쌓고 그 위에 기름을 붓고 그곳을 벧엘이라고 불렀는데, 그것은 "하나님의 집"을 의미한다. 하지만 야곱은 그에게 필요한 것을 공급하시는 하나님을 전적으로 신뢰하지 않고 계속 해서 하나님을 시험했다,

"야곱이 서원하여 이르되 하나님께서 나와 함께 계셔서 내가 가는 이 길에서 나를 지키시고 먹을 떡과 입을 옷을 주시어 내가 평안히 아버지 집으로 돌아가게 하시오면 여호와께서 나의 하나님이 되실 것이요 내가 기둥으로 세운 이 돌이 하나님의 집이 될 것이요 하나님께서 내게 주신 모든 것에서 십분의 일을 내가 반드시 하나님께 드리겠나이다 하였더라"(창 28:20-22).

야곱이 그의 목적지에 도착한 후, 하나님께서는 그에게 한 아내를 주셨다. 얄궂게도 야곱은 그의 삼촌의 속임수를 견디어 낸 후 "두" 아내를 얻었다(창 29). 라반과 함께 사는 동안 야곱은 옛날에 자신이 심었던 행위의 결과를 거두었다. 그러나 그는 또한 하나님께 많은 축복을 받았고 어려운 시기 중에, 하나님의 돌보심과 자비하심에 대해서 배웠다. 어려운 환경을 통해서 하나님에 대한 야곱의 믿음은 성장했다. 마침내 자신이 부당한 대우를 했던 형 에서와 마주 대하게 되었을 때, 야곱은 불행을 예감하고 자신이 죽

임을 당할 것이라는 것을 실감했다. 하지만 그들이 만나기 전날 밤 하나님께서는 다시 야곱에게 나타나셨다.

이 때 야곱은 하나님과 씨름을 했다. 허벅지 관절이 어긋났음에도 불구하고, 야곱은 매달려서 이렇게 말했다. "당신이 내게 축복하지 아니하면 가게 하지 아니하겠나이다"(창 32:26). 그는 무엇보다도 하나님의 축복을 갈망했다. 이는 그가 결국 공급하시는 하나님을 신뢰했기 때문이다. 따라서 하나님께서는 그에게 "네 이름을 다시는 야곱이라 부를 것이 아니요 이스라엘이라 부를 것이니 이는 네가 하나님과 및 사람들과 겨루어 이겼음이니라"(창 32:28)라고 말씀하셨다. 그가 간구한 축복을 받았을 때, 야곱은 하나님께 모든 공을 돌려 드렸다. "내가 하나님과 대면하여 보았으나 내 생명이 보전되었다"(창 32:30).

당신은 하나님과 씨름을 해본 적이 있는가? 당신과 나는 우리가 거듭나기 위해서 있어야만 한다. 그러나 흔히 우리의 믿음은 우리가 결코 하나님과 씨름해 본적이 없기 때문에 여전히 약하다. 이 문맥(文脈)에서 씨름한다는 것은 하나님께 반항한다는 것을 암시하는 것이 아니다. 하나님의 자녀로서 우리는 하나님의 말씀의 진리를 몸에 지니고 하나님과 씨름을 하고 야곱처럼 이렇게 선포해야만 한다. "주여! 나는 당신이 나에게 이 진리를 알게 하실 때까지 당신이 나에게 진리를 어떻게 적용해서 어떻게 그리스도와 같이 될 수 있는지를 가르쳐 주실 때까지 나는 당신을 보내드리지 하겠나이다!"

하나님께서는 야곱이 늙은 나이에 부득이 애굽으로 여행을 가야했을 때 그를 다시 한 번 벼랑 끝으로 이끌고 가셨다. 마치 야곱이 이전에 자신의 아버지를 속였던 것처럼 그의 아들들이 그가 남달리 귀여워하고 사랑하는 아들 요셉이 죽었다고 믿게 함으로 그를 속였다. 그러나 이제 긴 세월의 고난 후에 그의 아들들은 자기들이 꾸며낸 말을 바꾸었다. 그들은 요셉이 살아서 애굽을 통치하고 있다고 말했다. 설마? 그러한 일은 믿을 수 없었다! 하지만 야곱은 이 예상 밖의 상황에서도 하나님을 신뢰하는 법을 배웠다. 아버지와 아들이 재회했을 때, 야곱의 첫 마디는 하나님께서 그분의 자녀들을 보존하시기 위해서 주셨던 약속을 믿는 것이었다.

"요셉에게 이르되 이전에 가나안 땅 루스에서 전능하신 하나님께서 내게 나타나사 복을 주시며 내게 이르시되 내가 너로 생육하고 번성하게 하여 네게서 많은 백성이 나게 하고 내가 이 땅을 네 후손에게 주어 영원한 소유가 되게 하리라 하셨느니라"(창 48:3-4).

이제 그의 임종 시에 하나님께 대한 야곱의 신뢰는 완전했다. 히브리서 기자가 회상하고(히 11:21) 구약 성경이 말씀 하는 것과 같이(창 48:5-20) 족장은 요셉의 두 아들 에브라임과 므낫세에게 축복 했다. 이 축복은 또한 하나님께서 처음 아브라함에게 주시고 순서대로 이삭과 야곱에게 확증되었던 약속가운데 그 때 이미 포함되었다.

왜 히브리서 기자가 야곱의 축복을 그렇게 중요하게 보았는가? 간단히 말해서 그것은 야곱이 믿음으로 행했기 때문이다. 그의 처지를 곰곰이 생각해 보라. 비록 그가 이전에 약속의 땅에 살았다할지라도, 야곱은 거기에서 유목생활을 했다. 그 때 그의 아들들과 가족들은 가나안에서 멀리 떨어진 애굽에 있었다. 하지만 야곱은 하나님께서 어느 날 자기 자손들에게 약속의 땅을 주실 것이라는 것을 전적으로 기대했다. 하나님의 약속의 성취는 불가능할 것 같았을 것이다. 사실 그것은 결국은 몇 백 년이 걸릴 것이다. 그러나 야곱은 믿음이 있었다. 그는 하나님을 신뢰했다. 그는 하나님께서 약속을 성취하실 것이라는 것을 확신했기 때문에 자기 아들들에게 자기를 반드시 가나안 땅에 묻어 달라는 지시를 했다(창 47:29-31, 49:29-32).

야곱은 단지 다른 사람들이 지나고 나서 보는 것을 미리 보았다. 더욱이 그가 임종 시까지도 그의 하나님께 진정한 예배를 드릴 수 있었던 것은 이 믿음 때문이었다. 그러므로 히브리서 기자는 야곱과 그의 조상들에 대해서 이렇게 말했다. "이 사람들은 다 믿음을 따라 죽었으며 약속을 받지 못하였으되 그것들을 멀리서 보고 환영하며 또 땅에서는 외국인과 나그네임을 증언하였다"(히 11:13).

야곱은 그의 믿음을 표현했다

야곱이 그의 손자 에브라임과 므낫세에게 주었던 축복은 믿음의 실증으로서 의미가 있다. 그 축복의 내용 또한 중요하다. 하나는 그 축복이 모든 통상적인 예상을 무시했다.

"이스라엘이 오른손을 펴서 차남 에브라임의 머리에 얹고 왼손을 펴서 므낫세의 머리에 얹으니 므낫세는 장자라도 팔을 엇바꾸어 얹었더라 그가 요셉을 위하여 축복하여 이르되 내 조부 아브라함과 아버지 이삭이 섬기던 하나님, 나의 출생으로부터 지금까지 나를 기르신 하나님, 나를 모든 환난에서 건지신 여호와의 사자께서 이 아이들에게 복을 주시오며 이들로 내 이름과 내 조상 아브라함과 이삭의 이름으로 칭하게 하시오며 이들이 세상에서 번식되게 하시기를 원하나이다 요셉이 그 아버지가 오른손을 에브라임의 머리에 얹은 것을 보고 기뻐하지 아니하여 아버지의 손을 들어 에브라임의 머리에서 므낫세의 머리로 옮기고자 하여 그의 아버지에게 이르되 아버지여 그리 마옵소서 이는 장자이니 오른손을 그의 머리에 얹으소서 하였으나"(창 48-14-18).

요셉이 축복을 하는데 있어서 변칙적인 절차를 [멈추도록] 지적했을 때, "그의 아버지는 거절했다"(창 48:19). 여기에서 무슨 일이 일어나고 있었는가? 야곱은 자신이 그의 형 에서의 장자권을 빼앗기 위해서 일을 꾸며냈던 동생이었다. 그의 이런 행동의 결과로 일어났던 일을 주목하라! 야곱이 그의 과거의 사건을 통해서 교훈을 배우지 못했는가?

그런데 두 순서가 뒤집히는 것은 과거와 명백하게 달랐다. 속임수를 통해서 평소의 습관대로 바꾸어 놓기보다는 오히려, 야곱은 하나님께 대한 그의 신뢰를 통해서 그렇게 했다. 이전의 대화에서 그는 "에브라임과 므낫세는 내 것이라"(창 48:5)고 선언함으로서 두 손자를 그가 받아들였다는 것을 말로 나타냈다. 야곱이 그의 오른 손을 펴서 요셉의 차남 에브라임의 머리에 손을 얹고 축복했을 때, 그는 하나님의 계획을 확신 있게 말함으로서 요셉의 질책에 대처했다.

야곱은 그의 축복이 하나님의 뜻이라는 것을 알고 비록 그의 어두운 과거의 경력에 드러난 것처럼 비판의 목표가 되어 있었음에도 불구하고 단호하게 그 지식(하나님의 뜻)에 의존했다. 그럼에도 불구하고 야곱은 "그 날에 그들에게 축복하여...에브라임을 므낫세보다 앞세웠다"(창 48:14-20).

수세기 후에 야곱을 통해서 하신 하나님의 이 예언은 사실로 입증되었다. 에브라임의 자손들은 북 이스라엘의 열 지파의 지도자들이 되었다. 그런데 한편 므낫세 지파는 분리되었다.

마지막으로 히브리서 기자는 야곱이 요셉의 손자들을 축복하고 '예배'를 드렸다(예배에 대한 야곱의 행위는 실제로는 축복을 우선한다. 그럼에도 불구하고 두 사건은 족장의 최후의 날 동안 가까이에 일어났다)고 기록한다.

그의 육체적인 힘은 쇠약해졌다. 그는 일어나 앉는데도 도움이 필요했다. 실제로는 어떻든 그는 너무 약해서 심지어 그는 침대 끝머리에 앉기 위해서 그의 지팡이에 의지해야만 했다(히 11:21). 그는 하나님께 깊이 감동을 드려서 그분의 은혜를 받기 위해서 어떤 힘이 있는 행동을 할 수 있는 것은 이제 상상할 수가 없었다. 사실 그의 삶은 거의 끝났다. 그런데도 야곱이 지팡이를 의지했을 때, 그는 조금이라도 사람이 할 수 있는 최선을 다했다. 마음과 몸으로, 그는 하나님 앞에 엎드렸다. 이것은 진정한 예배의 태도, 곧 하나님 앞에 전적인 복종으로 자신을 낮추는 태도이다.

신약의 믿음의 전당은 오늘 날 우리에게도 설득력 있는 교훈과 큰 격려가 되도록 하기 때문에 이 장면을 기록한다. 한 때 이 사람은 마치 모든 성공이 자신의 뜻에 따라 결정되는 것처럼 행동하고 음모를 꾸몄다. 그러나 결국에는 야곱은 하나님 앞에 겸손한 태도를 취했다. 그는 자신 대신에 하나님을 신뢰하기를 배웠다. 하나님께서는 그분의 자녀를 사랑하셔서 그분과 활기 넘치는 관계에 이르게 하도록 하기 위해서 야곱에게 많은 시련과 축복을 경험하게 하셨다. 하나님께서는 오늘날 우리에게도 동일하게 행하신다! 만일 당신과 내가 야곱이 하나님을 신뢰했던 것과 마찬가지로 전적으로 그분을 신뢰한다면, 우리는 자연적으로 죽는 그날까지 우리의 신뢰의 "대상"을 예배할 것이다.

생각할 점

1. 하나님께서 그에게 주님께 대한 완전한 믿음과 신뢰를 가르치기 위해서 야곱의 생애를 통해서 역사하셨던 방법을 열거하라.

2. 항상 자신을 의지했던 야곱이 마침내 하나님께서 그가 필요한 것을 주실 수 있다는 것을 신뢰했다는 것을 어떻게 실증했는가?

3. 당신은 하나님과 야곱이 겨룬 씨름을 통해서 어떤 교훈을 배울 수 있는가? 이와 같은 씨름이 오늘날 당신의 삶에 어떻게 적용이 되는가?

4. 히브리서 기자가 각각의 믿음의 실례로 왜 야곱이 임종할 때의 행동을 선택하였는가? 이것에 대해서 설명하라.

5. 그가 축복을 하고 그 축복의 내용을 통해서 야곱은 그의 믿음을 어떻게 실증했는가?

23. 진정한 예배는 창조주 앞에 엎드린다

‖ 생물들. 요한 계시록 4:1-11

"이십사 장로들이 보좌에 앉으신 이 앞에 엎드려 세세토록 살아 계시는 이에게 경배하고 자기의 관을 보좌 앞에 드리며 이르되 우리 주 하나님이여 영광과 존귀와 권능을 받으시는 것이 합당하오니 주께서 만물을 지으신지라 만물이 주의 뜻대로 있었고 또 지으심을 받았나이다 하더라"(계 4:10-11).

우리는 성경에 최초로 예배의 행위가 기록된 창세기에서 우리의 예배에 관한 공부를 시작했다. 하나님께서는 아벨의 예배는 받으셨지만, 그의 형 가인의 예배는 거절하셨다. 하나님께서는 그들의 마음의 태도를 보아서 알 수 있으셨다. 사실 그들의 예배의 형식은 모든 점에서 성경의 그 밖의 사람들과 다를 것이 없었다. 하나님께서는 예배로 그분 앞에 엎드리도록 사람들을 가르치시고 격려하신다. 어떤 사람은 그렇게 한다. 그러나 대부분의 사람들은 그렇게 하지 않는다.

이제 우리는 성경의 마지막 책에 이르렀다. 지금까지 우리의 공부는 수세기를 망라했다. 그 모든 것을 통해서 하나님께서는 모든 사람들이 그분께로 향하도록 간청하셨다. 심지어 오늘날까지도 간청하신다. 하나님께서 얼마나 계속 간청하시겠는가? 슬프게도 요한 계시록은 종말이 가까이 오고 있지만, 사람들이 여전히 말세의 교훈을 듣지 않을 것이라는 것을 확실하게 말씀한다. 이는 이 책이 진정한 마음에서 우러나오는 진정한 예배뿐만 아니라, 그릇된 우상을 숭배할 것이라는 예언을 기록하고 있기 때문이다. 가엾게도 사람들이 하나님께 대한 참 믿음이 없기 때문에 그분의 간청을 무시하고 오히려 그릇된 숭배를 좋아하는 사람들은 그분의 최후의 헤아릴 수 없는 진노의 대상이 될 것이다.

보좌 알현실

사도 요한은 지금까지 살았던 사람들 가운데서 가장 특권층에 속한 사람이었다. 하나님께서는 그분의 영광을 얼핏 보도록 이 선택된 종을 초대하셨다. 그리스도께서는 일찍이 요한에게 "그러므로 네가 본 것과 지금 있는 일과 장차 될 일을 기록하라"(계 1:19)고 명령하셨다. 계시(Revelation : 원래 '자기를 현시하다(Apokalypsis)' 라는 의미의 헬라어에서 유래되었다. 계시란 하나님께서 역사 속에서 활동하시며 그분의 백성들에게 자신을 인격적으로 나타내시고 그들에게 구원의 의지, 목적 그리고 그들의 삶에 대한 하나님의 요구들을 전달하는 과정을 말한다. 그러므로 계시는 하나님의 행위와 임재 그리고 말씀을 총망라하는 것이며 제안적인 것이다. 계시는 하나님의 원칙적 행위, 자아 현현, 그리고 교통하심을 언급하는 것이다-역주)가 열리자마자, 요한은 영광을 받으신 그리스도(계 1:9-17)께 받은 환상, 곧 일곱 교회들에게 보내신 그분의 편지(계 1:18-3:22)를 기록한다. 이 편지들은 현재 "있는 일들"과 다름없다. 이 편지를 기록한 후 마침내 요한은 "장차 될 일"을 보고 기록하도록 초대를 받았다.

"이 일 후에 내가 보니 하늘에 열린 문이 있는데 내가 들은 바 처음에 내게 말하던 나팔 소리 같은 그 음성이 이르되 이리로 올라오라 이 후에 마땅히 일어날 일들을 내가 네게 보이리라 하시더라 내가 곧 성령에 감동되었더니[영안에 있었더니, KJV] 보라 하늘에 보좌를 베풀었고 그 보좌 위에 앉으신 이가 있었다"(계 4:1-2).

요한이 문을 열지 않았다는 사실을 주목하라. 하나님께서 그를 위해서 문을 여셨다. 어느 누구도 아무리 해도 자기가 하나님의 보좌 알현실(지체 높은 분을 찾아뵈는 방-역주)로 밀고 들어갈 수는 없다! 보좌 알현실에서 주님께서는 사도가 오직 하나의 나팔소리에 비유될 수 있는 음성으로 요한에게 말씀하셨다. 이는 그분이 하나님의 권위 있는 음성과 비교할 어떤 다른 이 세상의 소리를 생각해 내실 수 없었기 때문이다. 아마도 모든 것 중에서 가장 주목할 만한 것을, 우리는 요한이 "마땅히 일어날 일"을 볼 것이라는 이 구절에서 배운다. 마지막 날들을 나타내 보이는 기록들 가운데 하나는 가혹한 고난과 심판이다. 이 일들은 앞으로 "일어날 일"임에 틀림이 없다! 하나님께서는 오늘날 그분의 가득 찬 진노를 억제하고 계시지만, 어느 날 그것은 모든 죄와 저항을 향하여 쏟아질 것임에 틀림이 없다.

요한이 그가 "영 안에 있었다"고 기록할 때, 그는 성령에 의해서 천국으로 옮겨졌다는 것을 암시하고 있다. 이것은 누구든지 시종 천국에 들어갈 수 있는 유일한 방법이다. 하나님께서 거기로 데리고 가시는 것이다. 이 원칙이 요한의 경우처럼 누구든지 환상을 보기 위해서 천국에 들어가든지 또는 영원히 거주하기 위해서 들어가든지에 해당된다. 오랫동안 수많은 사람들은 천국에 들어가는 길을 얻기 위해서 자신의 인간적인 지혜를 의지했지만, 예수 그리스도를 통한 하나님의 방법은 여전히 천국에 들어가는 유일한 길이다. 일단 하나님의 보좌 알현실에 들어가자마자, 요한의 자연스러운 즉각적인 반응은 복종, 곧 그가 보았던 것을 기록하라는 명령에 복종하는 것이었다. 비길 바 없는 광경이 그를 둘러싸고 있었다! 그러나 사도는 무엇보다도 먼저 보좌와 그 위에 앉으신 분께 주의가 집중되었다. "보좌"라는 말은 사실 계시록에서 가장 중요한 말 가운데 하나이다. 요한은 이 말을 거의 모든 장에서 언급한다. 계시록에서 이 말의 중요성은 신약에서 "보좌"라는 말이 62번 언급되는 가운데, 47번이 이 마지막 책에서 언급된다는 사실에 의해서 증명된다. 로마 시대에 살았던 사람들은 "보좌"란 말 배후에 있는 개념의 확실한 의미를 알고 있었다. 그들에게 보좌에 대한 개념은 최고의 능력과 권위를 시사했다. 로마 황제가 그의 보좌에서 판결을 언도했을 때, 어느 누구도 그 판결에 반항할 수 없었다.

하지만 하나님의 위엄은 그와 같은 위엄이 있는 모습을 단연코 능가한다. 요한은 보좌에 좌정하신 분을 사람의 말로 충분히 묘사할 수 없다는 것을 알았다. 사도는 그가 보았던 것을 사람이 이해할 수 있는 말로 표현하려고 힘썼다.

"앉으신 이의 모양이 벽옥과 홍보석 같고 또 무지개가 있어 보좌에 둘렸는데 그 모양이 녹보석 같더라"(계 4:3).

주님의 모습은 요한이 보기에 벽옥과 홍보석 "같았다" 그리고 녹보석 "같이" 보이는 무지개가 그분을 둘러싸고 있었다. 값비싼 보석에 사용된 용어가 수세기에 걸쳐서 변했기 때문에, 요한이 보았던 것을 정확하게 말하기는 어렵다. 학자들이 단정한 것처럼 벽옥은 아마도 투명한 보석이며 홍보석은 붉은 보석이었을 것이다. 그러나 요한이 의미하는 것은 명백하다. 보좌에 앉아계시는 "분"의 주요한 특징은 빛과 같이 눈이 부셨다. 더욱이 겉으로는 하나님의 신실하심을 암시하는 홍보석 같은 무지개가 보좌를 둘러쌓고 있었다. 하나님께서 세상을 멸망시키기 위해서 사용하셨던 홍수 후, 하나님께서는 그분의 무지개를 구름 속에 두셨다. "내가 내 무지개를 구름 속에 두었나니 이것이 나와 세상 사이의 언약의 증거니라 내가 구름으로 땅을 덮을 때에 무지개가 구름 속에 나타나면 내가 나와 너희와 및 육체를 가진 모든 생물 사이의 내 언약을 기억하리니 다시는 물이 모든 육체를 멸하는 홍수가 되지 아니할지라"(창 9:13-15).

계시록의 이 문맥에서 무지개는 부가된 중요성을 지닌다. 하나님께서는 지구 전체의 재앙과 관련해서 무지개를 주셨다. 무지개는 이렇게 선언한다. "너는 하나님을 신뢰할 수 있다." 한편 그와 같은 선언은 하나님께서 다시 홍수로 세상을 멸망시키지 않으실 것이라는 것을 신뢰할 수 있다는 것을 의미한다. 무지개는 또한 하나님께서 계시록에 묘사된 최후의 세계적인 대 화재에 관한 그분의 약속을 실행하신다는 것을 신뢰할 수 있다는 것을 의미한다. 하나님께서는 죄 때문에 땅에 살고 있는 사람들을 심판하시고, 그 뒤 곧 이 교활하고 사악한 세상을 불로 멸망시키실 것이다(벧후 3:10). 하나님께서는 그렇게 하시겠다고 약속하셨고 무지개는 하나님께서 그분의 약속을 지키신다는 것을 상기시키는 암시이다.

요한은 보좌에 앉으신 분의 광경에 오랫동안 경탄했음에 틀림이 없다! 우리 가운데 어느 누가 그와 같은 영광으로부터 어떻게 우리의 눈을 뗄 수 있겠는가? 그러나 사도는 그가 본 환상을 기록하도록 명령을 받았다. 그래서 마침내 그는 또 다른 놀랄만한 광경에 이끌려 바라보았다.

"또 보좌에 둘려 이십사 보좌들이 있고 그 보좌들 위에 이십사 장로들이 흰 옷을 입고 머리에 금관을 쓰고 앉았더라"(계 4:4).

이 장로들은 누구인가? 계시록의 소개 구절에서, 요한은 그리스도께서 "그분의 아버지 하나님을 위하여 우리를 왕과 제사장으로 삼으셨다"(계 1:6, KJV)는 것을 특별히 언급한다. 또한 성경은 하나님의 백성들을 "왕 같은 제사장들"로 묘사한다(벧전 2:9). 아마 보좌 주위의 장로들은 신약과 구약시대의 믿는 사람들 가운데 성직자들을 대표할 것이다. 이 결론에 대한 선례는 다윗이 레위인 제사장들을 24반열로 나누고 각 반열로 장로들을 임명했다는 것이다(대상 24:7-19).

요한의 장로들에 대한 묘사는 그들이 구속받은 성도들을 대표한다는 것을 암시하는 세 가지 실마리를 준다. 첫째, 그들은 그들 자신의 자리가 있을 것이다. 사실 하나님의 말씀은 모든 구속받은 성도들에게 "우리가 그분과 함께 통치할 것(딤후 2:12, KJV)"을 약속한다. 둘째, 장로들은 흰옷을 입을 것이다. 계시록의 후반에서 우리는 흰옷은 큰 환란 기간(계 7:13-14)에 그리스도 안에서 구속을 받은 사람들에게 주어지는 의복이 될 것이라는 것을 본다. 셋째, 장로들은 하나님께서 충실한 사람들에게 상으로 약속하신 면류관을 쓸 것이다(딤전 4:8; 고전 9:25; 살전 2:19; 약 1:12; 벧전 5:4).

이어서 요한은 "보좌로부터 번개와 음성과 우렛소리"(계 4:5)가 나는 것을 기록한다. 그와 같은 비유적인 묘사는 성경에서 종종 하나님의 음성과 능력, 곧 흔히 그분의 다가오는 심판의 징후를 묘사하는데 사용되었다. 욥은 "보라 이런 것들은 그의 행사의 단편일 뿐이요 우리가 그분에게서 들은 것도 속삭이는 소리일 뿐이니 그분의 큰 능력의 우렛소리를 누가 능히 헤아리랴"(욥 26:14)라고 말하고 그의 친구들에게 이렇게 물었다. "네가 하나님처럼 능력이 있느냐 하나님처럼 천둥소리를 내겠느냐"(욥 26; 14, 40:9). 또 선지자 사무엘은 이렇게 선언했다. "여호와를 대적하는 자는 산산이 깨어질 것이라 하늘에서 우레로 그들을 치시리로다 여호와께서 땅 끝까지 심판을 내리시고 자기 왕에게 힘을 주시며 자기의 기름 부음을 받은 자의 뿔을 높이시리로다"(삼상 2:10).

보좌 앞에서 요한은 "보좌 앞에서 타고 있는 일곱 등불, 곧 하나님의 일곱 영"(계 4:5)을 보았다. 그는 무엇을 의미했는가? 하나님의 "일곱" 영은 무엇인가? 성경에서 일곱이란 수는 완성 또는 완전함을 묘사한다. 그러므로 하나님의 일곱 영은 성령의 완전한 계시이다. 지금까지 요한은 보좌위에 앉으신 "분"을 성부 하나님과 성자 하나님의 속성으로 묘사했다. 이제 우리는 최후의 심판이 준비되고 있을 때, 성령 하나님께서도 또한 묘사되고 있는 것을 본다.

경외심을 일으키게 하는 묘사는 요한이 "보좌 앞에 수정과 같은 유리 바다가 있는"(계 4:6)것을 봄으로 계속된다. 비록 이 바다의 특징이 여러 가지의 해석에 빠질 수 있다할지라도, 그것은 거의 의심할 여지없이 하나님의 완전한 순수하심과 거룩하심의 상징이다. 아마도 유리 바다는 또한 일종의 보좌 주위의 완충지대로 누구에게나 암시하는 것은 하나님께서는 거룩하시고 어떤 종류의 죄로부터도 완전히 떨어져 계신다는 것을 나타내는 것일 것이다.

하늘의 존재들이 주님께 예배한다

땅의 존재들, 곧 모든 시대의 구속받은 사람들이 그들의 장로들을 통해서 보좌 앞에 나타난다. 그러나 요한은 "보좌 한 가운데," 그리고 "보좌 주위에," 더욱이 하늘의 존재들이 존재하고 있는 것을 주목한다.

흠정역(KJV 성경)은 이와 같은 존재들을 네 짐승들이라고 단정한다. 비록 대부분의 성경 번역본이 "생물들"이라고 하지만, 아무튼 요한은 그들을 아주 이상하게 생각되게 했다! 그들은 아마도 그들의 지식, 지혜, 또는 관찰하는 능력을 상징하는 "앞 뒤에 눈이 가득했다." 그러나 각각의 네 생물은 자신의 독특한 특징이 있었다. 하나는 사자와 같았는데, 고대 세계에서 야생동물들 가운데서 가장 힘이 센 동물로 간주되었다. 둘째는 송아지 또는 황소와 같았는데, 길들인 동물 가운데 가장 힘이 센 동물로 간주되었다. 셋째는 독수리와 같았는데, 모든 새들 가운데 가장 힘이 셌다. 넷째는 하나님의 형상인 사람을 닮았다. 이 생물들이 무엇이든지 하나님께서는 그분을 섬기도록 하기 위해서 그들을 창조하셨다. 요컨대 그들은 에스겔과 이사야가 보았던 그룹과 스랍(치품천사-역주)(겔 10:1-22, 사 6:1-7)의 어떤 특징을 이야기 한다는 것을 배우는 것은 놀라운 일이 아니다. 사실 이사야가 기록한 것처럼, 이 하늘에 있는 존재들이 하는 말은 보좌 위에 앉으신 "분"의 거룩하심에 대한 찬가이다.

"그들이 밤낮 쉬지 않고 이르기를 거룩하다 거룩하다 거룩하다 주 하나님 곧 전능하신 이여 전에도 계셨고 이제도 계시고 장차 오실 이시라 하고 그 생물들이 보좌에 앉으사 세세토록 살아 계시는 이에게 영광과 존귀와 감사를 돌릴 때"(계 4:8하-9).

하늘에 있는 존재들의 예배의 내용을 주목하라. 그뿐인가 이 하늘에 있는 존재들은 그분의 거룩하심, 능력, 영원하심에 대해서 하나님을 찬미할 것이다. 하나님께 "영광"을 돌려드림으로 그들은 그분의 장엄하심에 경의를 표하고 그분의 능력을 인정할 것이다. 하나님께 합당한 존경과 경외심에 기인된 경의를 표함으로, 이 하늘의 존재들은 그분의 가치를 인정할 것이다. 그리고 그분께 감사함으로, 그들은 그들의 창조주이신 하나님께 절할 것이다. 그들의 감사는 하나님의 은혜, 자비, 친절하심, 곧 이와 같은 특성을 그들 자신이 신뢰한다는 것을 인정할 것이다. 아무튼 주님께서는 보좌위에 앉으셔서 영원히 사신다. 누가 영원히 다스리시는 "분"께 반항할 수 있겠는가? 누가 그분보다도 오래 살거나 오래 살아남을 수 있겠는가? 이 하늘의 존재들은 진정한 예배의 좋은 본보기가 된다.

하나님의 백성들이 주님을 예배한다

일단 하늘의 네 존재들이 예배를 드렸다. 이어서 24장로들이 주님께 예배를 드릴 것이다. 그들은 소리를 지르거나 또는 춤을 추지 않는다. 그들은 의식이나 또는 전통에 호소하지도 않는다. 오로지 하나님께 그들의 구원의 은혜를 입고 있는 모든 사람들의 대표자로써 이 장로들은 예배 중에 그들이 느낀 바를 어떻게 나타내고 있는가?

"이십사 장로들이 보좌에 앉으신 이 앞에 엎드려 세세토록 살아 계시는 이에게 경배하고 자기의 관을 보좌 앞에 드렸다"(계 4:10).

24장로들은 그들 자신의 보좌에 앉은 통치자들이라는 사실에 주목하라. 그들은 셀 수 없이 무수한 사람들을 대표한다. 그러나 그들의 지위는 그들에게는 중요하지 않다. 그들 역시 구속받은 사람들이다! 그들은 일제히 하나님 앞에 엎드려 그들의 관(冠)을 그분의 발 앞에 내려놓는다. 관은 상(賞)으로 그들에게 주어졌다. 그러나 주저 없이 그들은 자신들을 위해서는 아무것도 남겨두지 않고 하나님께 모든 감사를 드릴 것이다. 24장로들은 그분의 자비와 사랑이 너무나 감사해서 자연스러운 마음으로 하나님 앞에 겸손한 태도를 취한다. 진정한 예배에 대한 그들의 실례는 우리가 따라야할 진정한 본보기이다.

진정한 예배는 먼저 장로들의 행동에 의해서 입증된다. 그들은 하나님 앞에 엎드려 그분의 보좌 앞에 그들의 관을 벗어 드렸다. 이는 그들의 마음이 옳았기 때문에 그들의 말 또한 진정한 예배의 증거가 될 것이다.

"우리 주 하나님이여 영광과 존귀와 권능을 받으시는 것이 합당하오니 주께서 만물을 지으신지라 만물이 주의 뜻대로 있었고 또 지으심을 받았나이다"(계 4:11).

오로지 하나님만이 하늘 또는 땅의 모든 살아있는 피조물들로부터 최고의 갈채를 받으시기에 합당하시다. 왜 그분만이 갈채를 받으시기에 합당하신 분이신가? 장로들은 두 가지 이유를 제시 한다. 하나님께서는 만물을 "창조하신다." 그리고 그분의 임의대로 만물을 "유지하신다." 하나님께 지음을 받고 유지되는 만물은 그분께 마음에서 우러나오는 감사를 표해야지 않겠는가? 또는 우리가 그분의 거룩하심을 공경해야 하지 않겠는가? 우리가 우리 자신의 만족을 위해서만 살아야 하겠는가?

하나님의 위대하신 보좌 알현실에 대한 요한의 묘사는 주님께서 최후의 진노를 쏟아 부으시기 바로 직전, 이른바 순간 촬영 사진과 같다. 모든 말씀을 하고 끝났을 때, 하나님의 말씀은 이렇게 확언한다. "하늘에 있는 자들과 땅에 있는 자들과 땅 아래에 있는 자들로 모든 무릎을 예수님의 이름에 꿇어야 한다"(빌 2:10). 모든 피조물들은 어느 날 보좌 위에 앉으신 "분"께 예배를 드릴 것이다. 어떤 사람은 너무 늦을 때까지 하나님께서 조건 없이 주시는 구원의 선물을 거절하고 자비를 회피할 것이다. 다른 사람들은 기꺼이 하나님께 예배를 드리고 그들이 구속받은 것에 대해서 감사하고 그들은 목숨이 있는 동안 그분께 계속 진정한 예배를 드릴 것이다. 당신은 어떤 부류의 예배자가 되고 싶은가?

생각할 점

1. 요한 "을 위해" 천국의 문이 열린 것과 그가 천국으로 옮겨진 것이 그 스스로 한 것이 아니었다는 것이 왜 중요한가?

2. 요한이 묘사했던 하나님의 속성과 이 속성의 의미를 설명하라.

3. 당신은 삼위일체 하나님의 완전한 세 인격이 보좌위에 계신다는 것을 어떻게 아는가? 왜 이 사실이 최후의 심판의 시작에 비추어 중요한가?

4. 하늘의 존재들이 어떻게 우리의 예배의 실례가 될 수 있는지 설명하라.

5. 24장로들이 왜 하나님의 발 앞에 그들의 관(冠)을 드렸는가?

24. 진정한 예배는 어린양 앞에 엎드린다

‖ 하늘의 무리들. 계시록 7:9-17

"아무도 능히 셀 수 없는 큰 무리가 나와 흰 옷을 입고 손에 종려 가지를 들고 보좌 앞과 어린 양 앞에 서서 큰 소리로 외쳐 이르되 구원하심이 보좌에 앉으신 우리 하나님과 어린 양에게 있도다 하니"(계 7: 9-10).

나는 세상에서 가장 오래되고 가장 아름다운 몇 교회를 방문하는 특권을 받았다. 치솟은 건물, 그림들과 프레스코화(Prescoes : 갓 칠한 회벽에 수채(水彩)로 그리는 화법-역주), 마호가니(Mahogany : 단향과에 속하는 상록교목-역주) 성가대석, 금을 박아 넣은 강단, 그리고 대리석 제단을 보았다. 나의 마음의 눈으로, 나는 그들이 옛날처럼 건장한 젊은 교회 봉사자, 가창하는 성가대, 그들의 웅대한 배열 속에서 격식을 차린 주교들, 대부분 이런 교회들의 화려한 장관을 볼 수 있다. 이 중에 무엇보다도 특히, 웅대한 오르간은 느끼고 듣는 음악으로 깊이 울리는 공간을 채웠다. 누가 그와 같은 환경에서 이 세상의 걱정거리를 넘어서는 영역, 천국으로 끌리지 않겠는가? 우리는 질문이 당연히 나온다.

이 장면까지도 말세에 하늘에서 "일어날 일들"을 계속 기록할 때 요한

이 증거한 경외심을 일으키게 하는 장대함과 비교가 되지 않는다. 이 계시는 하나님의 바로 그 보좌 알현실에서 시작된다. 그런데 그곳은 불가사이한 하늘의 생물들과 구속받은 사람들 가운데 명예로운 장로들이 그분께 예배를 드릴 것이다(계 4). 마침내 "그분의 진노 하시는 큰 날"(계 6:17, KJV)에, 여섯 가지의 가공할 심판이 세상에 풀어지고 나서 최후의 일곱 봉인에 담긴 심판 전에 숨을 돌릴 것이다. 그 숨을 돌리는 동안에, 요한은 "아무도 능히 셀 수 없는 큰 무리"(계 7:9)들이 보좌 앞에 서서, 감사하는 마음으로 하나님께 예배를 드리는 것을 보았다.

얼마나 장대한 장면인가! 하나님의 보좌 알현실로 들어가는 특권을 받을 이 사람들은 누구인가? 그들이 왜 그분을 공경하고 그분께 대한 그들의 공경이 어떻게 그들의 예배에서 표현될 것인가? 하나님께서는 우리를 교훈하기 위해서 그분의 말씀으로 그들의 실례를 기록하셨다. 우리는 무엇을 배울 수 있는가?

예배의 모습

어떤 사람도 요한이 본 큰 무리를 셀 수 없을 것이다. 그러나 하나님이 큰 무리의 수를 하나씩 셀 수 있으시다는 것을 깨닫는 것은 경외심을 불러일으키지만, 그러나 격려가 된다, 이는 "주께서 자기 백성을 아시기 때문이다"(딤후 2:19). 큰 무리의 헤아릴 수 없는 규모는 우리가 하나님이 아브라함에게 그분의 약속을 끝까지 지키실 것을 뒷받침한다는 것을 깨달을 때 두

배로 위안이 된다. "내가 네게 큰 복을 주고 네 씨가 크게 번성하여 하늘의 별과 같고 바닷가의 모래와 같게 하리니 네 씨가 그 대적의 성문을 차지하리라"(창 22:17).

그러면 큰 무리는 유대 민족인가? 아니다. 이는 큰 무리는 "각 나라와 족속과 백성과 방언에서 나오기 때문이다"(계 7:9). 이와 같이 큰 무리는 유대인들뿐만 아니라, 이방인들도 포함될 것이다. 그러나 천국은 그리스도를 통해서 구속받은 사람들만의 거처이다. 그러면 누가 이 큰 무리를 모으는가? 하나님이 아브라함과 맺으신 언약은 "또 네 씨로 말미암아 천하 만민이 복을 받으리"(창 22:18)라는 약속이 포함되어 있다는 것을 기억하라. 아브라함의 가계(家系)로부터 하나님의 백성들을 구원하기 위해서 메시야가 오시게 될 것이었다. 그럼 누가 그분의 백성인가?

"그런즉 믿음으로 말미암은 자들은 아브라함의 자손인 줄 알지어다…[이는] 아브라함과 그의 씨에게 약속을 하셨기 때문이다. 그분은 "씨들," 곧 많은 사람들에게가 아니라, "한 사람, "그리스도이신 너희의 씨에게," 라고 말씀하셨다, 그렇기 때문에, "만일 너희가 그리스도의 씨라면, 너희는 아브라함의 씨이며, 약속에 따른 상속자들이다"(갈 3:7-9)라고 말씀하셨다.

그 위에 큰 무리의 정체에 대한 또 다른 실마리는 요한이 사람들의 모습을 묘사하는데서 볼 수 있다. 그들은 승리자인 것 같이 보인다, 이는 그들이 "흰 옷을 입었기 때문이다"(계 7:9). 고대 세계에서 흰옷은 흔히 운동 경기나 전투에서 승리한 사람들에게 주어졌다. 더욱이 사람들은 즐거운 축전에서 흔한 관습인 "그들의 손에 종려가지"를 들고 있을 것이다. 하나님은 친히 이스라엘 자손들에게 "종려나무 가지를 들고" 애굽의 속박으로부터 구원받은 것을 기념하라고 가르치셨다. 그리고 "...즐거워하라"(레 23:40)고 그들에게 명령하셨다. 종려가지는 그 밖에 예수님께서 예루살렘으로 승리의 입성을 하시는 의미심장한 모습을 표상하셨다(요 12:13).

요약하면 큰 무리는 그리스도를 믿음으로 아브라함의 약속의 자녀 되어 승리를 거두고 기쁨에 넘치는 축전에 참여하는 유대인들과 이방인들을 포함할 것이다. 요한이 큰 무리들이 "큰 소리로 외쳐 이르되 구원하심이 보좌에 앉으신 우리 하나님과 어린 양에게 있도다 하니"(계 7:10)라고 기록한 것은 당연하다.

어린양은 누구인가? 그분이 오신다는 것을 이사야가 예언을 했는데, 그는 이렇게 선포했다. "여호와께서는 우리 모두의 죄악을 그에게 담당시키셨도다 그가 곤욕을 당하여 괴로울 때에도 그의 입을 열지 아니하였음이여 마치 도수장으로 끌려 가는 어린 양과 털 깎는 자 앞에서 잠잠한 양 같이 그의 입을 열지 아니하였도다"(사 53:6-7). 그분의 등장을 세례 요한이 알렸는데, 그는 이렇게 선포했다. "보라 세상 죄를 지고 가는 하나님의 어린 양이로다"(요 1:29). 그리고 사도 요한은 계시록에 "보좌 사이에... 일찍이 죽임을 당한 것 같은 어린 양이 서있는데"(계 5:6), 그분의 등장에 생물들과 장로들이 이렇게 노래를 할 것이다,

"주께서 그 책을 취하시고 그 책의 봉인을 열기에 합당하시오니 이는 주께서 죽임을 당하사 주의 피로 모든 족속과 언어와 백성과 민족 가운데서 우리를 구속하여 하나님께 드리시고 또 우리를 위하여 우리를 왕과 제사장으로 삼으셨으니 우리가 땅에서 통치하리로다"(계 5:9-10, KJV).

그 뒤 곧 "큰 음성으로" 무수한 천사들의 무리들이 노래로 이렇게 화답할 것이다.

"죽임을 당하신 어린 양은 능력과 부와 지혜와 힘과 존귀와 영광과 찬송을 받으시기에 합당하도다!"(계 5:12).

이 어린양은 예수님이시다. 이는 요한이 이어서 기록한 것이 성경에 예언이 되었기 때문이다: "하늘에 있는 자들과 땅에 있는 자들과 땅 아래에 있는 자들로 모든 무릎을 예수의 이름에 꿇게 하시고 모든 입으로 예수 그리스도를 주라 시인하여 하나님 아버지께 영광을 돌리게 하셨느니라"(빌 2:10-11). 이제 사도 요한에게 이 말씀이 성취된 것을 보는 특권이 주어졌다.

하늘 위에와 땅 위에와 땅 아래와 바다 위에와 또 그 가운데 모든 피조물이 이렇게 말하는 것을 들었다, "보좌에 앉으신 이와 어린 양에게 찬송과 존귀와 영광과 권능을 세세토록 돌릴지어다!"(계 5:13).

슬프게도 셀 수 없는 무리들이, 이것을 알아보는 것이 너무 늦을 것이다. 그들은 생전에 그리스도를 받아들이지 않았지만, 일단 어린양이 모든 사람들이 보도록 보좌에 나타나신다면, 그들은 더 이상 그분을 부인할 수 없을 것이다. 이 시점에서 요한의 기록에서, 하나님의 심판은 겨우 잠시 떠났다 다시 폭발했다. 이어지는 여섯 개의 심판이 있은 후, 땅에 있는 사악한 사람들은 마침내 "산들"에게 이렇게 말할 것이다. "우리 위에 떨어져 보좌에 앉으신 이의 얼굴에서와 그 어린 양의 진노에서 우리를 가리라"(계 6:16).

사악한 사람들의 이 울부짖음은 우리에게 일곱 번째 최후의 심판 앞에서 잠시 멈추고 축전에 집결할 큰 무리를 상기시킨다. 사악한 사람들처럼 강제로 그분의 주재 권을 인정하는 것보다 기쁨에 넘치는 승리로 어린양을 공경하는 것이 훨씬 더 낫다.

그러나 다시, 누가 이 기쁨에 넘치는 큰 무리를 이루는가?

예배자들의 모습

우리는 큰 무리는 유대인들과 이방인들을 포함한다는 것과 그리스도를 믿음으로 아브라함의 약속의 자녀들로 이루어져 있다는 사실을 확증했다. 그러면 이 큰 무리는 모든 시대의 구속받은 사람들을 포함하는가? 아니다. 이는 이 큰 무리가 그 현장에 도착할 때, 교회는 이미 하늘로 휴거(살전 4:13-18, 마 24:36-44)되고 이미 교회들의 대표자로 24장로가 어린양을 예배하고 있을 것이다. 큰 무리의 신원은 요한과의 대화중에 드러난다.

"장로 중 하나가 응답하여 나에게 이르되 이 흰 옷 입은 자들이 누구며 또 어디서 왔느냐?

내가 말하기를 내 주여 당신이 아시나이다 하니 그가 나에게 이르되 이는 큰 환난에서 나오는 자들인데 어린 양의 피에 그 옷을 씻어 희게 하였느니라" (계 7:13-14).

큰 환난 때는 무서울 것이다. 그러나 하나님께서 당신과 나에게 특별한 약속을 주셨다. 우리는 종말이 가까이 왔을 때 걱정하기 보다는 오히려 위로를 얻도록 "하나님께서 우리로 하여금 진노에 이르도록 정하지 않으시고 오직 주 예수 그리스도로 말미암아 구원을 받도록 정하셨다" (살전 5:9, KJV)는 그분의 재보증이 있다. 실로 그리스도께서 요한에게 그분의 계시를 전하셨을 때 그분은 사도에게도 마찬가지로 보증하는 말씀을 하셨다. 예수님께서는 요한이 이루 말할 수 없는 무서운 심판을 막 바라보려던 참이라는 것을 아셨다. 그래서 예수님께서는 요한에게 미리 "네가 나의 인내의 말씀을 지켰은즉 내가 또한 너를 지켜 시험의 때를 면하게 하리니 이는 장차 온 세상에 임하여 땅에 거하는 자들을 시험할 때라" (계 3:10)고 말씀하심으로 그를 안심시키셨다. 본문에서 예수님께서는 그분의 교회에 이렇게 약속하셨다. "이것을 너희에게 이르는 것은 너희로 내 안에서 평안을 누리게 하려 함이라 세상에서는 너희가 환난을 당하나 담대하라 내가 세상을 이기었노라" (요 16:33). 성경은 또한 "우리가 환난 당하는 것도 너희가 위로와 구원을 받게 하려는 것이요 우리가 위로를 받는 것도 너희가 위로를 받게 하려는 것이니 이 위로가 너희 속에 역사하여 우리가 받는 것 같은 고난을 너희도 견디게 하느니라" (고후 1:5)고 우리를 안심시킨다. 그리스도인으로서, 당신과 나는 박해를 겪을 것이다. 그러나 우리는 우리를 위로하시는 분이 계신다는 확신이 있다. 만일 우리가 또한 환난 때 살아있다면, 우리는 큰 환난이 시작되기 전에 하늘로 올려갈 것이다. 그러나 "환난 받는 성도들"은 이런 확신이 없을 것이다.

그러므로 환난 받는 성도들이 그들의 구원을 위해서 어린양께 신뢰를 둘 때, 하늘의 모든 것들이 그들의 예배에 참여할 것이라는 것은 주목할 만하다. 생물들과 장로들과 그리고 천사들이 이들 믿는 사람들이 어떻게 적그리스도의 통치아래서 "하나님의 말씀과 그들이 가진 증거로 말미암아 죽임을 당했는지"(계 6:9)를 볼 것이다. 그들의 증언은 하나님의 성령이 환란 기간에는 세상에 계시지 않는다는 사실에 비추어 보면, 더욱더 주목할 만하다. 하나님에 의해서 전달된 특별한 증언을 통해서(계 7:1-8, 참조), 이들 성도들은 진리의 지식에 이르고 세상에서 상투적인 사탄의 기만을 경멸할 것이다. 그 후 그들은 성령의 내주하시는 도움 없이 그들의 믿음을 지킬 것이다. 하늘의 모든 것들이 그들의 승리의 축제에 참여해서 이렇게 말할 것이다.

"아멘! 찬송과 영광과 지혜와 감사와 존귀와 권능과 힘이 우리 하나님께 세세토록 있을지어다 아멘 하더라"(계 7:12).

천사들까지도 엎드려 예배를 드릴 것이다. 천사들은 결코 구원의 기쁨을 경험하지는 못할 것이다. 그러나 그들은 하나님을 사랑하고 그들 모두가

서로의 창조주께 예배를 드릴 때 구속받은 성도들과 함께 하지 않을 수 없을 것이다. 장로들 또한 엎드려 예배할 것이다. 이는 그들이 개인적으로 하나님의 구원의 은혜를 경험했기 때문이다. 당신과 나 역시, 우리가 환난을 받는 성도들과 그들의 기적적인 구원에 대해서 읽을 때, 어린양의 구원하시는 은혜와 능력에 경이로운 격려를 받아야 한다. 이는 이 성도들이 어린양의 피로 씻음을 통해서 우리와 같은 방법으로 이길 것이기 때문이다.

환난이 우리에게 임하지는 않았지만, 시대의 징조들은 세상의 사건들이 그들의 종국으로 돌진할지도 모른다는 암시를 한다. 성경은 우리에게 배교(살후 2:3), 거짓 가르침, 그리고 불법(마 24:11-12)이 종말이 가까워질수록 증가할 것이라는 것을 말씀한다. 오늘날도 사람들이 구원을 받고 있다는 것은 큰 기적이다. 우리가 그와 같은 소식을 들을 때, 우리는 하늘의 무리들이 기뻐한 것처럼, 같은 큰 기쁨을 느끼고 있는가? 우리는 하나님께서 다른 사람들에게 구원을 허락하셨다는 것을 우리의 마음속으로 기뻐하는가? 우리는 우리의 자신의 구원의 기적에 여전히 경탄하고 있는가? 우리의 경탄이 우리를 어린양께 예배를 드리게 하고, 크고 놀라운 모든 일들을 그분의 덕분으로 보게 하고, 이 사실들을 영원히 단언하게 하는가?

환난 받는 성도들에 대한 요한의 환상은 이 구속받은 무리들에게 일어날 일을 기록함으로 결론을 내린다. 그들은 "하나님의 성전에서 밤낮 하나님을 섬길 것이다"(계 7:15). 그리고 하나님께서는 그들이 필요한 모든 것을 돌보실 것이다.

"그들이 다시는 주리지도 아니하며 목마르지도 아니하고 해나 아무 뜨거운 기운에 상하지도 아니하리니 이는 보좌 가운데에 계신 어린 양이 그들의 목자가 되사 생명수 샘으로 인도하시고 하나님께서 그들의 눈에서 모든 눈물을 씻어 주실 것임이라"(계 7:16-17).

이 성도들의 환경은 그들이 세상에서 경험했던 환경으로부터 극적으로 확실히 바뀔 것이다! 환난 동안에 그들은 사고 또는 파는 것이 허용되지 않을 것이다. 따라서 그들은 굶주림과 목마름을 겪을 것이다. 그들은 광야로 내몰려 거처가 없을 것이다. 그러나 일단 그들은 어린양의 면전으로 들어가면, 그런 모든 환경은 변할 것이다. 그들의 구세주께서 그들을 돌보실 것이다.

예수님께서 당신과 내게 같은 약속을 하셨지 않은가? "수고하고 무거운 짐 진 자들아 다 내게로 오라 내가 너희를 쉬게 하리라"(마 11:28). "내 아버지 집에 거할 곳이 많도다 그렇지 않으면 너희에게 일렀으리라 내가 너희를 위하여 거처를 예비하러 간다"(요 14:2). "모든 눈물을 그 눈에서 닦아 주시니 다시는 사망이 없고 애통하는 것이나 곡하는 것이나 아픈 것이 다시 있지 아니하리니 처음 것들이 다 지나갔음이러라"(계 21:4).

1951년 그녀가 죽을 때까지 연약한 건강 상태를 다년간 견디어낸 위대한 선교사 아미 카미첼(Amy Carmichael)에 대해서 전해진 이야기다. 아미를 문병했던 한 여성이 아미의 허약한 건강에 대해서 말하고 의사가 어떻게 경고했는지를 설명해 주었다. "갑자기 몸을 구부리지 마세요. 그러면 당신은 당장 죽을 수도 있어요." 아미는 신랄하고 번득이는 대답을 했다. "어떤 식으로 당신은 시험을 견뎌내나요?" 천국에 대한 단순한 생각과 어린양이 우리를 위해서 행하신 일에 대한 단순한 생각이 우리 안에 큰 희망을 환기시켜야 한다. 그리고 또한 이런 생각들이 진정한 예배로 그분 앞에 엎드리도록 억눌러야 한다.

생각할 점

1. 당신은 어떻게 아브라함의 자녀가 되었고 하나님께서 아브라함에게 주신 약속의 상속자가 되었는가?

2. 당신은 보좌위에 계신 어린양이 예수 그리스도라는 것을 어떻게 아는가? 그분의 신원에 대해서 성경은 어떤 확증을 주는가?

3. 당신은 보좌 앞에 큰 무리가 "환난 받은 성도들"을 포함한다는 것을 어떻게 아는가? 성경은 어떤 실마리를 주는가?

4. 당신은 구속받은 성도로써 당신이 하늘로 휴거되어 큰 환난을 겪지 않을 것이라는 것을 어떤 이유로 확신할 수 있는가?

5. 그리스도의 재림에 대한 지식이 오늘 당신이 살아가는 방식에 어떤 영향을 주는가? 요한일서 2장 28절-3장 3절과 베드로후서 3장 10-14절을 참조하라.

25. 진정한 예배는 하나님의 승리를 기뻐한다

‖ 장로들. 계시록 11:15-18

"일곱째 천사가 나팔을 불매 하늘에 큰 음성들이 나서 이르되 세상 나라가 우리 주와 그의 그리스도의 나라가 되어 그가 세세토록 왕 노릇 하시리로다 하니 하나님 앞에서 자기 보좌에 앉아 있던 이십사 장로가 엎드려 얼굴을 땅에 대고 하나님께 경배하여"(계 11:15-16).

유 에스 에이 투데이(USA Today)지가 처음 가판대를 출시했을 때, 비 평가들은 그것을 간이 식품과 같은 신문, 곧 맥페이퍼(Macpaper : 페스트푸드 신문이라고도 부르며, 뉴스보도 중심의 점차 가벼운 주제와 사진의 컬러화, 만화 등 으로 가볍게 처리되는 경향이 있다-역주)라고 불렀다. 투데이지는 물론 신문의 컬러화와 간결한 기사를 기준으로 정했다. 왜 오늘날 유 에스 에이 투데이 지가 미국 신문 잡지계(界)의 표준이 되었는가? 미국인들은 지난 2세기동안 텔레비전에 길들여져 왔기 때문에, 대충 훑어보기에 아주 선명하고 손쉽게 정보를 처리하는 것에 익숙해져 있다. 오늘날의 신문과 잡지는 이 새로운 현실에 순응한지 오래 되었다. 사실 인터넷이 "양 방향" 대중매체의 개념으 로 도입되었기 때문에, 사실 몇몇 미래학자들은 텔레비전과 신문과 같은 일 방적인 대중매체가 궁극적으로 살아남을 수 있을지에 호기심을 갖는다.

텔레비전과 대중매체는 또한 주일 날 회중들에게 영향을 미쳤다. 설교를 한 시간 반 이상 계속하는 설교자, 또는 그의 회중을 늦게 까지 계속 붙드는 설교자에게는 화 있을 진저! 100년 전 무디(D. L. Moody : 조나단 에드워즈와 더불어 미국 역사상 가장 위대한 복음 전도자로 기억되고 있다-역주)와 빌리 썬데이(Billy Sunday : 19세기 미국의 복음 전도자-역주)는 능변으로 회중을 수 시간 동안 붙들 수 있었다. 그러나 오늘날 대부분의 신앙이 두터운 미국 그리스도인들까지도 한 시간 이상 계속 앉아 있는 것을 괴로워할 것이다.

우리의 교회가 몇 년 전에 새로운 건물을 지었을 때, 나는 강단으로 연결하는 컴퓨터 포트(Computer port : 컴퓨터와 외부장치 사이에 이동되는 통로로 컴퓨터와 주변 장치를 연결하기 위해 사용하는 연결 부분-역주)와 머리위에 파워 포인트(Power point : 미국 마이크로소프트사가 개발한 프리젠테에션용 도표 따위의 작성 소프트웨어-역주) 프로젝트를 설치했다. 이제 내가 주해 설교(성경 본문의 뜻을 알기 쉽게 풀이하는 설교-역주)를 할 때, 우리 성도들은 그들의 이해를 돕는 내 뒤 화면에 있는 성경 본문 개요를 주시할 수 있다. 때로는 그들의 이해를 높이기 위해서 나는 가르치는 구절과 관련된 그림 또는 지도를 포함한다. 이와 같은 접근이 시대에 뒤떨어진 방법이 아닐지도 모른다. 그러나 미국인들은 정보를 시각적으로 처리하는데 익숙해져 있다. 그래서 오늘날의 소프트웨어(컴퓨터 프로그램의 총칭-역주)는 설교자까지도 효과적인 설명을 준비하기 쉽게 만든다.

그러나 나는 어딘가에 선을 그어야만 하는 가를 안다. 나의 설교에 비디오 클립(Video clip-영상 장면-역주) 또는 사운드 바이트(Sound bite-방송용으로 발췌한 짧은 어구-역주)를 포함하는 것이 그것을 훨씬 더 어렵지 않게 할 것이다. 또한 회중으로부터 질문을 받거나 또는 회중과 "대화"를 조장하는 방식으로 고백을 요구하는 것은 어렵지 않을 것이다. 그러나 우리가 언제 설교에서 상황으로, 주해에서 검토하는 것으로 전환하는가? 우리의 접근 방식이 얼마나 오늘날 메시지로부터 의미를 끌어내는 사람들이 적절하게 알아볼 수 있는 방법이며, 성경에 주의가 나태한 사람들에게 얼마나 자극이 되는가?

만일 예배에 대한 적당한 경계선에 머무르는 것이 부정확한 인간의 판단을 필요로 한다면, 그 다음에 어느 한 쪽 방향에 잘못이 일어날 수 있고 일어나는 것은 당연하다. 한편 교회들은 사람들이 예배를 드려야할 분에 대한, 적은 이해로 얻은 전례들(Liturgies : 교의 또는 관례에 따라 규정된 공적 장소에서 드리는 예배 의식-역주)과 의식 절차들(Rituals)에 집착할 수 있다. 다른 한편으로는, 관련성을 찾는 것은 설교자들과 회중들에게 예배를 어느 정도는 오락 그리고 감정과 결부 짓도록 이끌 수 있다. 만일 하나님의 사람이 고지식하게 강단에 서서 전능하신 하나님의 비길 데 없는 기적들을 털어놓았다면, 많은 사람들은 혼란스럽거나 또는 지루했을 것이다. 피할 수 없는 결말은 결국 많은 사람들은 하나님보다 인간의 조작에 의해서 더 영향을 받게 된다는 것이다.

만일 당신과 내가 참으로 구속을 받았다면, 어떤 방법으로라도 우리는 하나님께서 우리를 위해서 행하신 일에 겸손해야만 한다. 만일 우리가 참으

| 하나님이 받으시는 진정한 예배

로 우리를 향하신 그분의 은혜와 자비를 이해한다면, 주의를 집중하는 시간이 짧은 것이 어떤 문제를 일으키지는 않을 것이다! 계시록은 특히 우리를 위해서 역사하시는 하나님의 선명한 모습을 우리에게 제시한다. 이는 이 책이, 사실 하나님의 책의 마지막 장, 곧 우리에게 이야기가 어떻게 끝나는가를 알도록 하는 마지막 장이기 때문이다. 이제 우리의 공부가 세상을 향해서 하나님께서 마지막 쏟으시는 일곱 번째 진노로 향할 때, 우리는 분명하게 주님께서 그 시대에 대한 그분의 계획을 마치는 마지막 단계를 취하고 계시는 것을 본다. 이때에 하늘에 있는 사람들은 죄와 사탄에 대한 그분의 완전한 심판을 증언하고 나서 하나님께서 그분의 충실한 종들을 어떻게 보답하시는지를 지켜볼 것이다. 이런 장면들은 구속받은 사람들을 겸손한 예배로 머리를 숙여 앞으로 나가게 할 것이다. 나는 거기에 있기를 고대한다! 그러나 하나님께서 이미 이러한 것들에 대한 지식을 우리에게 드러내셨기 때문에, 우리가 그분께서 행하신 크신 일에 대해서 오늘날은 그분께 예배를 드리지 않아도 되는가?

예고

땅위에 처음 여섯 개의 심판이 어린양이 처음 여섯 개의 봉인된 책, 또는 두루마리를 펼치실 때, 일어날 것이다. 그러나 그분이 일곱째 인을 떼실 때, 특이한 일이 일어날 것이다. 일곱 천사들이 앞으로 나오고 그들의 잇따르는 나팔 소리가 전하는 것은 앞의 "여섯 봉인 심판"보다 훨씬 더 심각한 심판에 대해서 소개할 것이다. 하나씩 "나팔 심판"이 펼쳐진다. 하늘의 모든 성도들과 장로들, 네 생물들과 큰 천사의 무리들이 유례없는 하나님의 무시무시한 능력과 진노가 나타나는 것을 증언할 것이다. 그때, 마침내, 누구든지 그 때는 일곱 나팔이 죄와 죄인들을 향해서 하나님께서 최후로 공격하시는 것을 예고하기 위해서 시작되었다는 것을 안다. 그러나 나팔 소리는 예고를 동반할 것이다.

"일곱째 천사가 나팔을 불매 하늘에 큰 음성들이 나서 이르되 세상 나라가 우리 주와 그의 그리스도의 나라가 되어 그가 세세토록 왕 노릇 하시리로다"(계 11:15).

물론 이 구절은 헨델의 "메시야" 가운데 장엄한 "할렐루야" 합창의 영감을 받은 구절이다. 그러나 하늘의 무리 사이에서 이 예고는 그 장엄한 합창보다 훨씬 더 큰 반응을 이끌어 낼 것이다. 이 예고는 곧 세상 나라들이 그리스도께 되돌려 지는 것, 곧 모든 피조물들이 고대하고 있는 "바로 그" 예고이다! 아담과 하와가 처음으로 하나님이상으로 사탄을 신뢰한 이후로 이 예고의 순간까지, 이 세상 나라는 적의 지배아래 있었다. 예수님께서도 사탄을 "이 세상의 통치자"(요 14:30, KJV)라고 선언하셨고 요한은 온 세상이 "악한 자의 지배 아래 있다"(요일 5:19)고 단언했다. 사탄이 "천하만국과 그 영광을 주님께 보여 주면서 만일 내게 엎드려 경배하면 이 모든 것을 네게 주리라"(마 4:8-9)라고 그리스도를 시험했을 때, 허풍을 떤 것이 아니다. 세상 나라는 사탄의 수중에 빠져 있다.

우리는 예수님께서 사탄의 제의에 굴복하지 않으시고 그분의 아버지의 때를 기다리는 선택을 하셨다는 것이 얼마나 감사할 일인가! 예수님께서는 훨씬 더 심한 시련, 곧 모든 피조물들이 그분의 희생을 통해서 구속을 받을 수 있도록 하기 위해서 십자가의 시련을 계속 견뎌내셨다. 이제 계시록은 하나님의 최후의 구속하시는 일은 세상 나라를 합법적인 왕께 돌려드리는 것을 포함할 것이라는 진리를 드러낸다. 물론 그리스도께서는 지금도 영적인 왕국을 다스리고 계신다. 그러나 최후의 구속의 과정에 주님께서는 왕 중의 왕으로 복위하실 것이다. 성경은 이 세상의 문자 그대로의 나라들은 당연히 이 왕 중의 왕께 속한다는 것을 선언한다. "땅과 거기에 충만한 것과 세계와 그 가운데에 사는 자들은 다 여호와의 것이로다"(시 24:1). 하나님께서는 이렇게 선포하셨다.

"내가 나의 왕을 내 거룩한 산 시온에 세웠다 하시리로다 내가 여호와의 명령을 전하노라 여호와께서 내게 이르시되 너는 내 아들이라 오늘 내가 너를 낳았도다 내게 구하라 내가 이방 나라를 네 유업으로 주리니 네 소유가 땅 끝까지 이르리로다"(시 2:6-8).

옛 선지자들 또한 이 진리를 선포했다. 다니엘은 이렇게 기록했다. "이 여러 왕들의 시대에 하늘의 하나님께서 한 나라를 세우시리니 이것은 영원히 망하지도 아니할 것이요 그 국권이 다른 백성에게로 돌아가지도 아니할 것이요 도리어 이 모든 나라를 쳐서 멸망시키고 영원히 설 것이라"(단 2:44). 마찬가지로 "여호와께서 천하의 왕이 되시고 그 날에는 여호와께서 홀로 한 분이실 것이요 그분의 이름이 홀로 하나이실 것이라"(슥 14:9)는 것이 스가랴에게 계시되었다.

주의를 끄는 것은 계시록이 미래의 사건들을 서술함에도 불구하고, 세상 나라들이 그리스도께 되돌려질 것이라는 예고는 "과거" 시제로 되어 있다. 문법까지도 완전한 구속이 하나님의 계획에 따라서 일어날 것이라는 절대적인 확실성을 강조한다!

어떤 사람들은 오늘날 이 전능하신 하나님께서 계시는 곳을 의심한다. 그들은 그분에 대한 많은 증거를 이해하지 못하는 것 같다. 그들은 주님께서 약속하신 대로 오지 않으시는 이유를 묻고 하나님의 참으심을 무력하다고 간주한다. 베드로는 이 문제를 그의 두 번째 편지에서 제기하고, "먼저 이것을 알지니 말세에 조롱하는 자들이 와서 자기의 정욕을 따라 행하며 조롱하여 이르되 주께서 강림하신다는 약속이 어디 있느냐 조상들이 잔 후로부터 만물이 처음 창조될 때와 같이 그냥 있다"(벧후 3:3-4)고 할 것이라는 것을 명백히 한다.

그럼에도 불구하고 말씀으로 세상을 존재하게 하신 하나님께서 "그 동일한 말씀으로 불사르기 위하여 경건하지 아니한 사람들의 심판과 멸망의 날까지 보존하여 두신 것이다"(벧후 3:7). 하나님께서는 누군가의 생각과 관계없이 능력이 강하신 분이시다. 하나님께서 그분의 강하신 능력을 나타내신다는 예고는 그분을 신뢰하는 사람들에게는 기쁜 소식이다. 그러나 그것은 또한 훈계이다. "그러므로 사랑하는 자들아 너희가 이것을 바라보나니 주님 앞에서 점도 없고 흠도 없이 평강 가운데서 나타나기를 힘쓰라"(벧후 3:14).

반응

오늘날 신학자들과 학자들까지도 문자 그대로의 취후의 심판에 대한 생각을 지우려고 하는 것이 유행이다. 정말로 많은 사람들은 사랑의 하나님께서 아무도 영원한 고통을 받도록 누군가에게 유죄 판결을 내리실 수 없다고 주장한다. 그와 같은 엄격한 처벌은 전혀 공평하지 않을 것이다. 그것은 본래부터 불공평한 것이 될 것이다. 모든 종교의 사람들은 진정으로 그들 자신의 방법으로 하나님께 다가가려고 힘을 쓰고 있다. 그분은 반드시 그 사실을 인정하셔야만 한다. 어떤 사람도 그 진리의 독점권을 주장할 수 없다. 어떤 그리스도인도 다른 사람들이 영원한 고통 속에 있는 것을 알면서 천국에서 기뻐할 수 없다.

그러나 계시록은 천국에 있는 사람들이 세상에 대한 하나님의 최후의 심판과 합법적인 통치자께 세상 나라들을 되찾아드리는 것에 대해서 어떻게 반응을 나타낼 것인가에 대해서 서술한다. 하나님의 보좌 앞에서 구속받은 사람들을 대표하는 사람들에 대해서 계시록은 이렇게 기록되어 있다.

"하나님 앞에서 자기 보좌에 앉아 있던 24 장로가 엎드려 얼굴을 땅에 대고 하나님께 경배하여 이르되 감사하옵나니 옛적에도 계셨고 지금도 계신 주 하나님 곧 전능하신이여 친히 큰 권능을 잡으시고 왕 노릇 하시도다"(계 11:16-17).

장로들은 실제로 일어나고 있는 일을 알고 있는가? 그들은 하나님께서 실현하실 대규모의 심판 때문에 죽어서 영원히 정죄를 받게 될 무수한 사람들에 대해서 감사하고 있는가? 그렇다. 이는 계시록이 장로들이 "이방들이 분노하매 주님의 진노가 내려 죽은 자를 심판하시며...또 땅을 망하게 하는 자들을 멸망시키실 때"(계 11:18)를 알고 있다는 것을 확증하기 때문이다. 그러면 왜 장로들이 감사를 표했는가? 이는 그들은 하나님을 알뿐만 아니라, 그분의 일에 대해서 알고 있었기 때문이다.

주목하라. "이방들이 분노"했다. 구약시대에도 다윗은 "... 이방 나라들이 분노하며 민족들이 헛된 일을 꾸미고 세상의 군왕들이 나서며 관원들이 서로 꾀하여 여호와와 그분의 기름 부음 받은 자를 대적하는 것"(시 2:1-2)을 보고 놀랐다. 세상은 항상 하나님께 분노했다! 하지만 하나님께 속한 인간의 선천적인 자의식이, 사도 시대, 곧 성령의 사역이후로, 악한 사람들의 최고조의 무모함을 다소 억눌렀다. 그러나 큰 환난 기간에 그들의 분노는 더 이상 억누르지 못할 것이다. 세상은 세상의 죄에 대한 그분의 최고조의 심판 때문에 하나님께 대한 그들의 극한 분노를 드러낼 것이다.

예를 들면, 하나님께서 복음을 전파하도록 두 증인을 임명하셨을 때,

세상은 그들의 죽음을 찬양하고 "그 시체를 사흘 반 동안을 보며 무덤에 장사하지 못하게 하고... 땅에 사는 자들이 그들의 죽음을 즐거워하고 기뻐하여 서로 예물을 보낼 것이다"(계 11:9-10). 사실은 이 두 복음의 증인에 대한 그들의 격렬한 증오는 물론 하나님과 그들의 죄에 대한 그분의 심판에 대한 반감이다. 이 반감은 하나님께 대한 전면전으로 전개될 것이다. 하나님께서는 예루살렘과 싸우도록 모든 민족들을 모으심으로 세상의 증오를 받아들이실 것이다(슥 14:2). 문자 그대로의 싸움이 일어날 것이다. 그러나 그 싸움의 결과는 결코 의심할 여지없이 우리 주님께서 승리하실 것이다(계 19:11-12).

큰 환난으로, 하나님과 그리스도를 받아들이지 않았던 세상은 마침내 세상의 진정한 본성을 보여줄 것이다. 세상의 최후의 멸망 때에 장로들은 그들의 승리하신 주님께 감사를 드리며 예배를 드릴 것이다. 아무도 이 시점에서, 그리스도인이 다른 사람들이 지옥에서 고통을 당할 때, 어떻게 천국에서 기뻐할 수 있는지에 대해서 이의를 제기하지 않을 것이다. 실로 장로들이 하나님 앞에 엎드려 그분께 예배를 드릴 때, 그들은 다음과 같은 지식으로 그렇게 할 것이다.

"이방들이 분노하매 주님의 진노가 내려 죽은 자를 심판하시며 종 선지자들과 성도들과 또 작은 자든지 큰 자든지 주님의 이름을 경외하는 자들에게 상주시며 또 땅을 망하게 하는 자들을 멸망시키실 때로소이다"(계 11:18).

모든 사람들은 선하든 악하든 하나님께 당연히 받아야 하는 것이 있을 것이다. 사실 이 진리는 성경에서 적어도 34번 명백하게 확인된다. 되풀이 해서 하나님께서는 그들이 행한 것에 대해서 모든 사람들에게 갚을 것을 약속하신다. 하나님의 어린양을 경멸하고 그들의 죄로 멸망을 선택한 사람들은 하나님의 최후의 판결에 항의를 제기할 것이다. 이는 "죽은 자들이 자기 행위를 따라 책들에 기록된 대로 심판을 받았기 때문이다"(계 20:12). 심판은 또한 생전에 하나님의 자비와 어린양의 속죄의 희생에 의지하는 사람들에게도 닥칠 것이다. 그러나 그들의 심판은 유죄선고 보다는 오히려 상급을 위한 것이 될 것이다(고후 5:10; 고전 3:13-15).

이십사 장로들은 주님의 승리를 기뻐하면서 하나님께 예배를 드릴 것이다. 당신과 나는 마찬가지로 하나님의 다가오는 승리를 기뻐하고 있는가? 하나님께서 죄를 심판하시고 합법적인 통치를 회복시키실 것이라는 생각이 우리에게 그분의 크신 능력 앞에 감사를 드리고 엎드리게 하는가? 하나님의 말씀은 우리에게 말세에 그분의 일에 대해서 놀랍게도 자세하게 밝힌다. 만일 우리의 예배가 참되다면, 그것은 하나님께서 그분의 구속의 계획을 완성하시기 위해서 그분께서 "행하신 일"과 "행하실 일"에 대한 지식을 예증할 것이다.

생각할 점

1. 세상 나라가 왜 그리스도께 "되돌려져야" 하는가? 당신은 사탄이 오늘 날 세상의 통치자라는 사실을 어떻게 아는가?

2. 만일 사탄이 오늘날 세상 나라의 통치자라면, 그 사실이 당신이 오늘날 그리스도인으로서 사는 방식에 어떤 영향을 주는가?

3. 세상 나라가 그리스도께 되돌려질 것이라는 확실한 사실이 오늘날 당 신이 그리스도인으로 사는 방식에 어떤 영향을 주는가?

4. 당신은 오늘날 세상이 과거에 항상 있었던 것처럼, 오늘날도 계속된다 는 것을 지적하면서 취후의 심판에 대한 생각을 비웃는 사람들에게 어 떻게 반론하겠는가?

5. 당신은 사람들이 최후의 심판이 무섭고 불공평하다고 말하기 때문에, 최후의 심판에 대한 생각을 떨쳐버리는 사람들에게 어떻게 대처하겠는 가?

26. 진정한 예배는 하나님의 찬양한다

‖ 고난받은 성도들. 계시록 15:1-4

"주여 누가 주님의 이름을 두려워하지 아니하며 영화롭게 하지 아니하오리이까 오직 주님만이 거룩하시나이다 주님의 의로우신 일이 나타났으매 만국이 와서 주님께 경배하리이다" (계 15:4).

조나단 에드워드(Jonathan Edwards)는 18세기의 탁월한 설교자로 미국이 낳은 가장 저명한 신학자로 예나 다름없이 널리 존경을 받는다. 무엇보다 중요한 것은 그의 말씀 연구는 하나님께 대한 깊은 지식으로 그를 몰아갔고 그분과 친밀한 관계에 이르도록 했다. 슬프게도 에드워드 시대 이후로 많은 신학자들은 그들 자신의 학식으로 오만하게 되어서 하나님으로부터 떨어져 나갔다. 그들과 대조적으로, 요나단 에드워드는 하나님의 말씀을 알면 알수록, 그 말씀의 저자께 더 가까이 이끌렸다.

비록 하나님께서 에드워드를 미국의 강렬한 부흥의 불을 붙이도록 사용하셨지만, 그의 회중들은 그를 그들의 강단에서 내쫓아 냈다는 것은 교회사 가운데 가장 예상외의 결과 가운데 하나이다. 왜 그런가? 이는 성경에 복종함으로, 그는 회개와 고백 없이 죄를 저지르는 것을 부끄럽게 여기지 않는 사람들에게서 성찬 상을 보호하려고 애를 썼기 때문이다.

예나 지금이나 사람들은 그들의 죄가 지적을 받을 때, 불쾌해 한다. 그들은 하나님의 심판과 임박한 진노에 대해서 말하는 것을 언짢게 생각한다. 우리는 그와 같은 것들에 대해서 생각하기를 좋아하지 않는다. 우리는 단지 그분이 아주 좋은 분이시기 때문에 그분의 은혜를 받을 가치가 없는 사람에게 좋은 일을 행하시는 분, 곧 친절하시고 인자하신 하나님을 좋아한다. 우리는 그분의 정에 약한 면으로 가까이 오시는 멋진 하나님을 원한다. 요나단 에드워드는 그의 설교에서 하나님의 아주 다른 모습을 제시했다.

하나님의 진노는 오늘날을 위해서 둑을 쌓은 큰물과 같다. 출구가 생길 때까지 물은 점점 더 불어나서, 더욱 더 높아진다. 물이 채워질 때까지 점점 더 높아진다, 물이 일단 압력을 못이겨서 둑이 무너질 때, 물의 수로는 더 빠르고 강력하다. 만일 하나님께서 수문으로부터 바로 그분의 손을 빼신다면, 수문은 즉각 확 열려서 하나님의 맹렬함과 진노의 불같이 격렬한 홍수가 상상할 수도 없는 격노로 덮쳐서, 전능하신 능력으로 당신에게 임할 것이다. 그리고 만일 당신의 힘이 되는 것이 실로 지옥에 있는 마귀의 완강하고 억센 힘보다 만 배 이상이라도, 그것을 버티고 견딜 아무 것도 없을 것이다.

성경은 세상이 죄를 너그럽게 봐주고 불법적인 행위를 법에 따라 처벌하지 않는 신(神)을 어떤 다른 곳에서 찾으려고 한다는 것을 확증한다. 하나님께서는 사랑이시다. 하나님께서는 자비로우시다. 하나님께서는 은혜로우시다. 그러나 하나님께서는 또한 공의로우시다. "이는 하나님께서 범죄한 천사들을 용서하지 아니하시고... 옛 세상을 용서하지 아니하시고 오직 의를 전파하는 노아와 그의 일곱 식구를 보존하시고...주님께서 경건한 자는 시험에서 건지실 줄 아시고 불의한 자는 형벌 아래에 두어 심판 날까지 지키게 하셨기 때문이다"(벧후 2:4-9). 죄에 대한 하나님의 진노는 고조되고 있다. 그것은 그분을 거절하는 완고한 반역자들에게 쏟아질 때까지 계속 고조될 것이다.

우리의 영혼에 무언가는 죄에 대한 그분의 노한 심판을 쏟아 부으시는 하나님의 모습을 예배의 개념에서 분리해서 생각하기를 원한다. 하지만 계시록은 구속받은 성도들이 죄인들에 대한 그분의 진노하심에 대해서 그분을 찬양하면서 예배 중에 이분 하나님 앞에 엎드리는 것을 나타낸다. 진정한 예배는 하나님께서 죄에 대해서 진노하신다는 것을 인정하고 죄에 대해서 그분의 당연한 보응으로 갚으시는 것을 찬양한다.

하늘의 이적

계시록 15장이 펼쳐질 때, 요한은 하나님께서 그에게 "하늘에 크고 이상한 다른 이적"(계 15:1)을 보도록 하셨다고 기록한다. 하나님께서 역사를 통해서 인간의 주의를 끄시기 위해서 이적을 자주 사용하셨다. 예를 들면 하나님께서는 애굽의 속박에서 그분의 백성들을 구원하시겠다는 약속하셨을 때, 모세에게 불타는 떨기나무의 이적을 주셨다. 하나님께서는 또한 미디안에게서 그분의 구원의 약속을 실증하시기 위해서 불로 기드온의 제물을 태우셨을 때, 그에게 이적을 주셨다.

이와 같은 이적들은 신약에서는 일반적으로 행해지지 않았다. 사실 그와 같은 이적을 언급하는 말씀은 오직 계시록에만 나타난다. 두 이적이 12장에서 서술되어 있고 마지막 이적은 15장에 서술되어 있다. 그러나 요한은 이 마지막 이적을 크고 이상한 이적으로 묘사했기 때문에, 우리는 그것이 아주 주목할 만한 것을 지적한다는 결론에 도달해야만 한다. 요한이 본 것은 불타는 떨기나무가 아니라, 오히려 마지막 일곱 재앙을 가진 "일곱 천사들이다. "또 내가 하늘에서 크고 놀라운 다른 이적을 보니 일곱 천사가 마지막 일곱 재앙을 가졌더라 이는 하나님의 진노가 이 재앙들 안에 가득 채워져 있기 때문이라"(계 15:1, KJV). "가득 채워졌다"는 것은 "기간이 찼다"는 것을 의미하며 마지막 멸망을 가리킨다. 그러므로 일곱 천사들의 이 크고 놀라운 이적은 사악한 세상에 마지막 쏟아져 나오는 하나님의 진노를 소개한다.

요한이 여기서 하나님의 진노에 대하여 기록할 때, 그가 내면의 분노를 밖으로 나타내는 것을 내포하는 헬라어를 사용한 것은 의미심장해 보인다. 일반적으로 "진노"라는 말은 천천히 마음속으로 끓어오르는 분노를 암시한다. 그러나 이 경우에 하나님의 진노는 말씀과 행동으로 그 분노가 밖으로 나타나는 것을 묘사한다. 죄는 참으로 하나님을 분노하시게 한다. 그래서 성경은 이 사실을 되풀이해서 기록한다. 발람의 완고함 때문에 "하나님의 진노를 자극했다"(민 22:22). 모세는 이스라엘 자손들에게 우상을 피하라고 경고했다. 이는 우상을 숭배하는 것은 "주 하나님 앞에서 악을 행하므로 그분의 분노를 일으키는 것이기 때문이다"(신 4:25, KJV). 이스라엘 자손들은 우상을 피해야 했다. "너희의 하나님 여호와께서 네게 진노하사 너를 지면에서 멸절시키실까 두려워하노라"(신 6:15).

하나님의 분노가 사람들을 향하여 나타난 것을 이해하는 것은 중요하다. 다윗이 사람들이 죄를 저지르고 벌을 교묘히 면할 수 있는지("그들이 죄악을 면할 수 있을까?")를 알고 싶어 했을 때, 하나님께서 그에게 그 답을 이렇게 기록하도록 영감을 주셨다. "그들이 악을 행하고야 안전하오리이까 하나님이여 분노하사 뭇 백성을 낮추소서"(시 56:7). 예수님께서는 "아들을 믿는 자에게는 영생이 있고 아들에게 순종하지 아니하는 자는 영생을 보지 못하고 도리어 하나님의 진노가 그 위에 머물러 있느니라"(요 3:36)고 가르치셨을 때, 이 진리를 확언하셨다. 또 하나의 신약의 구절은 "하나님의 진노가 불의로 진리를 막는 사람들의 모든 경건하지 않음과 불의에 대하여 하늘로부터 나타나나니"(롬 1:18)라고 경고한다.

죄는 하나님을 분노하시게 하고, 그분은 실제로 사람들에게 심판으로 그 분노를 나타내신다. 그러나 또한 죄에 대한 하나님의 분노는 쌓이고 있는 것은 사실이다. "다만 네 고집과 회개하지 아니한 마음을 따라 진노의 날곧 하나님의 의로우신 심판이 나타나는 그 날에 임할 진노를 네게 쌓는도다"(롬 2:5). 그렇게 하는 것이 우리에게 하나님의 진노를 쌓는 것인데도, 계속 죄를 짓는 것은 얼마나 어리석고 완고한가!

하나님께서는 그분의 때를 기다리시고 계시지만, 사람들은 그들의 죄를 교묘히 모면했다고 생각한다. 그러나 "만일 하나님께서 기꺼이 그분의 진노를 보이시고 그분의 능력을 알게 하고자 멸하기로 준비된 진노의 그릇들에게 심히 오래 참으심으로 인내하셨을지라도 무슨 말을 하겠는가?" (롬 9:22, KJV). 자신의 죄를 고집하고 하나님을 비웃는 사람에게 하나님의 말씀은 이렇게 말씀한다. "너희가 길 가는 사람들에게 묻지 아니하였느냐 그들의 증거를 알지 못하느냐 악인은 재난의 날을 위하여 남겨둔 바 되었고 진노의 날을 향하여 끌려가느니라" (욥 21:29-30).

오늘 날 미국 교회에서 일반적인 관행은 죄를 경시한다. 이와 같은 견해는 동시에 우리의 예배에 반영된다. 우리는 활기에 넘치는 그리스도인의 삶을 살기 위해서 우리의 자긍심의 진가를 주장해야만 한다는 것을 믿는다. 자주 우리는 "당신이 당신 자신을 사랑하지 않는다면, 당신의 이웃을 당신처럼 사랑할 수 없다!" 는 격언을 듣는다. 시대에 뒤진 불과 유황에 관한 설교는 눈살을 찌푸리게 한다. 그것은 지적인 청중을 모욕하고 좌절을 느끼게 해서 그들을 교회로부터 내 쫓는 것이다. 그들은 그것을 듣기를 원치 않는다!

그러나 계시록은 하나님의 진노가 다가오고 있다는 것을 기록한다. 마지막 재앙으로 풀릴 일곱 재앙(일곱 대접 재앙-역주)은 혐오감을 일으키는 종기(계 16:2), 바다와 맑은 물이 피로 변하는 것(계 16:3-4), 뜨거움과 불(계 16:8), 어둠과 고통(계 16:10), 아마겟돈 전쟁을 위해서 큰 유브라데 강을 마르게 하는 것(계 16:12), 그리고 역사상 최악의 지진과 해일(계 16:18)을 포함한다. 요한은 이 심판이 "궁극의 목적"이라고 말한다. 이 말은 예수님께서 "다 이루었다"고 십자가위에서 말씀하셨던 그 말씀이다. 그 다음에 일곱 천사의 큰 이적은 하나님의 분노의 완전한 분량을 채우고 있다. 사람들은 그 날에 하나님으로부터 숨으려고 힘쓸 것이다. 그러나 하나님께서는 그분의 진노가 사악한 사람들에게 완전히 바닥이 날 때 까지 그치지 않으실 것이다.

하늘의 노래

요한이 일곱 천사가 하나님의 진노로 가득 찬 대접들을 붙잡고 있는 것을 본 후, 그는 이렇게 기록했다.

"또 내가 보니 불이 섞인 유리 바다 같은 것이 있고 짐승과 그의 우상과 그의 이름의 수를 이기고 승리한 자들이 하나님의 하프를 가지고 유리바다 위에 섰더라"(계 15:2, KJV).

요한은 하나님의 보좌를 둘러싸고 있는 하늘에 있는 같은 종류의 바다에 대해서 기술한다(계 4:6). 두 경우에 우리는 이 바다들의 수정 같은 특질은 죄로부터 순결을 의미한다는 결론을 내려도 좋다. 만일 그렇다면, 이 유리 바다는 환란 가운데서 구속받은 사람들이 하나님 앞에 서기에 적합한 곳이 될 것이다. 바다는 또한 "불로 뒤섞여" 있는 데, 그들이 불같은 시련을 통해서 다다를 수 있다는 사실을 묘사한다. 적그리스도와 그의 앞잡이들이 자신들을 "따르지 않는 사람들"을 죽이고, 편협하고, 완고하고, 이설을 받아들이지 않는 종교를 지배하여 최후의 승리를 주장할 것이다. 하지만 이러한 성도들의 순교는 실제로 그들의 승리로 끝날 것이다! 같은 방법으로, 사탄은 그리스도께서 십자가에 못박히셨을 때, 그가 승리를 했다고 생각했다. 그러나 그는 틀렸다. 이는 그리스도의 죽으심은 우리의 죄에 대한 그분의 승리이며, 그 승리를 통해서 우리가 또한 구원을 받았기 때문이다.

이 환난 받은 성도들이 "하나님의 거문고를 가지고" "모세의 노래"와 "어린양의 노래"(계 15:2-3)를 부르기 시작하는 것은 이상할 게 없다. 우리는 어린양의 노래가 비록 그것이 의심할 여지없이 그분의 희생에 대해서 그리스도를 찬양하는 노래일지라도, 어린 양의 노래가 무엇인지 모른다. 그러나 모세의 노래는 성경에 전례(典例)가 있다. 이 "하나님의 종"(계 15:2)은 하나님께서 그를 천국으로 데려가시기 직전에 그의 광야 여정의 끝에 노래를 불렀다. "모세가 이스라엘 총회에 이 노래의 말씀을 끝까지 읽어 들리니라"(신 31:30).

이 노래에서 모세는 하나님을 신실하시고 의존하실 수 있는 분(신 32:1-6)으로 그들이 종종 감사하지 않고(신 15-18) 후에 충실하지 못함을 보여주었음에도 불구하고, 그분의 백성들에게 공급하시는 하나님(신 7:14)으로 찬양한다. 하나님께서는 이방인들에게 그분의 사랑을 보여 주심으로, 따라서 이스라엘을 시기 나게 하시고(신 19-21), 이스라엘을 재앙에 이르게 하심으로(신 22-35) 이스라엘을 벌하시곤 하셨다. 모세의 노래는 하나님께서 그분 자신의 백성들을 구속하시고(신 36-39) 그분의 적들에게 원수를 갚으실 것을 선언하심으로 끝난다(신 41).

모세의 노래와 같이 환난에서 구속받은 사람들이 부르는 노래는 그분의 전능하심과 능력에 대해서 하나님을 찬양할 것이다.

> "하나님의 종 모세의 노래와 어린 양의 노래를 부르며 이르되 주 하나님 전능하신 분이시여 당신의 일들은 크고 놀랍나이다 성도들의 왕이시여 당신의 길들은 의롭고 참되나이다 오 주여 누가 당신을 두려워하지 않으며 당신의 이름을 영화롭게 하지 않겠나이까 이는 오직 당신만이 거룩하시고, 모든 민족들이 당신 앞에 나와서 경배하고, 당신의 심판이 나타났기 때문이니이다"(계 15:3-4, KJV).

이 기쁨의 노래는 하나님의 위대하신 일, 전능하신 능력, 공의, 권위, 그리고 거룩하심을 인정한다. 그러나 "성도들의 왕"이란 구절은 어떤 설명을 요한다. 헬라어 사본들은 본문이 하나님께서 그분의 성도들, 또는 만국들, 또는 시대를 통치하신다고 말씀하는 것인지 어떤지 의견을 달리 한다. 가장 많은 증거는 만국을 지지한다. 두 번째 가장 많은 증거는 시대이다. 그럼에도 불구하고 하나님께서는 그분의 전능하신 능력으로 이 셋 모두, 곧 만국, 시대, 성도들을 통치하신다.

하늘에서 노래하고 있는 성도들은 구속받은 성도들의 찬양이 자신에게 초점을 맞추지 않는다는 아주 중요한 교훈을 가르쳐 준다. 하늘에 있는 누군가가 죄와 죄인들(비록 오늘날 세상에 많은 사람들이 그와 같은 심판에 어안이 벙벙할지라도)에 대한 하나님의 심판에 대해서 불평할 것이라는 암시는 없다. 구속받은 성도들 가운데 아무도 하나님께서 그들에게 환난 가운데에 박해(비록 오늘날 많은 사람들이 그들의 어려운 환경에 대해서 불평하고 그 환경에 대해서 하나님께 책임을 전가시킨다할지라도)를 경험하게 하시는 것에 대해서 불평하지 않을 것이다.

오늘날 자신을 그리스도인이라고 간주하는 몇 몇 사람들의 노래를 주의해서 들으면, 누구든지 하늘에 있는 성도들의 노래 후렴이 "아무도 내가 경험했던 괴로움을 모를 것!" 이라는 가사(歌詞)일 것이다. 하늘에 있는 성도들의 노래에 대한 훨씬 더 많은 악상(樂想 : 악곡의 중심사상-역주)이 지금도 많은 교회에서 부르는 옛 복음 찬송을 통해서 전해진다.

나는 내가 부르기 좋아하는 한 노래가 있다,
내가 구속 받은 후, 나의 구속자, 구세주, 왕께,
내가 구속 받은 후.

내가 구속 받은 후,
내가 구속 받은 후,
나는 그분의 이름을 자랑으로 여길 것이다.
내가 구속받은 후,
나는 나의 구세주의 이름을 자랑으로 여길 것이다.

하늘에 있는 성도들의 노래는 하나님께서는 경외하기에 족한 분이라는 결론을 내릴 것이다. 그 경외심은 하나님의 인격과 능력, 뿐만 아니라 우리를 사랑하시는 "분"과 교제를 유지하지 못한 것을 두려워하고 공경하는데 있다. 하나님께 대한 올바른 시각은 우리에게 우리가 말하고, 생각하고, 그리고 행동하는 것에 있어서 불가항력적으로 그분께 영광을 돌려 드리게 하고 그분을 나타내게 한다. 그리고 또한 이 진리는 하나의 질문으로 이끈다. 만일 당신이 죄에 대한 심판으로 그분이 정당한 진노를 쏟아 부으시는 것에 대해서 하나님께 기분이 언짢아하거나 분개한다면, 당신은 어떻게 다름 아닌 바로 그 똑같은 진노 때문에 그분의 이름을 찬양할 사람들과 천국에서 있을 곳이 있겠는가? 실로 당신은 오늘날 하나님께 진정한 예배를 드릴 수 있는가?

생각할 점

1. 하나님의 진노의 개념에 대해서 설명하라. 그것은 무엇을 의미 하는가? 그 진노의 대상은 무엇인가? 진노가 어떻게 표현되는가?

2. 하나님의 진노는 일생이 끝날 때 까지 쌓일 수 있다. 왜 죄를 교묘히 넘어갈 수 있다고 생각하는 세상과 그와 같은 진리를 함께 나누는 것이 중요 한가?

3. 사람들에게 심판을 두려워하게 하는 설교는 오늘날 흔히 눈살을 찌푸리게 한다. 당신은 왜 사람들이 그와 같은 설교를 경계한다고 생각하는가?

4. 신명기 32장의 "모세의 노래"를 읽으라. 그것은 계시록 15장 3-4절의 성도들의 노래와 무엇이 서로 같은가?

5. 만일 하늘에 있는 성도들이 하나님께서 죄를 심판하시는 것에 대해서 하나님을 찬양한다면, 우리의 예배가 같은 이유로 그분을 찬양해야 하지 않겠는가? 우리는 죄에 대한 하나님의 심판에 대해서 그분을 어떻게 찬양 해야 하는가?

27. 진정한 예배는 그리스도의 재림을 고대한다

‖ 요한과 천사, 요한 계시록 22:6-11

"보라 내가 속히 오리니 이 두루마리의 예언의 말씀을 지키는 자는 복이 있으리라 하더라 이것들을 보고 들은 자는 나 요한이니 내가 듣고 볼 때에 이 일을 내게 보이던 천사의 발 앞에 경배하려고 엎드렸다"(계 22:7-8).

십대였을 때 나는 선과 악을 구별할 줄 알았다. 그러나 내가 사람들과 조화되어 동행하기를 원하는 때가 있었다. 그래서 나는 학교에서 아이들과 함께 어떤 곳에 가는 것이 괜찮다는 것을 부모님들께 확신시키려고 애를 쓰곤 했다. 누구든지 그렇게 하고 있었다. 따라서 그것은 더할 나위가 없음에 틀림이 없었다. 그러나 아빠와 엄마는 나를 바라보고 이렇게 말씀하셨다. "네가 거기 있는 동안 주님께서 다시 오신다면, 어떡하니?" 나는 부모님들의 말씀이 옳다는 것을 알았지만, 그렇게 물어보시는 것은 나의 즐거움을 망쳐 놓으려는 그분들의 방법이라고 생각하곤 했다.

나이가 조금 더 들어서 주님의 재림을 깊이 생각했을 때, 때로는 나는 이렇게 생각하곤 했었다. "우선 결혼하게 해 주세요!" 아직도 나는 가끔 내 아들들이 휴거(Rapture : 예수님께서 세상을 심판하시기 재림하실 때 구원받은 성도들을 공중으로 들어올리시는 것-역주) 잡힌다.

양자의 경우에 그리스도의 재림에 대한 나의 태도는 비 성경적이다. 이는 예수님께서 종들이 주인을 맞이할 준비를 하는 것이 얼마나 중요한 가를 여러 가지 비유로 가르치셨기 때문이다. 이 교훈은 "자녀들아 이제 그분 안에 거하라. 이는 주께서 나타내신바 되면 그분이 재림하실 때에 우리로 담대함을 얻어 그분 앞에서 부끄럽지 않게 하려 함이라"(요일 2:28)는 권고에 명확하게 구분되어 있다. "그러므로 사랑하는 자들아 너희가 이것을 바라보나니 주님 앞에서 점도 없고 흠도 없이 평강 가운데서 나타나기를 힘쓰라"(벧후 3:14).

성경은 또한 우리가 우리 주님의 재림을 고대하는 것을 낙으로 삼아야 한다고 가르친다(살전 4:16-18). 실로 예수님께 대한 우리의 사랑이 너무 커서 그분의 가까운 재림이 우리의 마음으로부터 소망이 되어야 한다. 바울은 "이제 후로는 나를 위하여 의의 면류관이 예비되었으므로 주 곧 의로우신 재판장이 그 날에 내게 주실 것이며 내게만 아니라 주님의 나타나심을 사모하는 모든 자에게 도니라"(딤후 4:8)고 기록했을 때 이런 견해를 표했다.

예수님께서는 우리가 우리의 주인이 언제 돌아오실지 알 수 없다는 것을 되풀이해서 가르치셨다(눅 12:40, 46; 21:34; 마 24:44; 25:13). 사실 예수님께서는 이렇게 말씀하셨다. "그러나 그 날과 그 때는 아무도 모르나니 하늘의 천사들도, 아들도 모르고 오직 아버지만 아시느니라"(마 24:36). 그리스도의 임박한 재림의 사실과 우리가 매 순간 그것을 준비해야만 한다는 견해가 우리가 생각하고, 말하고, 그리고 살아가는 방식에 영향을 미쳐야 한다. 그것은 또한 우리가 드리는 예배 방식에 영향을 미쳐야 한다. 우리는 예수님께서 재림하실 때, 우리가 그저 "종교"에 사로잡혀 있는 모습을 보기를 원하시겠는가? 또는 예배 중에 그분께 영광을 돌려 드리기보다 우리 자신이 필요한 것을 채우는 문제에 더 관심이 있는 모습을 보기를 원하시겠는가? 또는 우리가 그분의 말씀이 받아들여지지 않는 곳에서 예배를 드리는 모습을 보기를 원하시겠는가? 물론 아니다!

하나님께서 요한에게 주시는 몇 가지의 마지막 계시의 말씀은 그리스도의 임박한 재림과 그분의 종들이 그분의 말씀을 충실히 지킬 필요가 있다는 것을 강조한다. 요한이 이 구절에서 배웠던 것처럼, 우리가 우리의 예배를 빗나가게 하는 유혹을 받을 때, 하나님의 말씀의 원칙이 우리의 잘못을 지적하여 진정한 예배에 대한 지식을 우리의 머릿속에 철저히 주입시킨다.

그리스도께서는 재림 하실 것이다

계시록의 서두에서 예수 그리스도께서는 "그분의 천사를 그분의 종 요한에게 보내어 [이 계시]를 알리셨다"(계 1:1). 사도는 그가 보고 들었던 모든 것을 충실히 기록했다. 그 후 마지막에 하나님께서 "그분의 종들에게 반드시 속히 되어질 일을 보이시려고 그분의 천사를 보내셨다"(계 22:6)는 것을 반복함으로서, 그의 기록을 충실히 끝마쳤다. 그 다음에 요한은 본래 예수님 자신이 기록하신 것과 같은 시작과 끝맺음으로 간결한 매듭을 한다. "보라 내가 속히 오리니"(계 22:7), "진실로 속히 오리라"(계 22:20). 주요한 강조점을 보여주는 이 요점은 거의 그리스도께서 이렇게 말씀하신 것 같다. "내가 이 생각이 너를 떠나지 않도록 하겠다!"

지상 사역을 하시는 동안, 예수님께서는 위에서 언급한 것처럼 그분의 제자들이 그분의 재림을 준비하도록 격려하셨다. A.D. 45년과 50년 사이의 편지에서, 야고보는 동료 그리스도인들에게 "주님의 재림이 가까이 왔다" (약 5:8)고 가르쳤다. A.D. 51년에 바울은 데살로니가 교인들에게 "우리 살아남은 자들도 그들과 함께 구름 속으로 끌어 올려 공중에서 주님을 영접하게 하시리니 그리하여 우리가 항상 주님과 함께 있으리라"(살전 4:17)고 썼다. 바울은 그가 그리스도께서 재림하실 때, 살아있을 것이라고 생각했기 때문에 이 구절에서 대명사 "우리"를 사용했다. 그는 5년 뒤에 그가 고린도 교인들에게 "그 때가 단축하여졌다"(고전 7:29)고 알릴 때, 여전히 그 위대한 날을 고대하고 있었다. A.D. 64년과 67년 사이에, 그의 순교 전에 짤막하게 베드로는 주님의 재림에 대해서 편지를 써서 믿는 사람들에게 "그러므로 사랑하는 자들아 너희가 이러한 것들을 고대하나니" 그들이 "그분께 점도 없고 흠도 없이 화평 중에 나타나기를 힘쓰라"(벧후 3:14)고 통고했다. 약 30년 후에 요한은 나이가 들었기 때문에, 그도 역시 계시록에 예수님께서 곧 오신다고 기록한다!

야고보, 바울, 베드로 그리고 요한 그들 모두는 그리스도의 재림을 보지 못하고 살다 죽었다. 실로 예수님께서 제자들에게 "그러므로 너희도 준비하고 있으라"(눅 12:40)고 말씀하신 후로 거의 2,000년이 지나갔다. 물론,

하나님은 주권자시며, 그분 자신의 시간표를 그분이 원하시는 대로 행하신다. 구약의 선지자 다니엘이 계시를 받았을 때, 하나님께서는 그에게 "마지막 때까지 이 말을 간수하고 이 글을 봉함하라"(단 12:4)고 명하셨다. 그러나 적절한 시기가 되었을 때, 하나님의 사자(Messenger-심부름을 하는 사람-역주)가 요한에게 "이 두루마리의 대언의 말씀을 봉인하지 말라 이는 때가 가깝기 때문이다"(계 22:10, KJV)라고 말했다. 그럼에도 불구하고, 2,000년은 긴 기간이다. 때가 참으로 가까이 왔는가? 무엇이 오늘날 회의(懷疑)로부터 우리를 막아 주는가?

그 대답은 그리스도의 임박한 재림이 "속히 되어질 일들"(계 22:6)의 문맥 속에서 밝혀져야만 한다는 사실에 달려 있다는 것이다. 인간은 시간 속에서 움직인다. 하나님께서는 영원의 영역에서 움직이신다. 베드로는 비록 그가 그리스도의 재림을 고대할지라도 또한 동료 믿는 사람들에게 "사랑하는 자들아 주님께는 하루가 천 년 같고 천 년이 하루 같다는 이 한 가지를 잊지 말라 주님의 약속은 어떤 이들이 더디다고 생각하는 것 같이 더딘 것이 아니라 오직 주님께서는 너희를 대하여 오래 참으사 아무도 멸망하지 아니하고 다 회개하기에 이르기를 원하시느니라"(벧후 3:8-9)라고 일깨워 주었다. 베드로가 하나님께는 하루가 천 년 "같다"고 진술한 것을 주목하라. 베드로는 수학의 방정식이 아니라 비유적 표현을 사용하고 있다.

만일 예수님의 재림이 "속히 되어질 일들"의 문맥 속에서 검토되어야만 한다면, 그런 "일들"이 무엇인지 주목하자. 하나님의 구속 계획표는 교회와 불신자들과 국가들을 위한 계획에 더하여 이스라엘과 각자 믿는 사람들에 대한 상세한 일을 포함한다. 이 모든 계획들은 그리스도께서 재림하시기 전에 성취되어야만 한다. 하나님의 구속 일정에서 "주님의 날"은 대단원이다. 그것은 오직 그분의 계획의 나머지가 성취된 후에 오실 것이다.

당신과 나는 이 계획에 대한 상세한 범위를 모른다. 그러나 우리는 하나님께서 매일 매순간 지금도 이런 모든 일을 행하고 계신다는 것을 믿는다. 이와 같이 역사의 더 넓은 의미에서 예수 그리스도께서는 바로 재림의 "과정"에 계신다!

만일 당신이 주님께서 재림 준비를 언제 마치실지를 상세하게 모른다 할지라도 낙담하지 말라. 공사현장의 각도에서 생각해 보라. 고린도후서 2장에 의하면, 하나님께서는 집을 짓고 계신다. "만일 땅에 있는 우리의 장막 집이 무너지면 하나님께서 지으신 집 곧 손으로 지은 것이 아니요 하늘에 있는 영원한 집이 우리에게 있는 줄 아느니라"(고후 5:1). 하루 하루 당신이 건축현장으로 차를 몰고 갈 때, 당신은 먼저 기초가 부어지고 평판 층이 세워진 것을 본다. 그러나 일단 집이 지붕 속에 묻혀있다면, 당신은 건축자가 배선과 배관을 설치하고 석고보드와 마루를 놓고 그리고 마감재를 덧붙이는 것을 볼 수 없다. 그러나 그 집이 완성되었을 때, 거주자는 그 바로 특정한 날에 이사할 수 있다!

당신은 그날을 준비하고 있는가? 요한은 우리가 "이사할 날"을 내다보며 지금 행해야할 일들이 있다는 것을 기록한다. 우선 첫째로, 하나님의 종들은 이 책의 말씀을 지켜야 한다는 권고를 받는다. "이 두루마리의 예언의 말씀을 지키는 자는 복이 있으리라!"(계 22:7). 대조적으로, 우리는 이 책의 원문을 함부로 변경하는 것에 대해서 준엄한 경고를 받는다!

"내가 이 두루마리의 예언의 말씀을 듣는 모든 사람에게 증언하노니 만일 누구든지 이것들 외에 더하면 하나님께서 이 두루마리에 기록된 재앙들을 그에게 더하실 것이요"(계 22:18).

이것은 심각한 경고이다! 이 말씀은 첫째로 계시록의 말씀에 적용하고 둘째로 하나님의 모든 말씀에 적용하라는 요청이다. 하나님께서는 또한 우리의 일상의 습관과 삶의 태도 속에서 그분의 말씀을 무시하는 결과에 대해서 경고하신다. 역사가 정점에 달하게 될 때, 아무도 더 이상 바꿀 수 없을 것이다. "불의를 행하는 자는 그대로 불의를 행하고 더러운 자는 그대로 더럽고 의로운 자는 그대로 의를 행하고 거룩한 자는 그대로 거룩하게 하라"(계 22:11). 만일 그리스도께서 이 순간에 다시 오신다면, 당신은 영원히 불의하고 더러운 사람으로 있겠는가? 또는 영원히 의롭고 거룩한 사람으로 있겠는가? 이 문제에 대해서 생각해 보라.

하나님의 말씀은 확정되어 있다

성경의 사실성을 확증하는 한 가지 특징은 성경은 빠진 것이 없이 솔직하다는 것이다. 성경은 경건하고 충실한 종들의 중요한 실례로 인간의 결점과 약점이 기록되어 있다. 성경은 다윗의 승리뿐만 아니라 그의 죄도 완전히 폭로한다. 단지 베드로의 적극적인 특징만 아니라 그의 약점도 기록되어 있다. 우리가 계시록의 끝에 가까이 왔을 때, 요한은 하나님의 말씀에 주의 하기 위해서 자신의 순간적인 태만조차도 사실 그대로 기록한다. 첫째, 사도는 기쁨에 넘치는 어린양의 혼인 잔치에 대해서 증언할 때, 압도당했다. 요한은 하늘로 그를 이끌었던 천사와 같은 사자를 향해서 시선을 돌린다. "그리고 [그는] 그 발아래 엎드려 경배하려고 한다."

"내가 그의 발 앞에 엎드려 경배하려 하니 그가 나에게 말하기를 나는 내 동료 종이요 예수님의 증언을 받은 네 형제들 중에 속한자니 너는 주의하여 그리하지 말고 오직 하나님께 경배하라 이는 예수님의 증언이 대언의 영이기 때문이라 하더라"(계 19:10, KJV).

그 후 두 번째 요한이 마침내 그에게 보여 주었던 곧 다시 오실 예수님의 영광스러운 약속으로 마무리된 모든 것을 보았을 때, 사도는 압도를 당했다. "이것들을 보고 들은 자는 나 요한이니 내가 듣고 볼 때에 이 일을 내게 보이던 천사의 발 앞에 경배하려고 엎드렸다"(계 22:8). 그의 극도의 감격에 요한은 메시지의 장본인보다도 사자에게 경배했다. 그가 왜 이렇게 했는가?

아마도 요한은 그가 평상시 했던 대로 반응했을 것이다. 이는 그가 경건한 유대 가정에서 자랐고 천사들에 대한 랍비(Rabbis : 율법학자(법률. 제식

(祭式))의 여러 문제를 재결(裁決)하고, 결혼식 따위에 입회한다)-역주)들의 가르침을 알고 있었기 때문일 것이다. 고대 랍비들은 천사들을 공경했고 상상할 수 있는 모든 것으로 많은 천사들을 지명했다. 그들은 바람을 떠맡는 천사, 하나는 구름을 위한 천사, 다른 하나는 우박을 위한 천사, 그 밖의 천사는 천둥, 번개, 비, 그리고 눈을 위한 천사라고 이름을 붙였다. 그들은 심지어 풀의 모든 잎사귀까지도 수호자가 있다는 결론을 내렸다. 이 고대 종교주의자들은 오늘날 어떤 사람들처럼 천사들에게 마음이 사로잡혀 있었다. 이와 같이 아마도 요한은 그가 과거에 배웠던 것에 영향을 받았을 것이다. 그러나 하나님께서는 그분의 피조물들이 다른 피조물을 숭배하기를 원치 않으신다. 하나님께서는 우리가 오로지 그분만 예배하기를 원하신다.

요한의 태만은 우리에게 우리의 예배가 진리를 벗어나는 것이 얼마나 쉬운가에 대해서 경고한다. 사실 요한은 두 번 잘못했다. 만일 하나님께 보냄을 받은 천사에 의해서 가르침을 받은 사도가 그의 예배가 원칙에서 벗어날 수 있었다면, 우리는 하물며 어떠하겠는가? 그렇다면 그릇된 예배에 대한 개선책은 무엇인가? 요한과 그의 그릇된 예배에 대한 천사들의 반응이 교훈을 준다.

"그 때에 그가 내게 말하기를 나는 내 종료 종이요 대언자들인 네 형제 선지자들과 이 책들의 말씀들은 지키는 자들 중에 속한자니 너는 주의하여 그리하지 말고 하나님께 경배하라 하더라(계 22:9, KJV).

첫째, 천사는 요한의 잘못을 지적하고, 그의 활동이 잘못되었다고 분명하게 진술했다. 그것은 하나님의 말씀의 범위를 넘어서는 것이었다. 사도가 비록 진실하다할지라도, 하나님께로부터 온 사자는 요한이 잘못되었다고 지적한다. 비성경적인 예배가 폭로되었을 때, 우리 시대에 아주 많은 사람들이 반응하는 것처럼, 요한이 화를 내지 않은 것은 그의 진실성이었다.

둘째, 사자가 요한에게 중요한 암시를 주었다. 천사들이 여러 가지 면에서 사람보다 낫다고 할지라도, 천사와 사도는 둘 다 피조물이며 하나님의 동료 종들이다. 당신과 나를 포함한 우리 모두는 그분의 영광을 위해서 창조되었다. 오로지 그분께만 모든 경배와 공경을 하게 되어 있다. 오늘날 우리의 세상에 셀 수 없는 무수한 사람들이 "하나님의 진리를 거짓 것으로 바꾸어 피조물을 조물주보다 더 경배하고 섬긴다"(롬 1:25). 심지어 우리의 교회들에서도, 흔히 우리는 메시지보다도 메시지를 전달하는 사람에게 더 주의를 기울인다. 요한처럼, 우리는 마침내 우리의 모든 예배가 응당 받아야 할 "분"보다 오히려, 동료 피조물과 종을 예배하는 것으로 끝난다.

마지막으로, 천사는 요한에게 모든 것 가운데 가장 중요한 교훈을 공표한다. 사도가 처음 천사를 예배하려고 했을 때, 천사는 요한에게 "예수님의 증언은 대언의 영"이라고 진술했다. 아주 간단한 이 진술은 예수님의 인격과 메시지가 모든 참 대언의 영의 본질이라는 것을 의미한다. 진정한 예배는 진리이신 "분"께 주의를 집중시킨다! 두 번째 요한은 잘못했다. 천사는 하나님의 종들은 "이 책의 말씀을 지키는" 사람이라는 것을 상기시킨다. 성경의 저자께 우리의 주의를 계속 집중시키고 오로지 그분만을 공경하는 예배, 곧 진정한 예배로 그분 앞에 불가항력적으로 머리를 숙이게 하는 것은 성경 말씀이다. 이 변함없는 책, 곧 이 "영원히 하늘에 굳게 선"(시 119:89) 하나님의 말씀은 그리스도의 재림이 임박했다고 선언한다. 주님께서는 다시 오시고 계신다! 이것이 자명한 사실이기 때문에, "너희가 어떠한 사람이 되어야 마땅하냐"?(벧후 3:11)라고 베드로는 말한다.

당신과 나는 바로 이 순간에 그분의 위대하신 구속 계획을 성취하고 계시는 하나님의 경외케 하는 능력에 대해서 생각할 때, 우리의 반응은 오직 이렇게 될 수 있어야 한다. 우리는 그분의 위엄을 인정해야만 한다. 우리는 그분의 은혜와 자비에 겸손해야만 한다. 우리는 자신을 비워야만 한다. 더욱이 우리는 우리 하나님 앞에 진정한 예배로 엎드려야만 한다.

생각할 점

1. 그리스도의 임박한 재림에 대한 기대가 당신의 삶의 방식에 어떤 영향을 미치는가? 당신의 예배 방식에는 어떤 영향을 미치는가?

2. 당신은 재림에 대한 예수님의 약속을 비웃는 사람에게 어떻게 대처하겠는가? 아무튼 예수님께서 재림을 약속하신 이후로 거의 2,000년이 지났다.

3. 당신이 그리스도의 재림을 준비 하는데 도움을 주기 위해서 요한이 기록한 두 가지 견해는 무엇인가? (계 22:7, 18-19; 22:11)

4. 왜 요한이 천사를 예배하려는 잘못을 했는가? 그의 잘못이 당신이 오늘날 보는 비 성경적인 예배와 어떤 면에서 비슷한가?

5. 천사와 같은 사자가 요한을 진정한 예배로 이끌기 위해서 사용했던 세 가지 잘못된 것을 바로잡은 것에 대해서 설명하라?

데이비드 위트콤(David Whitcomb)박사는 그가 1985년 설립한 사우스 캐롤라이나 그리어에 있는 공동체 침례교회의 목사이다. 그는 노스랜드 침례교 성경대학에서 SM 박사학위를 받았고 밥존스 신학교에서 신학을 전공하여 문학석사 학위를 받았다. 위트콤 목사는 하나님의 말씀을 주의 깊게 해석하는 것과 지역 교회 사역에 대한 헌신과 새 신자 사역훈련에 대한 열의로 유명하다. 그의 리더쉽 아래서 공동체 침례교회는 사우스 캐롤라이나 지역의 대 도시 그린 빌에서 생기에 넘치는 증언으로 활기에 넘치는 회중으로 성장해왔다. "진정한 예배"는 그의 처녀작이다.

마크 워드(Mark ward)는 하나님께서 작가, 방송인, 교육자, 강사, 그리고 음악가로 사용하시는 천부적인 재능이 있는 기독교 전파자이다. 그는 두 권의 종교 방송의 역사를 포함해서 여섯 권의 책의 저자이며 종교 매체 시사문제 해설자로 전국적인 그리스도인 명사 인터뷰 프로에 많이 출현했다. 오늘날 메시지 미디어 그룹의 대표자로 마크는 전임 작가와 기독교 사역자들을 위한 상담 고문이다. 몇몇 국가의 사역자들과 비영리 단체를 위한 상담 지도자로 섬겼으며 두 기독교 대학에서 상담과 상담기법을 가르쳤다. 마크는 미국 기독교 작가 협회의 자문위원으로 섬기고 있다. 방송인으로 그는 전국적으로 동시에 배급하는 4개의 매일 라디오 프로그램의 제작자와 강사이다. 마크는 또한 미국 동부 도처를 순회하는 갈보리 사중주단 단원으로 섬겼고 몇 개의 앨범을 녹화했다.

　역자 한길환 목사는 미국 Kuyper College(B.R.E)를 수학하고 Oakland City University(B.A)를 졸업했으며, 총신대학 신학대학원에서 목회학석사(M.div)를 전공하고, 서울 성경 신학대학원대학교에서 신학석사(Th.M)를 전공했으며, 동대학원 대학교에서 신학박사(Th.D) 과정을 전공하고, 현재 수지 신봉동 교회를 담임하면서, 말씀 연구와 번역사역에 전념하고 있다. 역서로는 우드로우 크롤의 '성경 기본 시리즈'(10권), 찰스 스탠리의 '기도의 핸들', 폴 켄트의 '당신의 성경을 알라', 근간으로 워치만 니의 '영적 능력의 비밀', 우드로우 크롤의 '권능을 부여받은 기도,' '당신의 기도가 응답되지 않을 때' 데이비드 위드콤의 '진정한 예배', 댄딕의 '시편의 지혜'가 있다.

독자들에게

이 책은 성경이 예배에 관해서 무엇을 말씀하는 가를 탐구해 왔다. 예배에 관한 한 가지 분명한 원칙은 참으로 예수 그리스도를 믿음으로 하나님을 아는 사람들만이 하나님께 진정한 예배를 드릴 수 있다는 것이다. 성경에 의하면 만일 당신이 하나님(그분과 개인적인 관계)을 "안다"면, 당신은 영생이 있다는 것을 "알" 수 있다(요일 5:13)

그러나 나는 죄인이다. 나는 하나님께 부정한 일을 했다. 내가 죄를 지었는데 어떻게 하나님과 관계를 가질 수 있는가?

성경은 하나님께서 그분과 우리의 관계를 화목시키기 위해서 예수 그리스도를 보내셨다고 말씀한다. "그의 십자가의 피로 화평을 이루사 만물 곧 땅에 있는 것들이나 하늘에 있는 것들이 그로 말미암아 자기와 화목하게 되기를 기뻐하심이라"(골 1:20 하반절). 이 약속은 그분의 아들을 믿는 사람들을 위한 것이다. 단지 하나님께서 존재하신다는 것을 믿는 것이 아니라, "그분의 아들을 믿는 것"이다.

그리스도께서는 죄를 범한 죄인들을 하나님과 화목시키기 위해서 소름 끼치는 죽음을 죽으셨다. 이로 말미암아 죄로 깨어진 하나님과 우리의 관계는 회복되었다.

내가 하나님과 관계를 원치 않는다면 어떻게 될까? 나는 내 친구들이 있다. 나는 하나님이 필요 없다.

문제는 친구가 없는 것보다 훨씬 더 심각하다. 문제는 당신은 거룩하신 하나님을 거역한 죄에 대한 대가를 당연히 치러야 한다는 것이다. 당신은 하나님의 진노아래 있다. 하나님께서는 당신이 그분을 거역해서 저지른 죄로 몹시 진노하시고, 당연히 그런 죄들을 벌하실 것이다. 그 형벌의 결과는 무엇인가? 지옥이다.

이렇게 말인가? 나는 영원히 정죄를 받는가?

그렇다. 당신이 다음 몇 가지를 인정하지 않는다면,

나는 구원자가 필요하다.

"모든 사람이 죄를 범하였으매 하나님의 영광에 이르지 못하더니"(롬 3:23), 그리고 "오직 너희 죄악이 너희와 너희 하나님 사이를 갈라놓았고 너희 죄가 그의 얼굴을 가리어서 너희에게서 듣지 않으시게 함이니라"(사 59:2).

그리스도께서 나의 죄를 위해서 죽으셨다.

"그리스도께서도 단번에 죄를 위하여 죽으사 의인으로서 불의한 자를 대신하셨으니 이는 우리를 하나님 앞으로 인도하려 하심이라 육체로는 죽임을 당하시고 영으로는 살리심을 받으셨다"(벧전 3:18).

나는 나의 죄를 회개할 필요가 있다.

"자기의 죄를 숨기는 자는 형통하지 못하나 죄를 자복하고 버리는 자는 불쌍히 여김을 받으리라"(잠 28:13). "그러므로 너희가 회개하고 돌이켜 너희 죄 없이 함을 받으라 이같이 하면 새롭게 되는 날이 주 앞으로부터 이를 것이요"(행 3:19).

나는 믿음으로 예수님을 영접해야만 한다.

"영접하는 자 곧 그분의 이름을 믿는 자들에게는 하나님의 자녀가 되는 권세를 주셨다"(요 1:12).

나는 나의 구원을 확신 할 수 있다.

"아들이 있는 자에게는 생명이 있고 하나님의 아들이 없는 자에게는 생명이 없느니라"(요일 5:12). "내가 진실로 진실로 너희에게 이르노니 내 말을 듣고 또 나 보내신 이를 믿는 자는 영생을 얻었고 심판에 이르지 아니하나니 사망에서 생명으로 옮겼느니라"(요 5:24).

만일 당신이 이제 방금 읽은 말씀에 응답하고자 한다면, 마음으로부터 하나님께 부르짖고 다음 기도를 하십시오.

사랑하시는 주님! 나는 내가 죄인이라는 것과 구원자가 필요하다는 것을 깨달았나이다. 나는 당신이 나의 죄에 대한 형벌을 치르시고 나를 하나님께로 데려가시기 위해 십자가에서 죽으신 하나님의 거룩하신 아들이시라는 것을 믿나이다. 나는 나의 죄를 회개하나이다. 나를 용서 하소서. 믿음으로 나는 당신을 나의 주와 구원자로 영접하나이다. 나는 당신이 지금 나를 구원하셔서 영생을 주시기를 요청하나이다. 나는 이제 나의 신뢰를 당신께 두나이다. 아멘

만일 당신이 죄를 회개하고 예수님을 믿었다면, 하나님의 말씀인 성경을 구해서 그분 안에서 새 삶을 시작하십시오. 그리고 매일 성경을 읽으십시오. 매일 기도로 하나님과 대화를 시작 하십시오. 당신은 이제 주님과 사귐이 있습니다! 성경을 믿고 설교하고 성경대로 사는 가까운 교회를 찾으십시오. 가능한 한 자주 교회에 참석하여 열심히 봉사하는 방법을 찾으십시오. 이 세 가지는 당신이 그리스도 안에서 새로운 삶을 사는데 있어서 아주 중요합니다.

우리에게 당신이 결심한 것을 알려 주십시오. 만일 우리가 그리스도 안에서 당신이 새로운 삶을 시작하는 것을 도울 수 있거나, 또는 만일 당신이 그리스도를 영접하는 것을 아직 결정하지 않고 더 많은 질문이 있다면, 우리에게 다음 주소로 편지를 쓰십시오. 경기도 용인시 수지구 신봉 2로 94-10 신봉동교회 전도부. 당신은 또한 전화(031-266-9182)를 하거나, 또는 우리의 홈페이지(www. sinbongdong.org)로 이 메일을 보내 주십시오. 우리는 우리 주님의 사랑으로 최선을 다해서 당신을 도울 준비가 되어있습니다.

하나님이 원하시는

진정한예배

지은이 데이비드위드콤&마크 워드
옮긴이 한길환
펴낸이 채주희
펴낸곳 엘맨
초판1쇄 2012. 4. 30

출판등록 제10 - 1562(1985. 10. 29)
등록된곳 서울시 마포구 신수동 448-6
Tel 02-323-4060 **Fax** 02-323-6416

값: 14,800원

ISBN 978-89-5515-443 03230